U0004970

賽德克族神話與傳說

Myths and Ledgends of Seediq

田哲益（達西烏拉彎·畢馬）
余秀娥（Maruta Buyung）

——著

晨星出版

[推薦序]

神的時代 · 人的樂園

　　本書是田哲益、余秀娥老師兩人合作撰寫的書，兩人在賽德克族部落穿梭訪查，目的是收集賽德克族傳統神話與傳說故事之片羽鱗爪，留下賽德克族珍貴的歷史文化。

　　本書是目前所見賽德克族神話傳說故事撰作中最廣博，收集最多材料，內容最豐富的一本書，讀之令人感動。非常感謝兩位老師對賽德克族文化研究之投入與用心。

　　本書亦採用許多其他文化研究學者的採錄資料，使本書內容更加充實。內容以夾敘夾議的方式撰寫，使得每一則故事都能彰顯其主題，但是不會有冗長繁複之感，讀之順暢，易於領悟與理解。

　　本書從太古賽德克族發祥地與創生傳說開啟，論述賽德克族與太魯閣族同祖源之關係。在長期生活經驗的累積與實踐，賽德克族發展出了一套 Gaya/Waya 與 Utux 信仰模式，成為賽德克族傳衍民族命脈的依據。

　　古代徵候占卜、巫術、禁忌、日常生活、織布服飾、喪葬、婚俗、狩獵、動物、文面、鹹首、戰爭、飲食、遷徙、天象、鬼魂與神明、器物等傳說故事，以及洪水、射日、小矮人與巨人等神話故事，皆羅列於本書。

　　在賽德克族中，關於生命的傳說故事，是「神靈橋」之神話傳說，族人相

信人死後要通過神靈橋到達「神靈居所」，善靈在那裡聚集與祖靈重聚，再重生與祖先一起生活在樂園裡。在本族有許多「樂園」的故事，那就是「神的時代」。

賽德克族「死後審判」，在神靈橋頭，看守的祖靈會嚴守把關，認定其是否具有資格通過神靈橋。對於賽德克族人來說，神靈橋的另一端，即是神靈之地，亦即生命可以在神靈之地延續，唯一的條件，便是靈魂必須通過神靈橋才能達成。神靈橋不僅透露了賽德克族人的信仰觀與宇宙觀，甚至也展現了賽德克族人對生命之想像，具有靈魂不滅的觀念。這個觀念，深深影響族人對於生命、萬物、造物主的想像，甚至對周遭事物擁有敬畏之心，因為他們相信，這個世界上有一位編織萬物的神，所以對萬物充滿尊敬。是為序。

Watan Diro（瓦旦吉洛）序於櫻社
2021 年 12 月 10 日

獨特的創生故事

　　人類來自何處？欲往何處？這是自古以來人類不斷探詢的問題，每個民族都有自圓其說的神話與傳說故事。

　　神話與傳說故事是生活經驗的投射，保存了祖先豐富的生命經驗。自古以來，賽德克族流傳許多神話與傳說故事，述說著他們的信仰觀、生命觀、宇宙觀和人生觀等，也是他們傳宗接代繁衍的依據，對族人具有重大的影響。

　　神話與傳說故事是原始生活的模式，是我們追溯古代賽德克族人在歷史洪流中奮鬥發展最直接的入門功課。

神話傳說故事不僅是先祖的語言，也是族人的理想與夢想，對自然界認知的過程中，具有重大意義。在這個前提之下，賽德克族人發展出了 Gaya 與 Utux 信仰，創造了他們的歷史與文化。

　　時代遞變，賽德克族受到空前嚴重的衝擊，唯他們的信仰中心依然存在，這是可喜可賀的。我們祈願賽德克族族運昌隆，頂天立地於世界上。

　　感謝 Watan Diro（瓦旦吉洛）牧師為本書作序，並有諸多指正，使本書更為流利與順暢。

田哲益、余秀娥 序

2021 年 12 月 20 日

[目次]

第二十八章
賽德克族器物傳說故事　　297

第一章
賽德克族發祥地與
創生傳說

「白石山」是賽德克族與太魯閣族人的發祥起源
地，族人視為神聖之地，人類由此發源，白石山
上創生了賽德克族與太魯閣族人。

一、白石山是賽德克族人的發祥起源地

賽德克族三個社群（德固達雅群、德路固群、都達群）都有共同的神話傳說。傳說中，賽德克族祖先起源於今南投縣境內接近花蓮縣交界的中央山脈「白石山」中。白石聖山是賽德克族代代口耳相傳的發祥起源地，又有「白石」、「賽德克石」之稱。白石像飛來石插在山崖上，遠看，好像牡丹花的花苞，所以，又稱「牡丹岩」。

「白石」，賽德克語「Rmdax tasing」，意思是「發亮的石頭」，白石山區也是賽德克族狩獵的獵區。族人說，在中央山脈打獵的時候，白石是一直護佑族人的靈石。

「白石山」是賽德克族人的聖山，也是賽德克族人的發祥與創生地。在此，人類或從樹生出，而地球萬獸皆誕生自一棵巨樹；又一說，人類或從岩石生出，甚至認為天地開闢之初，有一對男女神，自天而降到博諾彭山上的岩石上，定居於此，並從此繁衍子孫。

賽德克族人類的創生來源，除了「樹生說」、「岩生說」外，還有「豬祖」和「狗祖」的傳說故事；以及神造人、豬糞生人和從地裡冒出人來；也有蒼蠅孵出一男一女等。

二、賽德克族樹生傳說

資料來源 沈明仁總編纂《仁愛鄉志》（上）

古時中央山脈之中，有個叫 Bunohon 的地方，長有一棵大樹。其名字早已失傳，只知半面為石質、半面為木質，的確是一棵珍奇而難得一見的樹。也許是此樹之精化而為神吧！有一天，樹幹中走出男女二神，二神同衾，生了很多子女，子女又生子女，不出幾代之後，就覺得地方太小了！那是神的時代，所以不向現代人這麼麻煩，只要吞風便能果腹。有時，若他們想享受美味，只要把一粒小米切成幾塊，把其中一塊放下去煮，就能煮出直徑 3 尺大鍋滿鍋的飯。因為是這種情形，故無須闢耕大片粟田，只要耕耘兩寸見方的田地、得粟一穗，即足以養活全社的人。想吃肉時也很簡單，只要把野豬叫來，拔其一毛切成數段，再將其中一段投入鍋

中，便能煮成滿鍋香噴噴的肉。但是，好景不常，自從人口逐漸增加而四散之後，再也沒有那種好命了。人們終歲疲於農耕而不得飽食、終生勞苦而不得閒暇。祖先們分散時，有的是到 Sibunawan（木瓜群的別稱）去了，有的是西進而變為熟番，還有一部份是到 Truwan 社之地定居。這些來到 Turuwan 的人正是德固達雅群的祖先，現今德固達雅群各社之中，除了 Bkasan 和 Buwarung 二社是自都達群遷居加入之外，其餘十社都是距今約四十五、六年前，從 Truwan 之地分離出去的。註1

本則故事敘述除了「樹生說」外，還涉及了當時的生活情景。由於人口增加，開始遷徙各地。

（一） Bunohon 地方長有一棵大樹，樹幹中走出男女二神，二神同衾，生了很多子女。

（二） 遠古，那是神的時代，所以生活非常享受。

（三） 他們的飲食把一粒小米切成幾塊，煮一塊就能煮出大鍋滿鍋的飯。

（四） 他們不必辛苦耕耘大片土地，就可以非常安逸的生活。

（五） 想吃肉就把野豬叫來，拔其一毛切成數段，再將其中一段投入鍋中，便能煮成滿鍋香噴噴的肉。

（六） 人口增加後，神的時代也宣告結束。人們必須疲於農耕，終生勞苦而不得閒暇。

（七） 祖先們開始分散，有的變為熟番（平埔族），有部分到 Truwan 社定居。

（八） 來到 Turuwan（德路灣）的人就是德固達雅群人的祖先。

三、賽德克族人類樹生創生說

資料來源 內政部委託台灣大學人類學系研究
《台灣山胞各族傳統神話故事與傳說文獻編纂研究》

很久以前，在中央山脈博諾彭地方有一棵長得很奇怪的大樹，大樹的半邊是木頭質地，半邊卻是岩石。有一天，大樹中竟然出現了一位男性神與一位女性神，這兩位神生出了許多子女。經過幾代繁衍後，人口便增多了。註2

這是一則人類「樹生說」的起源故事：

（一）賽德克族起源於中央山脈「博諾彭」地方。

（二）「博諾彭」地方有一棵岩化的大樹，半邊是木頭質地，半邊卻是岩石。

（三）從大樹中走出一位男性神與一位女性神。這就是人類的始祖。

（四）男性神與女性神繁衍了許多子女。

　　自然科學博物館南島展示廳於 2008 年 10 月 31 重新開幕，新規劃一株 4 公尺高的神話之樹，透過投影技術，搭配天花板圓形投影幕，當燈光暗下來，一道曙光射出，巨樹根裂開，走出一個賽德克人，上演了賽德克族的樹生神話卡通。賽德克族相信，人的起源來自樹根，當曙光射出，精靈從樹根走出來，逐漸變成人的型態，隨後山豬、鳥與百步蛇也誕生。註 3

四、賽德克族樹生創生神話

資料來源 沈明仁總編纂《仁愛鄉誌》（上）

採錄者 沈明仁（Bawan・Tanah） │ 口述者 Awai・Bizeh（廖黃貴美，95 歲）

採錄地點 南投縣 Aran turuwan 合作村平生部落

　　南投縣與花蓮縣之間有一個山叫白石山，山中有一個半面為石質，半面為木質的大樹，後來因精化為神，有一天樹幹中走出男女二神，二神同衾，生了很多的子孫，因而成為德固達雅人、德路固人以及都達人的祖先。

　　本則神話敘述白石山位置位於南投縣與花蓮縣之間。在白石山中，有一個半面為石質，半面為木質的大樹精化為神，走出男女二神，繁衍的後代即賽德克族德固達雅人、德路固人以及都達三群人的祖先。

　　賽德克族發源於南投縣與花蓮縣邊界的白石山，石樹連理繁衍的子孫，後來向霧社遷徙，建立二、三十個部落，其後又向東部花蓮發展，成為太魯閣族。

五、賽德克族樹生說

　　古時候，在中央山脈博諾彭 Bunohon 地方，有一棵半木半石的大樹，即其半面為木質，半面為岩石，頗為奇怪。有一天樹的木質部份變為神（即木精化為神），由內產生男女二神，此二神生多數子女，其子女又生子女，人口因而逐漸增多，終致地方狹窄不夠居住。

　　本則傳說敘述賽德克族的祖先發源地為中央山脈博諾彭 Bunohon 這個地方，其初祖是從半木半石之大樹所生男女二神。

　　Bunohon，是由賽德克族人 Boso-kaxouni 的訛音，意即「樹根」，相傳賽德克人是從神奇的老樹樹根誕生，南投賽德克諸群、花蓮太魯閣諸群等族人信之。

　　每個民族都有民族精神！賽德克族若遇到難以抉擇或不願屈服等事，例如霧社抗暴事件，即以集體自縊表達他們的思想，這就是不為五斗米折腰的高潔之心。

　　這則傳說敘述賽德克族的祖先發源地為中央山脈博諾彭（Bunohon），祖先是從一棵巨樹的半面木質精化裡走出男女二神，二神生下子孫，也就是賽德克族的祖先。

　　台灣原住民有「樹生」傳說與「樹神」崇拜。賽德克族傳說是「大樹」所生，相信大樹是他們祖神的象徵，甚至俗信最好死後歸向大樹，在祖神的庇護下，才能超昇。例如 1930 年（昭和 5 年）所發生的「霧社事件」，賽德克族不甘戰敗屈降，在一棵樹就上吊幾十人。這種現象被解釋為基於傳統的文化禮俗——歸向祖神的庇祐，在大樹的懷抱中安於解脫。註4

　　從賽德克族的傳說，可以推測「樹生」始祖的傳說意涵，這種思想種下了祖源親緣的信仰觀念，在其世代相傳的意識裡，乃承傳了對「樹神」的崇拜，「老樹」的尊敬。

六、賽德克族樹生繁衍說

資料來源　內政部委託台灣大學人類學系研究

《台灣山胞各族傳統神話故事與傳說文獻編纂研究》

　　從前在中央山脈叫 bunohon 的地方，長著一棵大樹，其半邊為木質，半邊為岩石；一日竟從樹中走出男女二神，祂們同衾，生了很多子女，子女又再繼續繁衍。
註5

　　本則故事敘述賽德克族的祖先創生於中央山脈叫 bunohon 這個地方的一棵大樹，最初的祖先是男女二神，此二神繁衍了賽德克族人。

　　傳說中的「博諾彭」在今南投縣仁愛鄉霧社東南方，中央山脈能高山以南的主脊白石山上。白石山海拔 3,108 公尺，是濁水溪支流萬大溪與花蓮縣支流萬榮溪（Tsiyakan，知亞干溪）之發源地。又有傳說認為，賽德克族的發祥地在白石山北面之亞干山嶺東側，即今木瓜溪支流清水溪上源。白石山鄰近山區有白石池、萬里池等高山湖泊，與高山草原構成柔美壯麗的景觀。

　　以白石山 Bunohon 為祖先發祥地的有南投縣仁愛鄉賽德克族的德固達雅群、都達群以及德路固群；花蓮縣太魯閣族秀林、萬榮兩鄉的太魯閣群、陶賽群以及木瓜群。花蓮縣境之太魯閣族人，則是由南投賽德克族分出。早期太魯閣族被稱為「托魯閣」或「土魯閣」，現在則稱為「太魯閣族」。

七、賽德克族樹生說

資料來源　內政部委託台灣大學人類學系研究

《台灣山胞各族傳統神話故事與傳說文獻編纂研究》

　　昔日，中央山脈 Bunohon（博諾彭）地方有一棵大樹，其半面為木質，半面為岩石，頗為奇怪。一日，木精化為神，內出現男女二神。此二神生多數子女，其子女又生子女，數代後人口增多。註6

　　　　　　　　　　　賽德克族發祥地與創生傳說

本則故事敘述半木半石的大樹，有一天木質部分精化為神，內出現男女二神，生下子女，其子女又生子女，人口因而逐漸增加。

賽德克族傳說的發源地是中央山脈的白石山區，是一處峰巒相連、青山翠綠的廣大山區，當中有座山名為知亞干山，別名光頭山，其向東之稜脈峰頂上，矗立一座白石巨岩，岩頂上長有一棵樹。都達語群人稱白石巨岩為「亮石」（Rmdax Tasing），德路固及德固達雅群稱為「樹根」（Pusu qhuni），登山客稱之為「牡丹岩」（或稱牡丹神石、霧社神石）。

Bunohon，為賽德克人 Bosokaxouni 的訛音，意即「樹根」。據傳，此樹根生長在霧社東南方的白石山上，而賽德克族認為，其祖先從樹根誕生，因此認為白石山山麓的 Bunohon 為其發祥地。

「Pusu qhuni」字義意思是「樹根」。由於它是呈現半木半石的形狀，因此，在 Truku（德路固）的部落語境裡，就直接稱呼它是「pusu Btasin Btasin」（石頭），字義是石根的意思。其實 Pusu Qhuni（樹根）是象徵性的語言，實際上是指座落在 Bnuhur（白石山）的石頭（Rmdax Tasil/Pusu Btunux），石頭表面只不過是局部長了一些樹。這樣說來，賽德克原始創生的根源原是半木半石的境地。根據春陽部落 Awi Peri 口述：「傳說他們的祖先是來自 Bnuhur 中一棵大樹的樹根，繁衍而來。這是一棵特別的大樹，它的形象似人樣，四周遍布白石，巖巖崢嶸，猶如銀色世界。註7

八、賽德克族地球萬獸皆樹生說

資料來源 沈明仁總編纂《仁愛鄉志》（上）

古時 Ligiya-Kapoppo 之地有一巨樹，樹梢參天，蒼鬱的枝葉茂密而幾可蔽日，造成了不見蒼天的黑暗世界。有一天，樹幹下方突有蠢蠢然出生者，四肢行走，體外披著一層毛皮；接著，又同樣自樹幹下方誕生者，其形如樹，具有二根和二枝，只是頂上多了一個瘤而已；後來，樹幹上方也生出兩樣東西，其一形長且細，無法步行，永遠在地上爬行；另一種東西卻很少到地上來，反而經常在空中飛翔。後世人稱此為獸類、人類、蛇類和鳥類。後來，自樹幹上方誕生者皆能上樹，但自下方誕生者則不能，如今獸類和人類皆無法棲息或居住在樹上，就是因誕生於樹幹

下方之故。因為天天都是黑暗世界，所以雖是生自同一棵樹，卻許久未能有謀面機會，如此一晃就是好幾個月。直至有一天，大家不期然碰在一起，這正是求之不得的良機，於是人便向大家提議，趁此時各嚐萬物，看看哪一種東西最合自己的口味，便以之為常食，大家也都同意了，於是分別品嚐地上所有之物，終各決定以最適於其口味之物為食。原自樹幹中生下的是男人，後又有男、女各一人自其身體中出生。這一對男女長大成人，結為夫妻，也生下一子，日子過得很快樂。但天有不測風雲，原本健康魁梧的丈夫一病不起，妻子悲傷得不得了，擔心從此之後人類會絕種，變成鳥獸的世界，於是想了一個辦法，一天，把兒子叫過來，笑著說：「萬物皆知繁殖之道，我等身為人類，豈可不知？你已經是個年青人，理當迎娶一房媳婦，組織一個家庭。我這就入山去，替你找個新娘子來。」說完，母親便逕自離家，走入深山中，自取樹汁塗臉，換了一個相貌回家去，告訴她的兒子說：「你的母親來找我了，她說她的兒子一個人在家，所以要我快來做你的妻子。從今天起，我們就同甘共苦，過著快樂的日子吧！」兒子做夢也想不到是親生母親，一切深信不疑。他想，這一個女人來得好，老而無人服將多麼悲慘，不如現在先未雨綢繆，生下一些兒女。於是想效法獸類行 kantohoci，但卻不知如何去做。他想，必須有個洞容納此物，所以就往女人的耳孔戳了戳，當然進不去；其次試了試鼻孔，也進不去，放進她的嘴裡去，只見她因無法透氣而很痛苦；那麼可能是肚臍，可是肚臍不過是個凹處，什麼東西也無法容納。試來試去，可能和獸類一樣，只有從 Salisulay 一洞吧！他惶恐地，忍受著臭味，試了試女人的肛門，女人叫痛不已，他知道又錯了，只好嘗試最後剩下的一個洞，此次果然大異於前，陽具完全沒入，才動了一兩下，女人就放聲哭叫，他問：「妳怎麼了？」女人連話也答不出，接著，連他自己也哭叫在一起了。從此之後，他們的子孫不斷增加，未經幾代便覺得原住之地狹小不堪，於是遷居 obin 之地，但是在此住了幾代之後，又有狹隘感，於是再分成願意前往平地和留在山中兩批人。擬下山者正要走開時，有人說若兩隊人數不均，必為後日之患，故應該平分才對。於是兩隊人分別齊聲大喊，結果顯得留山中者聲音太大，所以又撥出一批人給下山者。當下山者下到山下時，兩隊的人再喊叫一次，說來真是豈有此理，原來聲音弱的一方反而聲勢浩大，續留者知道上了當，心中忿恨難消，心想對方既然使出欺騙手段，我們非去砍他們的頭，削減他們的人不可，於是紛紛刺黥，以別於平地人，全社同心協力，凡是見到了平地人，就砍他們的頭。我們德路固群是續留山中者的一部份，來到 Truwan 之地營生數代，後來子孫繁多才分出，組織現今各社。註8

賽德克族發祥地與創生傳說

本則故事敘述地球萬獸皆出生自一棵巨樹：

（一）　首先是樹幹下方有蠢蠢然出生者，四肢行走，體外披著一層毛皮者。

（二）　接著是樹幹下方又有誕生者，其形如樹，具有二根和二枝，頂上多了一個瘤者。

（三）　其次，樹幹長出形長且細，無法步行，永遠在地上爬行者。

（四）　再次，樹幹上方長出很少到地上來，經常在空中飛翔者。

（五）　以上就是地球的獸類、人類、蛇類和鳥類。

（六）　因為遠古的地球天天都是黑暗世界，所以獸類、人類、蛇類和鳥類雖是生自同一棵樹，卻未能有謀面的機會。

（七）　直至有一天，大家不期然終於碰在一起了。

（八）　萬獸各嚐萬物，最合自己口味者，便以之為常食。

（九）　自樹幹中生出的是男人，後又有男、女各一人自其身體中出生。

（十）　男女長大成人，結為夫妻，也生下一位兒子。

（十一）　丈夫一病不起，妻子擔心從此之後人類會絕種。

（十二）　妻子離家入深山中，用樹汁塗抹臉部，變換了相貌回家去。兒子認不出是自己的母親。

（十三）　母親騙兒子說要成為他的妻子，兒子不疑有他，便很怡樂的成親了。

（十四）　他們嘗試了各種方法性交，都不得其門而入，最後才恍然大悟，領悟了正確的方法。

（十五）　他們的子孫不斷增加，原住地變得狹小不堪，於是遷居 obin 這個地方。

（十六）　在 obin 住了幾代之後，土地又不足夠了，於是再分成願意前往平地和留在山中兩批人。

（十七）　兩批人以吼叫聲來平分人數。

（十八）　留在山中者聲音太大，表示人員比較多，所以又撥出一批人給下山者。

（十九）　當下山者下到山下時，兩隊的人再喊叫一次，原來聲音弱的下山者聲勢反而變得浩大，因為他們使出了欺騙的手段。

（二十）　續留山上者知道上當了，心中忿恨難消，心想非去砍他們的頭不可，以削減他們的人口。

續留山上者紛紛刺黥，以別於下山者平地人，凡是見到了平地人，就砍他們的頭。這就是出草的緣起。

九、賽德克族岩石生傳說

資料來源 Watan Diro《KARI 賽德克豐盛的話語》

　　日本學者佐山融吉著《蕃族調查報告書》提到：在中央山脈叫 Bnuhur 的地方，長著一棵大樹，其半邊為木質，半邊為岩石。一日竟從樹中走出男女二神，祂們同衾，生了很多子女，子女又再繼續繁衍。賽德克族將它視為神靈（Utux），因而被視為是一個神聖的區域，凡有獵人行徑此地，必須要轉換語境說話，並且禁絕說些褻瀆言語，以免會觸怒神靈而遭逢厄運。因此，座落在 Bnuhur（白石山）的 Rmdax Tasil/Pusu Qhuni（神石），成為賽德克部落原始的發源地，Rmdax Tasil/Pusu Qhuni（神石）成為了聖山。註9

十、男女二神降落博諾彭大岩石繁殖子孫

　　賽德克族德路固群傳說：天地開闢之初，有一男神和女神，自天而降，來到最高的山上一塊岩石上，忽然那塊大岩石分裂為二，一變大自然，一變宮殿，二神便把此地叫做博諾彭（祖先地）定居於此，並從此繁殖其子孫。

　　本故事敘述宇宙生成之初：
（一）有男女二神，自天而降到地球。
（二）男女二神降落到最高山上的一塊岩石上。
（三）大岩石分裂為二，一變大自然，一變宮殿。地球大自然形成了，也形成了一座宮殿。
（四）男女二神居住在宮殿裡。
（五）這個宮殿位在「博諾彭」此地。

本則神話謂賽德克族人的祖先是從天上降到凡世的男女二神。故事的發生地點是在叫做「博諾彭」的大岩石上。賽德克族始祖降至博諾彭之地，定居並繁衍子孫。本故事未說明「博諾彭」的確切位置，應該就是一般傳說故事上的「白石山」上。

十一、賽德克族人石生說

資料來源 鐵米拿葳依《賽德克族口述傳統文化故事（第一集）》

採錄者 鐵米拿葳依 | 口述者 王文則

採錄時間 1997 年 10 月 10 日 | 採錄地點 清流部落

按先人的話說，我們人是從樹根來的。人們也說，我們是從奧萬大那兒來的。問：「就是那棵樹有洞嗎？」也不是洞，先人說是一塊石頭。是它的手，上面的手是木頭，有一個已經斷了，還有一個留在那兒。那塊石頭是附著在那兒，美籍明神父曾經去過那兒，只有他去那兒照過相。問：「為什麼不准人過去那兒？」從前亦不准人去那開玩笑，就是煮飯，帶狗追逐，也不可以隨便說話。隨便亂說話，就會颱風大雨，人就會死亡。所以，人很害怕。那是賽德克族人的根源，我們是在那兒誕生的。莫那‧魯道也曾說我們的根是從那兒來的，他也不知道。如果開玩笑它會生氣，會颱風下大雨。第一次人過去那兒時約有十人，他們去那兒，進入到洞內睡覺的地方，就是煮飯洗手都不可以。你的父親（採錄者的父親）Awi Tado 說的。而且，有些年長者說，我們是從那塊靈鳥帶的石頭來的。到底是哪一塊石頭都沒人知道，因為沒有人見過。我的話到那兒為止。後來，明神父去那兒舉行彌撒獻祭時，好像就不會打死人了。而且從前明神父尚未到那兒之前，只要有人到那兒亂說話，就有人會死掉。它颱的風不是開玩笑呢！被風雨打，喉頭立即阻塞，並不是一般的颱風，他所颱的風會立即吹進喉嚨，立即感覺呼吸困難。有一次我們約十人曾經去過那兒，有一個男青年說，我是不怕你的，他用他的佩刀對著它說話而且還用他們帶來的乾糧食物香蕉餅丟出去射它。其中，有一位很守先人禮俗的青年，他不隨便亂說話，他只留在洞內睡覺。那些亂說話的青年們走了，當他們到達高山頂上時。颱起大風來，一位被丟出去，就隨便被丟到路下。那一位沒有隨便說話的，被吹到萬大，他沒有死，還活著，他被吹落到往萬大的地方去，但是他沒有死，還是活著

的。註 10

本則傳說故事敘述：

(一)　我們人是從奧萬大的一塊石頭來的。

(二)　據說那塊岩石是靈鳥帶來的。那塊石頭是附著在樹根那兒。

(三)　這塊石頭的手是木頭，有一個已經斷了，還有一個留在那兒。

(四)　從前不准人去那裡開玩笑，因為那是賽德克族人的根源，我們是在那兒誕生的。

(五)　就是煮飯，帶狗追逐也不可以，也不許隨便說話。

(六)　如果開玩笑岩石會生氣，會颳風下大雨。

(七)　隨便亂說話，就會颳風大雨，人就會死亡。

(八)　進入到洞內睡覺的地方，煮飯洗手都不可以。

(九)　它颳的風不是開玩笑呢！被風雨打，喉頭立即阻塞，並不是一般的颱風，所颳的風會立即吹進喉嚨，立即感覺呼吸困難。

(十)　曾有十人去過那兒，有一個男青年用佩刀對著岩石說話，還用乾糧食物香蕉餅丟出去射它。

(十一)　有一位很守規矩的青年，他不隨便亂說話，只留在洞內睡覺。

(十二)　那些亂說話的青年們走了，到達高山頂上時颳起大風來了，一位被吹到路下死了。

(十三)　那位守規矩不隨便說話的青年，被吹到萬大，他沒有死，還活著。

(十四)　明神父曾經去過岩石那兒舉行彌撒獻祭，以後就不會有颱風大雨的事情了。

清流部落文化牆／田哲益提供

賽德克族發祥地與創生傳說

十二、賽德克族人尊敬神石

資料來源 鐵米拿葳依《賽德克族口述傳統文化故事（第一集）》

採錄者 鐵米拿葳依｜口述者 王文則｜採錄時間 1997 年 10 月 10 日｜採錄地點 清流部落

據說，在奧萬大有一棵樹根，在那個山中有塊大石頭，獵人帶狗上山追逐是可以的，只是不可隨便說話。然而，有個現代獵人要去那兒，不可隨便說話，亦不可隨便洗澡。去那兒的人，要懂得方法，如果身子髒了，就故意到石頭那兒摩擦，去取水煮飯時，用自己的手在石頭上摩擦清洗，不可說是洗澡，要說是洗手，否則就會颳颱風。從前有一群青年人，約十多人，據說，他們吃香蕉糕時，把香蕉糕丟給那石柱和樹根。因為那些年輕人年輕力壯，很傲慢地說：「我們怕你嗎？我們怕你什麼？」天色立即開始昏暗，起黑雲、颱風、下雨。沒有亂說話的那位留在山洞內，那些年輕力壯，亂說話的人先逃跑了。結果他們被大風吹到另一邊山路去，全都死光了，而那一位不懂而且沒有亂說話的小男孩，被大風吹到親愛村，沒有死，還活著。所以，不論是老年人到那座山上時，不會隨便亂說話的。後來，有位外籍傳教士神父到那兒舉行獻祭之後，再也沒有聽說過到那座山會死人的傳聞了。甚至，明神父到那裡照相，明神父照了相，而且一次照不完，分二段照，照到上面的，他帶了那些相片給我們看。是照了上下兩張，一次沒有照完，所以他照了兩次。問：「他們怎麼照的？」「他們的相機照不到全部，因為，一次不夠高度，所以又照了第二次。」問：「沒有颳大風嗎？」答：「沒有，沒有颱風，從那時候開始就沒有颱風。」去過那裡的萬大人都說好，自從神父到那裡做彌撒獻祭之後，沒有再颳風，他們就在那兒豎立了一座十字聖架。萬大人說那個裡面和樹根從此就沒事了。註11

本則傳說故事敘述：

（一）奧萬大有一棵樹根，有塊大石頭。

（二）傳說，獵人可以帶狗上山追逐獵物，只是不可以隨便說話，也不可隨便洗澡。

（三）如果身子髒了，就故意到石頭那兒摩擦，去取水煮飯時，用自己的手在石頭上摩擦清洗，不可說是洗澡，要說是洗手，否則就會颳颱風。

（四）從前有一群十多人的青年人，吃香蕉糕時，把香蕉糕丟給那石柱和樹

根。

（五）年輕人憑藉著年輕力壯，很傲慢地說：「我們怕你嗎？我們怕你什麼？」

（六）才說完，天色立即開始昏暗，起黑雲、颱風、下雨。

（七）沒有亂說話的那位年輕人留在山洞內。

（八）那些隨便亂說話的年輕人先逃跑了。

（九）逃跑的人被大風吹到另一邊山路去，全都死光了。

（十）沒有亂說話躲到洞中的年輕人，被大風吹到親愛村，沒有死，還活著。

（十一）後來，有位外籍傳教士神父到那兒舉行獻祭之後，再也沒有聽說過到那座山會死人的傳聞了。

（十二）自從神父去彌撒獻祭之後，沒有再颱風，萬大人就在那兒豎立了一座十字聖架。

十三、賽德克族人的祖先誕生於石頭

資料來源 見同上 ｜ 採錄者 鐵米拿葳依 ｜ 口述者 溫克成

採錄時間 1997 年 10 月 11 日 ｜ 採錄地點 清流部落

據說是來自於樹根，我們曾居住在馬嚇坡後山那邊的。我曾去過那兒，住過那兒，那兒有婦女的芝麻捻紗，在山洞內，我父親帶我去的。也許是前人居住的地方，那個洞很大，那兒所有的捻紗，捲線器也都在那。捻好的麻紗，就像現代的麻紗。那裡都有先人用過的平鍋、湯匙，是真的喝湯用的湯匙。那裡的居所是山洞，我曾去過，我已逝世的老父親說，這是先人居住的地方，那時候我還是個年青力壯的青年。我們是走路上去的，因為從前沒有車上山。我們走路去，兩個晚上在路上度過的。那兒都有平鍋和湯匙。為什麼我們的老人去那裡，是不是那裡有肥沃的土地呢？我的祖先是從那兒來的，我們已逝世的祖先住過那兒。所有的捻紗、平鍋和湯匙都在那兒。現在沒有人住了，是從前祖先住的地方，是我已逝之老父帶我去看的，他說，這是老祖先們住過的地方，我非常驚訝。那裡面什麼都有，很大的石頭山洞，像山洞的家。大的像房屋那麼大，人石像就在這山洞內。問：「據說，

人是來自於樹嗎？」據說人是在這兒生下來的。如果你從高山上眺望，那兒好像看起來有一棵樹。其實不是樹，而是石頭，那個石柱像是水泥柱，據說，我們的祖先是來自於此，是石頭不是樹。問：「別人說是一棵樹？」是的，是樹根。人說是樹根，從前人們是在此生下來的。他們說，我們是從樹根來的。所有的人都住在裡面，在那兒睡，去睡先人睡過的地方，我們也跟著睡在那兒，他們說是我們祖先睡過的地方。問：「那是不是 Mona Rudo（莫那‧魯道）去過的洞，隱藏自己身體的地方嗎？」哦，不是那兒，我們去的地方是在後山那邊。他的身體是在這個附近發現的。註12

本則傳說故事敘述：

（一）　傳說賽德克族是誕生於樹根。

（二）　祖先傳說的誕生地，那裡有很大的石頭山洞，是祖先曾經居住過的地方。

（三）　山洞裡面有芝麻捻紗，還有捲線器，也有先人用過的平鍋和湯匙。人石像就在山洞內。

（四）　從高山上眺望，那兒好像看起來有一棵樹。其實不是樹，而是石頭，那個石柱像是水泥柱，據說，我們的祖先是來自於此，是石頭不是樹。

從本則敘述來看，傳說賽德克族是誕生於樹根裡，其實遠觀是樹，實際上是岩石，所以賽德克族的祖先是來自於石頭，不是樹。

十四、賽德克族岩石創生神話

資料來源　鄧相揚《霧社事件》

相傳白石山有一棵大樹名為波索卡夫尼，半邊是樹木、半邊是岩石，有一天岩石中走出兩人，兩人生下子孫是為賽德克族的祖先。後來子孫繁衍，一部份族人越過中央山脈進入花蓮縣形成木瓜群、陶塞群、太魯閣群，學者稱為東賽德克群。留在原居地的族人形成德固達雅群（霧社群）、都達群、德路固群，成為西賽德克群。東西賽德克群，僅是地理位置的區分，其文化特質、發祥傳說、語言幾乎相

本則故事敘述：

（一）　白石山上的大樹名為「波索卡夫尼」（Pousho-Kafuni），是精化之樹，半邊是樹木、半邊是岩石。

（二）　有一天岩石中走出兩人，兩人生下子孫是為賽德克族的祖先。

　　本則神話故事敘述賽德克族的始祖創生於白石山上一棵名為「波索卡夫尼」大樹的岩石裡，據說是位於中央山脈北三段的牡丹兒山，為賽德克族祖先發祥地。其後人口繁衍，分向南投與花蓮兩地遷徙，成為西賽德克群與東賽德克群。東賽德克群現在已經獨立成一族即太魯閣族。

十五、賽德克族巨石生說

資料來源　內政部委託台灣大學人類學系研究
《台灣山胞各族傳統神話故事與傳說文獻編纂研究》

　　古時候，在 pinusowakanu 之地有一塊巨石，一天，此巨石崩裂了，走出一男一女。此一男一女生活了一段時間，某日兩人皆感到體內一股熱氣，急欲宣洩，但不知如何是好，這時飛來兩隻蒼蠅，停在地上，相互交疊，兩人若有所悟，仿效其法，自此了解陰陽相和之道，……。兩人生了一對兄妹，逐漸長大成人，兄妹不知要娶誰嫁誰，兩人十分擔心自此絕子絕孫。有一天，妹妹欺騙哥哥，宣稱為其找到老婆，請哥哥至某地相等，而妹妹則臉上塗了煙煤，使哥哥無法認出，自稱是其老婆，兩人遂結婚了，從此有了為數眾多的子子孫孫。註14

本則傳說故事敘述：

（一）　巨石崩裂，走出一男一女。

（二）　飛來兩隻蒼蠅相互交疊，兩人自此了解了陰陽相和之道。

（三）　兩人生了一對兄妹。

（四）　妹妹臉上塗了煙煤，欺騙哥哥稱其為哥哥的老婆。

（五）　從此有了為數眾多的子子孫孫。

十六、賽德克族祖先巨石生說

資料來源 仁愛鄉公所全球資訊網

很久以前，白石山區有一塊巨石聳立在山頂上，山頂上又長了一棵巨木，巨木分叉成二枝，樹葉茂密。有一天，天空巨變，雷電交加，風雲變色，突然自天空降下大雷，穿過濃密雲層，打在巨木及巨石；頓時，天搖地動，巨木一枝斷裂，一會兒，有三人自巨石中出來，二男一女，其中一男看到四周山巒起伏，樹木叢生，又回到巨石裡；另外二人，覺得外面世界多采多姿，景色優美，不再回巨石裡。從此以後，後代子孫滿山谷。註15

本則神話敘述：自白石山巨石裡原來有二男一女走出來，其中一男又退回巨石裡，剩下一男一女繁衍子孫。東、西賽德克族以南投縣與花蓮縣交界處附近白石山為祖先發源地，數百年前，部分族人翻越中央山脈向東發展，陸續遷徙至花蓮縣太魯閣溪、立霧溪及木瓜溪河谷兩岸。

十七、Sisil 鳥搖動巨石生出人類

資料來源 劉育玲《台灣賽德克族口傳故事研究》
採錄者 劉育玲｜口述者 曾阿清（81歲），都達群（道賽群）
採錄時間 2000 年 8 月 17 日｜採錄地點 花蓮縣卓溪鄉立山村山里部落

以前南投霧社部落附近有一座高山，那邊有一個很大很大的石頭，有一種鳥叫做 Sisil，牠就停在那顆大石頭上，用牠的嘴巴搖一次、搖兩次，大石頭就裂開了，然後從石頭裡面就走出來一男一女。那個男的就叫做布隆奈萬（Purong Naiwan），女的叫做布隆瑪代（Purong Madye）。註16

本則傳說故事敘述：
（一）有一座高山，有一個很大很大的石頭。
（二）鳥類 Sisil 用牠的嘴巴搖兩次，大石頭就裂開了。

（三）　大石頭裡面就走出來一男一女。這就是最初的男女祖先。

（四）　男祖叫做布隆奈萬（Purong Naiwan），女祖叫做布隆瑪代（Purong Madye）。

十八、賽德克族神石的故事

資料來源　黃炫星《泰雅文化組曲》

　　且說昔日的霧社深山有個妖魔，久蟄思動，有一天竟不甘寂寞，又呼風吐霧作起怪來。使上山狩獵的人迷失了方向，同時也失去了生命。妖魔罪孽加深，驚動了天帝，派遣天將替遇難的三十位獵戶掃除魔障。在一個月黑風高的夜晚，忽見萬道金光，緊隨一聲巨響從天而降，將一顆巨大山石，不偏不倚地壓在妖魔頭上。這便是霧社神石的由來。雖說因果報應，石下妖魔久久不得超生，卻因妖魔時時痛哭流涕，泣聲涕水變成陣陣狂風淒雨，而使神石附近，經常籠罩在惡劣的風雨天氣中。於是，牡丹岩與淒風苦雨結了不解之緣。註17

　　這是神石鎮壓妖魔使其不得超生的故事，妖魔的泣聲涕水變成陣陣狂風淒雨，這使牡丹岩與淒風苦雨結下了不解之緣。

十九、賽德克族祭拜神石

資料來源　仁愛鄉公所全球資訊網

　　在很久以前，有一對年輕的夫妻經過這裡，因為天色已晚，就住宿在巨石下隱蔽的角落。隔日下山後，妻子懷孕了。後來，懷孕的婦人生產了。但是，婦人生出來的，竟然是一顆水晶石。同時，這名婦人也死了。她的丈夫為了報仇，就帶著弟弟上山，兄弟倆到了巨石下，以獵槍射擊巨石來洩憤，沒想到卻引發了一場大風暴。開槍的哥哥，被自己射出的槍彈擊中，當場死亡；弟弟則在慌亂中死命逃下山來，並把經過的情形，說給部落裡的族人聽。從此以後，部落裡所有的族人，經過

賽德克族發祥地與創生傳說

這裡的時候，一定先進行祭拜神石的儀式。這樣的儀式，也就成為族人們的共同規範了。註18

這是一則族人對祖先起源巨岩聖石不敬，連在巨石下隱蔽躲藏都不可以，一位婦人被處以懷孕水晶而死。其夫就去報仇，慘遭槍彈回擊當場死亡。此後族人對聖石產生敬畏，經過此地時，一定會先祭拜神石，習慣成為俗信，變成了族人的規範。

二十、賽德克族向神石示威喪生

資料來源 李嘉鑫〈到奧萬大神岩請別帶鐵齒〉　《中國時報》）

曾經有位勇士，帶著兩位少年，翻山到花蓮出草，順利獵到一顆人頭凱歸，回程路過巨岩禁地，有位少年得意洋洋地拿著頭顱，向神石示威，大人制止不及，一刻鐘後，立刻黑天暗地，等翌日天亮，有人路過，驚覺三人都已喪生禁地，據說從古至今，總共有十二人上山時，因為冒犯巨岩而受譴遇難。註19

賽德克族人對於其祖先發祥的岩石，非常尊敬，不敢稍有冒犯，本則故事即是冒犯神石的悲慘下場。

原住民文化學家黃炫星《泰雅文化組曲》載：「在白石山東方的另一座石頭聖山，昔有一顆波索卡夫尼老樹（Pousu Kavuni），今有一座石筍，矗立於南投、花蓮二縣東西交通隘口的附近，賽德克族先人奉為發祥地，敬畏如神明。按賽德克族人所指的白石山，應是另外一座牡丹山。……石筍高達數十公尺，上半截呈現女神人體形象。先人傳言在這個林海裡，人類由一顆奇怪的半石半木神樹裡誕生出來。後來定居於達魯灣（根據地之意），繁衍賽德克族各群。如今岩石下方常有礦質紅水滲透出來，顯現神祕氣象。曾經有人在此撿過一些錢幣，因此有寶藏即在附近山區的傳聞。」

據友人黃炫興老師說，賽德克族人所指的白石山，應是另外一座牡丹山，這也說明了神話傳說的多元化，也增添了神祕的氣氛。

白石山在南投、花蓮縣界，位於花蓮縣木瓜山接中央山脈的稜線上，白石

山牡丹岩巨石聳立於山稜上，石質潔白光亮，遠望似一尊觀世音，也叫「觀音山」。賽德克族人奉為神石，不敢隨意接近，漸成禁地。

二一、賽德克族岩洞誕生說

資料來源 郭明正〈認識賽德克族 seedig、sedig、seehig〉
採錄者 郭明正｜口述者 傅阿有、蔡茂琳，德固達雅群
採錄時間 1991 年 3 月｜採錄地點 南投縣仁愛鄉互助村清流部落

我們賽德克族的始祖，是誕生於今白石山區（Bnuhur）的 Pusu Qhuni（今被稱為牡丹岩）。Pusu Qhuni 的根部有大岩洞，一個男孩及一個女孩即在此誕生。當時這世上沒有人類的存在，只有他們兩位。之後，他們漸漸長大，長成一對青年男女。有一天，女的就對男的說，若以後我們不在（亡故）了，這世上豈不是又沒人了。女的想著想著就靈機一動，對男的留話說道，我要出去逛逛，我一個人去，你留下來看顧我們的家。十天之後，你到溪流交匯處那裡等，若看到一位擁有文面的女子，你將她帶到我們家來，做你的妻子。自此，我們賽德克族即開始繁衍下來。
註 20

賽德克三群，不同的部落裡，其陳述的內容雖稍有不同，卻大同小異。其中，對 Pusu Qhuni 的稱呼雖不盡相同，但指的是同一個事物，述說的是同一個故事。

本則故事敘述：在今白石山區大岩洞誕生了一男一女。後來，女子把自己的臉文面易容，讓男子認不出，兩人就成了夫妻，自此繁衍後代。

賽德克族流傳的起源神話傳說，三群都以「樹生」、「石生」或「石樹生人」混合型的為主。太魯閣、賽德克的聖山都是仁愛鄉白石山牡丹岩。但不同社群或部落，對於神石、神木、或聖地的說法多有不同，但以白石山附近的牡丹岩一說較為廣泛流傳。

據郭明正老師所述：有關「樹生人」或是「石樹生人」的爭議：其一，今任教於輔仁大學宗教系的簡鴻模教授說道：「約於 60 年代期間，在霧社地區傳教的美籍明惠鐸神父，曾帶領部落族人探訪本族的起源地 Pusu Qhuni，並於

Pusu Qhuni 的基石處椿立一尊耶穌苦像（十字架）。」由此可知，它確實是一座矗立於崇山峻嶺之間的巨大岩石，而非一棵大樹可為佐證。另一個可能則是，該十字架是花蓮的神父椿立的，因部落耆老也說道：「有花蓮的神父到訪過 Pusu Qhuni，時間早於明神父。」因此，當明神父到 Pusu Qhuni 時，已有從花蓮過來的神父放置了一個十字架在那邊。其二，魏德聖導演於 2009 年至 2010 年間，拍攝《賽德克・巴萊》電影之後，隨即由湯湘竹先生拍攝了名為《餘生》的紀錄片。於該紀錄片中，即完整呈現了 Pusu Qhuni 的全貌，再次證明「祂」的確是一座巨大的岩石。值得我們思考的是，日本時代文獻紀錄錯了嗎？其實不然，因筆者相信，我先祖於傳述本族的起源傳說時，是以 Pusu Qhuni 來尊稱「祂」，就如今日賽德克族人，在傳述本族的起源傳說時，依然以 Pusu Qhuni 來敬稱「祂」。究其原因，本族人皆視 Pusu Qhuni 為神聖不可褻瀆、不可侵犯之所，絕不可直呼 tasil paru（大岩石）或 btunux paru（大石頭）。當族人來到 Pusu Qhuni 附近行獵時，一定要嚴守本族的 Gaga（族規），就連日常對話的用語也要隨之改變，如平日裡「太陽」，本族人稱做 hido，在這裡則要稱為 btuku。這是本族祖先的遺訓（Gaya），至今不變。註 21

二二、賽德克族德路固群人類的由來

資料來源 沈明仁總編輯《仁愛鄉志》（下） | 口述者 Waji Bawan | 族群 賽德克族德路固群

　　太古之時，有一個像花一樣的東西飛過來落在地上，經過數日，變成了一棵茅草，長成之後結穗，這些種子再飛散四方，長成茂盛的樹林。起初獸類集合來此地居住，然後蛇也來了，最後才有人類到此地棲息。註 22

　　本則故事敘述宇宙萬物最初生成的情形。

二三、賽德克族豬與狗創生說

採錄者 沈明仁（Bawan‧Tanah） | 口述者 Awai‧Bizeh（廖黃貴美，95 歲）

採錄地點 南投縣 Aran turuwan 合作村平生部落。

　　南投縣仁愛鄉精英村和合作村，即德路固人和都達人兩群的來源說，古時候有個似神似人的婦人，不知來自何方？有一天很無聊與一隻豬交合，生了好多孩子。後來又與狗交合，生了更多的子孫，因而成了人類的祖先。

　　本則神話敘述：有一位婦人與豬、狗同衾，生下了許多子孫，人類由此繁衍。這是一則有趣的傳說故事。

二四、賽德克族是豬和狗的後代

資料來源 沈明仁總編纂《仁愛鄉志》（上）

　　古時有一婦人，現在已經沒人知道她是從哪裡來的了，有一天，她在無聊之餘跟一隻豬性交，結果懷了孕，不久生下一子。後來，男孩逐漸長大，已經是個青年，卻沒有可以談情說愛的對象，過著寂寞的日子。另一方面，母親也感到空閨難耐，雖是自己的兒子、卻是唯一男人，很想跟他性交，卻始終說不出口。雖然那是尚無道德、規律的社會，但母子終歸是母子，這也難怪羞愧於心，連正眼看兒子一下也不敢。一天，母親心生一計，走進深山中取樹汁染臉，再若無其事的回家，兒子見一個素昧平生的女人來訪，其驚詫非同小可，連忙問道：「妳是誰？」母親騙他說：「我從很遠的深山裡來的，長年寂寞難耐，故攀山涉水、四處尋人，如今至此，你就做我的丈夫、我就做你的妻子吧！」兒子哪知是自己的母親，即上前將母親摟的幾乎連氣也透不過來，不久之後就生了一個女兒。但是經過的日子久了，母親臉上的染色也漸漸褪了。兒子知道之後又驚又悔，深怕神的責罰，但是事情已經發生了，也只好一切順其自然，後來母親因為羞愧而不知去了何處。（報導人：雖然這種事情是很不好的，但是在那個時代，為了人類的延續而不得不如此做，現在卻絕不能這樣做。）後來，兒子和他的妹妹（女兒）又在一起，而繁衍了很多子

孫。母親到別的地方之後，又和狗性交而生了很多子女，這些人子孫增多之後，就建立了現在的社群，所以說我們都達群和德路固群都是豬和狗的子孫。註23

本則故事敘述：

（一） 遠古時一婦人與豬性交，生下一子。

（二） 母親到深山中用樹汁染臉，改變容貌。

（三） 兒子見了不認識的女人，便與之結親，生下一位妹妹。

（四） 母親因為羞愧而不知去了何處。

（五） 兒子和他的妹妹（女兒）又在一起繁衍了很多子孫。

（六） 離家出走的母親又和狗性交，生了很多子女。

（七） 這些子女後代子孫繁衍了賽德克族的三個社群。

吹奏口簧琴談情說愛 / 田哲益提供

二五、賽德克族地上生出男女、豬糞生出一男

資料來源 內政部委託台灣大學人類學系研究

《台灣山胞各族傳統神話故事與傳說文獻編纂研究》

太古時代，地上出現了男女各一人，不久，又有兩個男人從地裡冒出來，後來，又從豬糞生出一個男人。註24

本神話傳說故事記述「豬糞生出一個男人」，亦是一種突如其來生出。本則故事雖然非常簡潔，但是本故事傳達的面向是廣泛的，也說明賽德克族人對於人類創生的起源，有多廣度與多廣角的思維，此即學術研究之大膽假設。

二六、賽德克族神造人、豬糞生人

資料來源 內政部委託台灣大學人類學系研究
《台灣山胞各族傳統神話故事與傳說文獻編纂研究》

古時，神造人，另有一人從豬糞裡生出來。……註25

本神話傳說故事是「神造人說」與「豬糞生人說」，當神在造人的時候，另一方面在豬糞裡也創生了一個人。所以賽德克族人認為，人的出現在地球上是多來源的，而非單一因素。

二七、賽德克族女與狗創生故事

資料來源 小川尚義、淺井惠倫《原語による台灣高砂族傳說集》

有一女出生自豬糞，因為沒有男人，就與犬交合，生一男孩。男孩長大後，同母親結婚，生多數子女。我們 Truku 群是由他們來的。註26

本則故事敘述：
(一) 有一女出生自豬糞（糞生說）。世上人類僅她一人，沒有男人。
(二) 糞生女與犬交合，生一男孩。
(三) 男孩長大後與母親結婚，生多數子女。德路固群得以繁衍。

二八、賽德克族蒼蠅卵孵出人類

資料來源 內政部委託台灣大學人類學系研究

《台灣山胞各族傳統神話故事與傳說文獻編纂研究》

　　太古時，有一隻蒼蠅，不知從何處飛來，牠所下的蛋，孵出了一男一女，一男一女長大後，彼此觀察，發現兩人都有類似的東西，如鼻子，耳朵、但在肚臍下方，卻有不同的東西，一個是凸的一個是凹的，於是兩人相擁，將凸出之物伸進了凹處，至此，兩人始知這正是「ottohu」恩賜之物，其後女子懷了孕，生下兒女，長成後，又互相燕好，共生十個子女，這時父母規定同胞男女不可結婚了，於是他們就和台灣人通婚，子孫眾多後，就分成兩隊，各謀發展，先是雙雙遷往 talowan（南投廳境），後有一隊遷往七腳川，另一隊遷居 wahelu，遷居 wahelu 的，輾轉遷徙，經由 ibo 及 shi lagan 等地之後來此居住，組織目前各社。註 27

　　本則故事敘述：一隻蒼蠅孵出了一男一女，這就是人類始祖。本傳說也敘述賽德克族遷徙的歷史分成兩個系統如下：

（一）　原始祖居地 → talowan → 七腳川

（二）　原始祖居地 → talowan → wahelu → ibo → shi lagan

賽德克族學童 / 余秀娥提供

賽德克族男女 / 田哲益提供

註釋

註1　沈明仁總編纂《仁愛鄉志》（上），南投縣仁愛鄉公所，2008 年 8 月，頁 275。

註2　佐山融吉、大古西壽，大正 12 年，《生番傳說集》，余萬居譯。引自內政部委託台灣大學人類學系研究《台灣山胞各族傳統神話故事與傳說文獻編纂研究》，1994 年 4 月 30 日。

註3　洪敬浤〈賽德克神話之樹在科博館重生〉，《聯合報》，2008 年 11 月 1 日。

註4　參簡榮聰〈台灣原住民族的樹神崇拜──泰雅族篇〉。

註5　《蕃族調查報告書》紗績族前篇，佐山融吉著（大正 6 年），余萬居譯。引自內政部委託台灣大學人類學系研究《台灣山胞各族傳統神話故事與傳說文獻編纂研究》，1994 年 4 月 30 日。

註6　同註 2。

註7　陳雅丹〈賽德克族的 Utux 信仰〉，《KARI 賽德克豐盛的話語》，2019 年 3 月，頁 67。

註8　同註 1，頁 276-278。

註9　同註 7。

註10　鐵米拿葳依《賽德克族口述傳統文化故事（第一集）》，2009 年 4 月，頁 28。

註11　同註 10，頁 33。

註12　同註 10，頁 38。

註13　參鄧相揚《霧社事件》，台北，玉山社，1998，頁 8。

註14　《蕃族調查報告書》紗績族後篇，佐山融吉著（大正 6 年），余萬居譯。引自內政部委託台灣大學人類學系研究《台灣山胞各族傳統神話故事與傳說文獻編纂研究》，1994 年 4 月 30 日。

註15　仁愛鄉公所全球資訊網。

註16　劉育玲《台灣賽德克族口傳故事研究》碩士論文，2001 年 6 月，頁 177。

註17　黃炫星《泰雅文化組曲》，南投縣潭南、民和國民小學編印，1993 年 9 月。

註18　同註 15。

註19　李嘉鑫〈到奧萬大神岩請別帶鐵齒〉，《中國時報》，1995 年 10 月 7 日。

註20　郭明正〈認識賽德克族 Seediq、Sediq、Seejiq〉，載於《2019 南投學──以中央山脈為家的人與他們的生活》研討會論文集，2019 年 11 月，頁 23。

註21　同註 20，頁 23-24。

註 22　　沈明仁總編輯《仁愛鄉志》（下），頁 1290。

註 23　　同註 1，頁 275-276。

註 24　　同註 14。

註 25　　同註 2。

註 26　　小川尚義、淺井惠倫《原語による台灣高砂族傳說集》。

註 27　　同註 14。

第二章

同祖源的賽德克族與
太魯閣族

一、賽德克族與太魯閣族分道揚鑣

東遷東部地區的賽德克族，現今則自成一族，成為太魯閣族。黃炫星《泰雅文化組曲》有一則賽德克族與太魯閣族早期分離的有趣傳說：

原先有兩個同族群的部落，比鄰而立，但一強一弱，相約在某一座吊橋上拚鬥，輸的一方，要遷移他鄉另圖發展。先由頭目出面，比劃哪一方的吼聲大，表示人多勢眾，以分出高下。結果弱勢部落的頭目，竟能出奇制勝，強勢的部落反而落敗，只好集體整裝，往東方自求多福去了。

本則故事敘述賽德克族與太魯閣族最初分道揚鑣的情形，賽德克族意味弱勢部落，太魯閣族意味強勢部落。傳統祖居地或許因為人口增加，耕地和獵場已經不足，因此，必須有人東遷移居。兩族以吼聲大小決定勝負，結果弱勢部落的賽德克族出奇制勝，留在了祖居地（南投縣仁愛鄉境內），而強勢部落的太魯閣族則離開了祖居地，東遷到了花蓮，後來獨立自成一族。由本故事可知，太魯閣族與賽德克族是同祖源的關係。

二、賽德克族之分布區域

賽德克族的初祖最早可能是居住在台灣西部平原，其後再往深山遷徙，最終先後移入南投縣仁愛鄉霧社地區（德固達雅部族）、平靜地區（都達部族）、平生、靜觀地區（德路固部族）形成三群的局面。這三個部落群各稱為「Seediq Tkdaya、Seediq Toda、Seediq Truku」，即「德固達雅」人、「都達」人、「德路固」人之意。因此，一般族人都自稱是賽德克，包含三群在內，屬賽德克族。

南投縣境內的賽德克族三群中，原來是以德固達雅群最強大，曾經有十二社部落，居於其北的都達、德路固兩群，則各有五社部落。1930 年，德固達雅群發動霧社抗暴事件。事件後被日人分散遷居，棄置傳統祖居地。德固達雅群現今的分布情形為北港溪流域的互助村，包括中原、清流（參加霧社事件六社的後裔）兩個部落，以及眉溪流域的南豐村。

都達群則居住於春陽村各部落，以及精英村的平靜、平和部落；德路固群

較分散，除了合作村諸部落外，還包括精英村的廬山部落、廬山溫泉（目前大部分為漢人）以及親愛村的松林部落。

靜觀部落日治建造的住屋／田哲益提供

賽德克族傳統住屋／田哲益提供

賽德克族三群之形成：

在遠古的年代裡，惡靈橫行肆虐荼毒人獸，人獸都非常惶恐。有一天，自天上突然飛下了一個白色的石柱，將惡靈壓住。於是惡靈就無法動彈和作怪。但是被壓制的惡靈還能發聲吐氣，因此白石附近總是狂風咆嘯。白石山區的族人後來繁衍眾多，族人視神石為神聖之物，對於神石崇敬有加。唯經過了數代之後，族人已經不再遵守先人留下來的祖訓（Gaya），觸犯祖訓，甚至詆毀神石，非常傲慢不敬，對神石口出惡言。於是，編織神（Utux Tmninung）發怒，懲罰了他們。頓時烏雲密布降下豪雨，洪水氾濫沖毀家園，將族人沖散一分為三，分散到不同的山谷。自此，賽德克族就分為德固達雅、都達、德路固三個社群了。

本則故事敘述：

(一) 賽德克族祖居地白石山，有一惡靈橫行肆虐荼毒人獸。
(二) 有一天，天上飛來了一個白色石柱，將惡靈壓住。
(三) 從此，惡靈就不能作怪危害人獸。
(四) 族人感恩神石援助，對神石非常尊敬，並且傳為祖訓。
(五) 經過數代之後，族人對神石的敬畏不如從前，甚至詆毀神石，對祂不敬。
(六) 創造宇宙大地和人類的編織神看到這番情景，非常生氣。

同祖源的賽德克族與太魯閣族

（七）　編織神決定要懲罰賽德克族人。

（八）　編織神降下洪水氾濫大地。

（九）　族人被洪水沖散一分為三，分散到不同的山谷。

（十）　洪水過後，賽德克族就分為德固達雅、都達、德路固三個社群了。

三、太魯閣族之分布區域

太魯閣族三群，原本也是居住於深山地區，其中「太魯閣群」主要居住於立霧溪流域，以三角錐山為分界，以東稱為內太魯閣，以西稱為外太魯閣。居住於木瓜溪流域的則稱為「巴托蘭群」；原居此地的「木瓜群」則遷往更靠平地處；「陶賽群」則主要居住於立霧溪支流的陶賽溪流域，另有少部分居住於和平北溪上游，與泰雅族南澳群混住。霧社事件後，全部被日人遷居，現皆居住於靠平地之處：陶賽群的分布區包括宜蘭縣大同鄉寒溪村、南澳鄉澳花村、金洋村與南澳村（在村中皆為少數），以及花蓮縣秀林鄉的富世、佳民村，和卓溪鄉的立山、崙山二村；木瓜群大部分居住於花蓮縣萬榮鄉明利村，其他則分居壽豐鄉溪口村及秀林鄉佳民村的佳山部落。太魯閣群為分布最廣的一群，不但佔秀林、萬榮兩鄉大部分人口，還包括卓溪鄉的立山村，附近各平地鄉鎮，如吉安鄉等也有少數。太魯閣群人口既多，並且因其他兩群僅佔小部分，故現在語言的使用，也大致以太魯閣群方言為主，因此自成一族，「太魯閣族」也就成為花蓮地區賽德克語群的代名詞了。註1

賽德克族在南投縣境內，自上游往下的原始分布情形，依次為德路固、都達與德固達雅群。

依太魯閣族和賽德克族的起源傳說，花蓮太魯閣族各群是從南投向東遷徙發展而產生的，所以太魯閣群與德路固群同源，木瓜群與德固達雅群同源，陶賽群與都達群同源。由傳統古老的分布位置來看，德路固群居住地比較高而寒冷，越過山就是花蓮縣境了，故德路固群（太魯閣群）在花蓮境內人口數最多，成為主要部群，其他兩群（德固達雅群、都達群）則因生存環境相對較好，遷徙至東部花蓮者人數也較少。

春陽部落學童 / 田哲益提供　　　　　　　　族語教學 / 余秀娥提供

四、白石山是賽德克族、太魯閣族共同的發祥聖山

「白石山」是賽德克族、太魯閣族共同的發祥聖地，兩族皆有相似的神話傳說故事，由此可以看出，兩族是同祖源關係。

傳說中的賽德克族發祥地牡丹岩（神石）「Bnebung、Pusu Btunux、Pusu Qhuni」即聖地、神石、神木三種傳說，賽德克族三群都有發祥地的傳說，但以「牡丹岩」較為廣傳。神石母語「Bnebung」，為比較神聖、尊敬的詞，不可直接稱呼，而是用「Pusu Btunux（神石）、Pusu Qhuni（神木）」等二語代尊稱之。Benbung 母語原意是「峰巒」（Bngbung Dgiyaq），指祖先聖地是在迂迴連綿大小尖突的山峰中，祖先聖地屬尊敬語，不可直稱，列於忌諱之內。要用相當的敬語或以寓言來代表，因此就有 Pusu Btunux 和 Pusu Qhuni 的尊稱代替 Bnebung。Pusu Btunux 意指石之源頭，指牡丹岩在群石岩中屹立不動、高聳直立於山崖壁上，類似狹長型的飛來石插入山崖上，高約90 餘公尺，寬約 60 公尺，面向西方、南方、北方三面峭壁光滑，東面銜接約40 公尺高的岩石，頂上長滿草木直到牡丹岩頂，四周森林茂密，其他岩石早已頹圮，僅剩石之源頭 ，唯我獨尊。寓祖於石，吾族根基立於石之源頭上，鞏固的磐石，永垂不朽。

另一敬語 Pusu Qhuni，則是樹木之根源。牡丹岩四週森林蓊鬱，甚至岩壁、岩頂均長滿樹木草叢，特別是在岩頂上長了一棵檜木，屢次面臨風雷，雖然軀體枝葉全毀，但樹根部未毀損，象徵生生不息，認為樹的枝葉雖斷，

唯有根源不斷，就永遠不斷。寓祖於樹根，吾族根基立於樹之根源上，則源源不絕，永存於世。以上祖先用語，意義深遠，當發揚光大。因此，族人稱Bnebung為祖先聖地，稱牡丹岩為神石或神木。外族看到了神石，遠看像一朵含苞待放的牡丹花花苞，兩面由花梗葉包裹，中間露出雪白的花苞，故稱「牡丹岩」；有因屬牡丹山範圍而名為「牡丹石」；有因灰白色的外貌而稱為「白石」（不是白石山）；有因其狀似一尊觀音菩薩而稱為「觀音石」；有因其形似背著籃筐的賽德克族人，稱為「賽德克石」（石人）等，名稱很多。註2

　　這座山依廖守臣先生記載如下：「博諾彭」，拉丁文拼成Bunobon，係由賽德克人的Boso-kaxouni的訛音，意即「樹根」，相傳，賽德克人從樹根誕生，此樹根長在中央山脈的白石山上，文獻上認為它是賽德克亞族的發祥地。……另一傳說，認為此樹根當在白石山北面知亞干山嶺側，今木瓜溪支流清水溪上源，稱它為「神石」。相傳，賽德克人的祖先誕生時，其石分裂為二，一在西，高約100公尺，直徑60公尺，被認為是Boso-kaxouni的所在。一在東，石塊較小，被認為是神石的孫子，兩石相距近1公里。……凡屬賽德克族人傳說中認為神石是族群發祥地，歷代祖靈均居此石。族人信仰祖靈，嚴守禁忌規範言行（即族人稱之Gaya），因此，自古對神石就敬畏萬分，尊為聖地或祖靈或神或神鬼之地，是神聖、聖潔而不可侵犯之地。不輕易或不敢接近，以虔誠、敬畏、聖潔之心朝拜進入，更以上好的祭物供奉，保持整潔、安靜等，否則會惹來禍患。註3

　　耆老們在口述裡都非常一致的指出，「Bunuhon」（布努恆）山中的「Pusu-qhuni」是賽德克族始祖的誕生地。Bunuhon是指較大範圍的白石山區，Bunuhon文獻記錄中被音譯為「博諾彭」，是廖守臣所譯並將其記音為「Bunuobon」，與廖守臣同屬太魯閣群花蓮人的楊盛涂校長，則將「博諾彭」記音為「Bunubung」，雖因方言上的差異或記音的不同，而有「Buunobon」、「Bunubung」、「Bunuhun」等不盡相同的說法，但實際上所說的是同一件事物，所指的是同一個地方。「Pusu-qhuni」（波索卡夫尼），廖守臣將其記音為「kaxouni Boso」，「Pusu」是源頭、根基、原因，「qhuni」是樹的統稱，「Pusu-qhuni」就是一般所謂的樹頭、樹的根部，若直譯成中文即「樹根」之意，但指的是長出地面或最接近地面的一截根部，而非指埋在地面以下的繫根（gamil）。其實該Pusu-qhuni是一座矗立在牡丹山鞍部的巨大岩石，並非一顆神木，高約80～100公尺，最大直徑約40～50公尺，今被稱作「牡丹岩」。

在日本時代文獻中曾紀錄,「……中央山脈……有一棵大樹,……」句中的「一棵大樹」,筆者相信,當時先人是以「Pusu-qhuni」來陳述,可惜當時擔任翻譯者未再耐心求証,遂令後世者誤以為賽德克族的始祖是由樹所生,或由石、樹所共生,諸如現今有很多進行所謂「田野調查」者,由於對賽德克族語完全不了解,而造成田調的錯誤結果。註4

德路固群和都達群的族人,對牡丹岩似乎沒有較固定的稱呼,而德克達雅群的族人將「牡丹岩」稱作「樹根」(Pusu-qhuni)且傳之千年而不改變,其中必有要如此稱呼的特殊因素。何以稱「祂」為「樹根」,而不稱作大岩石或其他名稱時,耆老們最直接的反應是「uka so kiya rmengo(uka kari so kiya),bsaniq sokiya mrenго sa,ma maha pcebu bgihung hiya di,kari daha rnibaq mesa『Pusu-qhuni』,ado ka pnsperuq hiya ka pusu tama rudan peni……」。中文意指:「沒有人那樣說的(沒有那樣的說法),那樣說是犯大忌的(對『祂』是不敬的),若你在白石山區對『祂』恣意稱呼的話,會被雷雨颶風所傷的,『樹根』是祖先們傳下來的『隱喻名稱』,因為那裡是我們始祖的誕生地……。」註5

此外,郭明正老師有兩點看法:註6

(一) 族人們稱牡丹岩為樹根的年代已經非常久遠,儼然是我們「gaya」（祖訓）的一部分,必須嚴守不逾。

(二) 我們的始祖既然誕生於牡丹岩,「祂」必具有超乎自然的能力,是一處神聖、神祕的地方,對「祂」崇敬與敬畏是很自然的,尤其處在民智未開的年代裡。因此,在賽德克人的心目中,「牡丹岩」(Pusu-qhuni)無疑是座「神石」,白石山區(Bnuhun)則是聖山、聖地。

至於「石生人」、「樹生人」抑或「石樹生人」的糾葛及議論,郭明正老師有以下的佐証與看法:約民國40～50年代,其他宗教信仰陸續傳入原住民部落,賽德克族傳統的祖靈信仰(Utux)逐漸被基督教和天主教所取代,不論是天主教或基督教,其「上帝造人」之教義與我口傳的「石生人」起源說是完全不同的。因此,當時外籍神父曾在教友們帶領下,遠赴中央山脈探訪 Pusu-qhuni,並在 Pusu-qhuni 的基座處放置一個「十字苦像」。在台大登山社出版的《白石傳說——泰雅族發源聖地探勘手記》刊載的數張牡丹岩照片中,依然看得到那一幅十字架。該十字架盛傳是當年在霧社地區傳教的明神父(明惠鐸神父)所放置,但也有人說,是當時在花蓮地區和南投地區的賽德克人,都曾

同祖源的賽德克族與太魯閣族

引領在當地傳教的神父到該處後所放置。不論如何，今居花蓮地區的太魯閣族人和南投地區的賽德克族人，都曾偕同傳教士探訪過 Pusu- qhuni，「祂」是突出山稜鞍部的一座獨立巨岩，猶如從天而降，屹立在群峰山巒之間，今稱「牡丹岩」，而非一棵千年的大神木。民國 50 年代，南投及花蓮兩地區尚居住著眾多熟悉 Pusu-qhuni 的族人，因此，被放置十字架的牡丹岩，即為傳說中始祖起源之 Pusu-qhuni 是無庸置疑的。註 7

　　郭明正老師認為，由賽德克族人踏進白石山區獵場後之行為舉止，最能表達賽德克人對 Pusu-qhuni 的崇敬與敬畏。當賽德克族的始祖誕生後，不知過了多少年代，在逐次遷移中，最後定居於 Truwan（吐魯灣），Truwan 對賽德克族來說，其重要性相當於泰雅族的 Sbayan。而不斷遷徙的主要原因則是「Mthuda ma msekuy riyung ka dgiyaq Bnuhun，ini baka puqun sekuy seediq，kiya ka ini krana diida ka seediq menaq hi，ma kndudun theruy quri Truwan hini di」。中文意指：「牡丹山區和白石山區氣候寒冷，族人常因而受凍身亡，造成本族人口增長的遲緩，因此向西（吐魯灣）遷徙。」但賽德克族先祖們在漸次遷移中，始終無法忘懷始祖發源地區多樣又豐富的獵物，因此，現今的牡丹岩地區，自北邊能高主山山峰至南邊的安東軍北峰以西的廣大區域，長久以來即屬賽德克族的獵場，德固達雅群人稱作 Dupan（即獵場之意）。當賽德克族分離為都達、德路固和德固達雅等三個社群後，獵場的支配權就落在當時較強勢的社群族人手中。註 8

註釋

註1　參沈明仁總編纂《仁愛鄉志》（上），南投縣仁愛鄉公所，2008 年 8 月，頁 269-270。

註2　同註 1，頁 267-268。

註3　同註 1，頁 268。

註4　郭明正老師，《仁愛鄉志》（上），頁 562-563。

註5　同註 4，頁 563。

註6　同註 5。

註7　同註 4，頁 564。

註8　同註 7。

第三章

賽德克族 Gaya 與 Utux 信仰傳說

賽德克族的基本信仰是歷代祖靈崇拜。祖靈是宇宙主宰,具有無上的權力與力量,人類社會一切活動皆受其控制。祖靈監護子孫,但並不一味保佑而毫無責罰,更不會無條件的賜與恩惠。如果子孫遵守祖先訂下之法則制度,包括道德準則和祭祀禁忌,則祖靈就會使族人身體安康,農作、狩獵皆能豐收;如果行為不檢,違逆祖訓,祖靈便會降下疾病與災難,使農作歉收。故賽德克族對祖靈百般順從,惟有遵其訓示,祂才會降福保祐族人生活。一旦有人破壞祖訓或相關禁忌,不僅對個人生產不利,也將危及團體安全。此外,賽德克族也透過巫師作法來影響祖先,即使不慎觸犯禁律,也可以用贖罪的方式去改變祖靈的責罰。註1

賽德克人的原始信仰為祖靈信仰,在西方宗教傳入後,必然為其原始信仰帶來衝擊。事實上,不論是天主教或基督教,皆禁止偶像崇拜,因此,祖靈信仰究竟算不算是一種偶像崇拜?祖靈祭時,所舉行的若干儀式是否為其宗教教義所允許?據劉育玲老師所述,賽德克人也有不同的看法:其或認為祖靈信仰確實是一種偶像崇拜,或認為祖靈信仰並未構成偶像崇拜的條件。無論如何,在現今的賽德克社會,宗教信仰幾乎已完全取代祖靈信仰,然而,宗教教義對族人的約束力,從某些方面看來,卻明顯不若祖靈信仰。當外來文化與原始文化發生衝突,即使相互間不被彼此同化,也勢必面臨轉化,不惟賽德克人的祖靈信仰與宗教信仰如此,整個台灣原住民族文化在現代文明的挑戰下,幾乎皆面臨同化與轉化的命運。註2

一、賽德克族 Gaya 信仰

採錄者 沈明仁（Bawan‧Tanah）｜口述者 Tiwas｜採錄地點 南投縣仁愛鄉

　　如果人類吃豬的大便，豬一定要馬上殺死，以平息鬼神之怒吼，否則會引起風暴，吹毀農作物。如果豬生產後，發現牠的幼豬光禿無毛，也要殺死，以免家裡的婦女生產時，會有難產事故。人類如果飼養的畜牲是眼瞎或跛腳時，將會遺害到男人的身體，這是不好的；因此，男人上山狩獵或出外工作時，會隨便跌倒、或會遇草刺（bakau）等事故。如果遇人溺水或其他事故，在場卻不即時解救，鬼神會知道的，這是可恥的；親屬只有晚上帶著松樹火把，偷偷摸摸帶回部落。這是老人以前的話，也就是我們的 Gaya 啊！

本則故事敘述：

(一)　是一則賽德克族 Gaya 的故事，Gaya 解釋為「規範」、「常規」、「倫理」、「道德」、「秩序」等。

(二)　如果人類吃豬糞便，要馬上把這隻豬殺死，以平息鬼神對異常事件的怒吼。

(三)　如果沒有把這隻豬殺死，鬼神將會引起風暴，吹毀農作物。

(四)　豬產下光禿無毛的幼豬，也要殺死，否則婦女生產時，會有難產事故。

(五)　飼養的畜牲是眼瞎或跛腳時，將會遺害到男人的身體，所以不能飼養。

(六)　飼養殘障的畜牲，男人上山狩獵或出外工作時，會隨時跌倒或遇草刺（bakau）等事故。

(七)　如果遇人溺水或其他事故，在場卻不即時解救，鬼神會知道，這是可恥的。

　　本故事亦涉及到死亡喪葬的 Gaya，對於意外事故者，親屬只有晚上帶著松樹火把，偷偷摸摸將意外事故者帶回部落。

　　由此，瞭解到賽德克族原住民傳統文化中，Gaya 是他們生命中最重要的生活依據，沒有它的存在，這個族群也將無法適應整個新環境的生活變遷。註3

二、眉溪部落 Utux 信仰

資料來源 簡鴻模《祖靈與天主：眉溪天主堂傳教史初探》

在部落老人的看法中，Utux 有時會在我們的生活中有意或無意中讓我們看到，Bakan Nonmin 即說：「Meyah（來）Sumaso（閃過），有時候，Utux 會被別人看到並且一閃就過去了，一眨眼間就看不到了。意思好像是說來讓你看一下」。Utux 也會利用我們的夢（即夢占），讓我們知道一些訊息，如：燒墾時我們要等夢，看夢好不好，打獵時也要等夢，或者是家裡若有凶事發生，Utux 也會提早托夢來傳達訊息。Utux 有時也會托靈鳥（Sisin）來告訴我們一些訊息，特別是打獵適合的時機，何時是吉？何時是凶？若是遇到凶的時候，靈鳥會在我們的前面阻斷我們的去路，或在路的兩邊吵雜不休，提醒我們此時不要去打獵。註4

本則故事敘述：
（一）　神靈 Utux 會出現在日常生活當中，瞬間一閃即過。
（二）　神靈 Utux 也會出現在人的夢裡，以做為暗示的訊息。
（三）　凡農耕、狩獵等行事都要依據夢兆為之。
（四）　神靈 Utux 也會托靈鳥（Sisin）徵候吉凶。
（五）　Sisin 靈鳥會在有危險的區域阻斷人們繼續前進，以免發生危險。
（六）　獵人前往獵場狩獵，Sisin 靈鳥會在路途中暗示吉凶，若在路的兩邊吵雜不休，是提醒獵人不要繼續上山去打獵，否則將有凶事發生。

在眉溪部落老人的想法裡，善靈是一個可以祈求的對象，祂能在冥冥之中幫助我們，給我們生活的力量，而惡靈會害人、會嚇人、也會忌妒人。這些神或靈，不管是善的或惡的，都在我們的生活當中，很容易就與我們接觸，所以在部落中的老人，他們常常在生活中祈禱，就像上述老人一樣，只要心裡有什麼體會，就可以祈禱，所以在傳統生活當中，他們可以說是真實的生活在祖靈信仰當中。註5

三、賽德克族是神的後裔

資料來源 陳雅丹〈賽德克族的 Utux 信仰〉

根據《台灣之番族》一書提到：「太古開闢之初，有一柱男神與二柱女神降臨在台灣中心最高峻大山的絕頂千引岩上。註6

本則故事敘述：賽德克族的祖先是一男神與二女神，祂們是從天降臨到台灣中心最高山的絕頂千引岩上。

四、賽德克族天上的靈信仰

資料來源 簡鴻模《祖靈與天主：眉溪天主堂傳教史初探》

Utux 是「靈」，Balo 是「在上面」，Utux Balo 亦即「在天上的靈」，是具懲善罰惡力量的靈。受訪的長者 Rabe Walis（王明英）說：「我的爸爸臨終前，一直交代我們幾個做子女的，絕對不可以貪人家的東西而隨意偷拿，也不可以吵架或跟別人打架，不可以殺人，因為 Utux Balo 會懲罰我們。」他還特別強調 Utux Balo 是古老的字彙，很早以前就聽過老人這麼說了，另一長者 Peting Tado 也說：「我爸爸在病中一直告訴我和我弟弟，你們兄弟以後絕對不可以吵架或打架，一定要互相幫忙，因為真的有 Utux Balo 在看我們。」註7

本則故事敘述：
（一） Utux Balo（在天上的靈），具有懲善罰惡的力量。
（二） Utux Balo 隨時在監察著族人的一舉一動，不遵循者施以懲罰。
（一） 不可以貪人家的東西而隨意偷拿，也不可以吵架或跟別人打架，不可以殺人，兄弟一定要互相幫忙。

五、賽德克族織造世界的靈信仰

資料來源 簡鴻模《祖靈與天主：眉溪天主堂傳教史初探》

　　Utux 是「靈」，Tmninun 是「織造」的意思，意指「織出我們這個世界的靈」……，賽德克族的織工是台灣原住民中最善者，他們使用最簡單的工具，卻能夠織出各種各樣的圖樣，可能因此而有 Utux Tmninun 這樣的一個創造概念。受訪長者 Tiwas Pawan（迪娃斯・巴萬）說：「我們世界上的東西都是 Utux Tmninun 織出來的，所有我們看到的和我們的身體都是一樣。」因此 Utux Tmninun 在部落族人的生活圈子裡的影響非常大，祂可說是織出萬物的創造者。註8

　　本則故事敘述：

（一）　賽德克族的紡織工藝是台灣原住民中最擅長者。

（二）　賽德克族人認為宇宙天地有個「織造之靈」。

（三）　宇宙天地萬物都是「織造之靈」所織造，祂是萬物的創造者。

（四）　人也是「織造之靈」所織造。

　　賽德克族人非常崇仰「織造之靈」，人的一生都是祂編織的，人的死亡就是「織造之靈」停止了對他繼續編織。

　　最早論及賽德克族祖靈（Utuux）觀的文獻，是日本時代出版的《番族慣習調查報告書》，書中並未肯定「祖靈」含有「神者」的意涵。只是日本學者在田調過程中，發現人的出生與死亡跟編織靈（Utux Tmninun）有關係，因為賽德克族人認為，當編織靈開始編織人的身體時，人被賦予了生命氣息。不過，若編織靈不再繼續編織時，該族人的生命就結束。但此名詞是否等同於「神性」概念，該報告書並未下定論。賽德克族的祖靈信仰可從神話故事找出一些痕跡。註9

六、賽德克族螃蟹靈信仰

資料來源 簡鴻模《祖靈與天主：眉溪天主堂傳教史初探》

Utux Kalan 是專司死後審判的靈，部落老人相信每一個 seedeq 死後都要接受 Utux Kalan 的審判，審判的標準是 Gaya 的遵守與否，特別是男人的狩獵與女人的織布。男人是否認真的打獵及確實遵照打獵的規範？女人是否認真織布，尤其是她會不會織 mili（織布的一種方法）。不同於一般平織的花紋，織法較繁雜，以往部落的老人都以 Utux（靈）kalan（螃蟹）鼓勵學習織布的年輕婦女。Utux Kalan 會在我們死後在 Hako（橋）Utux（靈）上等我們，女人走在橋上，如果不會織 mili 的會被螃蟹神推到橋下或被螃蟹神吃掉。當男人的手沒有紅色的印記，表示他沒有認真的打獵，所以當男人走到橋上時，也會遭到同樣的懲罰。註10

本則傳說故事敘述：人死後接受審判，一生中確實遵循 Gaya（道德、規範、秩序）者，才能通過彩虹橋到達祖靈之居與先前的歷代祖靈相聚，過著重生快樂的靈界生活。

情節要述如下：

(一) 每一位賽德克族人死後都要接受 Utux Kalan（螃蟹靈、螃蟹神）的審判。

(二) 螃蟹靈審判的標準是亡靈在人世間是否確實遵守 Gaya 的規範。

(三) 女人是否擅於織布，尤其是會織 mili 織布法。如果不會織 mili 者會被推到橋下或被螃蟹神吃掉。

(四) 男人的手沒有紅色的印記，即表示沒有努力為家人獲得獵物。也會被推到橋下或被螃蟹神吃掉。

在眉溪部落的傳統說法，人死後都要回到祖先的家，那裡是最終的居所，而且是一個非常好的地方。如果不遵守 Gaya，不認真織布或打獵，當死後走到 Hako Utux（祖靈橋）上，就會被 Utux Kalan 給推到橋下，表示無法和死去的父母、孩子、親戚、朋友在一起。以老人們的想法來說，這是一件非常令人悲傷的事，而且是一件讓老人們非常恐懼害怕的事，因為如果不能回到祖先的居所，那我們能到哪裡呢？這是部落老人共同的擔憂。Utux 既是祖靈，也是賞善罰惡的力量，更是人和世界的創造者以及職司死後審判的神靈。在部落族

人的心中，Utux 是族人痛苦的依靠，是賞善罰惡的審判者，也是世界的創造者，過去部落族人的生活氛圍即在此 Utux 信仰中，延續千年。事實上，Utux Tmninun 和 Utux Kalan 在部落的日常生活中，不常被提到，只有在有人問說，到底這個世界是從何而來的問題時，才會用來說明是 Utux Tmninun 織出來的，同樣的，Utux Kalan 也是當談到死後歸宿時才會被提及。註11

　　根據日本學者移川子之藏蒐集的「靈魂之國」的傳說，這故事提出賽德克族人對祖靈觀的看法：「凡是地上出生的人，死後都要到靈魂之國。」在往「靈魂之國」的路上，有一座「靈魂之橋」，橋口有一隻看守的蟹，會要求——把你的手給我看看，然後摸一下。如果手上的紅顏色摸了不會脫落，或是會織布的女人手上沾的紅色染料也不會脫落，這才是「真正的男人」、「真正的女人」。註12

註釋

註 1　　劉育玲《台灣賽德克族口傳故事研究》碩士論文，2001 年 6 月，頁 45。

註 2　　同註 1，頁 46。

註 3　　沈明仁〈豐美的賽德克族文化〉，2006 年 1 月 11 日。

註 4　　簡鴻模《祖靈與天主：眉溪天主堂傳教史初探》，新莊，輔仁大學出版社，2002 年 3 月，頁 8-9。

註 5　　同註 4，頁 9。

註 6　　陳雅丹〈賽德克族的 Utux 信仰〉，《KARI 賽德克豐盛的話語》，2019 年 3 月，頁 66。

註 7　　同註 5。

註 8　　同註 4，頁 9-10。

註 9　　同註 6。

註 10　　同註 4，頁 10。

註 11　　同註 10。

註 12　　同註 6。

第四章
賽德克族徵候與占卜傳說

原始民族對於即將發生的事，缺乏認知，因此藉由自然界的徵候與占卜來指示行事依據或準則，於是，「占卜」與「徵候」的儀式便隨之應運而生。「徵候」簡單來說就是徵象、徵兆、預兆、前兆、先兆，亦即事物發生前所顯示的各種跡象。

人類向非人的靈體探詢想要知道的事物或即將出現、發生的事物，以探知外界事物的動向和變化。占卜與徵候是藉由超自然的方法，來推測未來或即將發生之事的神祕學。

在不同的地方或部落，通常會出現不同的釋義，讓占者去找出一種合理的解釋。占卜與徵候雖然有爭議，有人認為是不合理的，但它卻是世界上多數民族在古代生活重要的依循與參考的儀式。

一、賽德克族 Sisil 占卜鳥

採錄者 田哲益、余秀娥│口述者 田英蘭（88 歲），德路固群

採錄時間 2019 年 10 月 27 日│採錄地點 南投縣仁愛鄉合作村靜觀部落

有一種繡眼畫眉鳥叫做 Sisil，是賽德克族的聖鳥，受到族人的崇敬。Sisil 鳥也被選為族人占卜吉凶的鳥，因為牠可以做為族人行事卜占的鳥類。據說，族人上山工作或狩獵、旅行訪友等，Sisil 鳥會預測行程即將發生的事情：例如在行進中遇到 Sisil 鳥在前面橫向飛過，表示 Sisil 鳥不讓你繼續前進，如果你繼續前往，可能會發生不吉利的事情，也就是凶多吉少。族人都會折返家中，否則勉強行事，恐會遭遇不測。還有在路途中聽到 Sisil 鳥的叫聲，也可以判斷吉凶，例如啼聲悅耳清脆好聽，是好的徵兆，可以繼續預定的行事。如果啼聲混濁不清脆，聽起來並不舒適，則表示前方的路途是凶，不宜繼續前往，則要停止一切的行事，不可上山工作、不可上山狩獵、不可旅行訪友等。

本則故事要述如下：

（一）　Sisil 鳥是賽德克族的聖鳥，受到族人崇敬。

（二）　Sisil 鳥為族人占卜吉凶的鳥，可以預測族人行事的吉凶。

（三）　Sisil 鳥在前面橫向飛過，表示不讓你繼續前進，所以必須折返家中，否則會遭遇不測。

（四）　Sisil 鳥啼聲悅耳清脆，是吉徵兆，可以繼續預定的行事。

（五）　Sisil 鳥啼聲混濁，聽起來並不悅耳，則表示前方的路途是凶兆，不宜繼續上山工作或狩獵、旅行訪友等。

二、Sisil 當選賽德克族的聖鳥與占卜鳥

採錄者 田哲益、余秀娥│口述者 田英蘭（88 歲），德路固群

採錄時間 2019 年 10 月 27 日│採錄地點 南投縣仁愛鄉合作村靜觀部落

Sisil 鳥是如何成為賽德克族的占卜鳥，傳說從前在山上有一塊巨大的岩石，有

一天，烏鴉、鴿子、Sisil 鳥等，剛好聚在大岩石上。牠們東南西北愉快的爭先恐後的談天說笑著，最後就爭吵了起來。烏鴉說牠是最強壯的鳥類，鴿子說他是飛行最遠的鳥類，Sisil 鳥默默無語，不知道要怎麼誇耀自己。有人看到了這一幕爭奪戰，就跳出來說：「各位鳥類，剛才看到各位爭強論勝，我也看不出你們到底誰是真正最強大者？我們人類現在正在討論要用什麼鳥類做為我們平日生活的遵循者，暗示與徵兆我們一切的行事準則。」又說：「你們站在上面的大岩石，如果你們哪一位能將它移動，我們人類將以牠作為占卜鳥，也尊之為我們賽德克族的聖鳥。」說完，烏鴉和鴿子躍躍欲試一展身手，但是 Sisil 鳥還是不發一語。烏鴉首先要推動大岩石，結果腳被大岩石壓到了，疼痛非常，就「阿克！阿克！（ahq！ahq）」叫起來，一直到現在還是這種叫聲。烏鴉並沒有把大岩石移動成功。接著是鴿子要推移大岩石，牠用盡全力推移，發出「姆！姆！姆（muh！muh！muh！）」用力的聲音，還是沒有推移動大岩石一吋，至今鴿子的聲音還是發出「姆！姆！姆！」的聲音。接下來換 Sisil 鳥來推，牠鎮定就定位，深深地吸了一口氣，專心致志地慢慢的用力推移大岩石，結果大岩石被推移動了。後來，Sisil 鳥成了賽德克族人的聖鳥，也成了族人的占卜鳥，牠指導族人的一切行事與規範，賽德克族人自此就有了行事舉止的依據。

本則傳說故事敘述：
(一) 烏鴉、鴿子、Sisil 鳥等聚在大岩石上聊天，非常雀躍。
(二) 最後牠們爭強好勝起來，只有 Sisil 鳥默默不語，很謙虛禮讓。
(三) 有賽德克人看到了這一幕鳥類爭奪戰，但無法真正知道與評斷牠們誰是真正的強者。
(四) 這時賽德克人正在討論要用什麼鳥類做為平日生活的指導者，暗示與徵兆族人一切的行事準則。
(五) 賽德克人就對烏鴉、鴿子、Sisil 鳥說：你們哪位能將大岩石移動，賽德克族將以牠作為占卜鳥，也將尊之為我們賽德克族人的聖鳥。
(六) 烏鴉首先推移大岩石，結果腳被大岩石壓到了，最後還是沒能把大岩石移動一吋。
(七) 接著是鴿子盡全力推移大岩石，還是沒能移動大岩石。
(八) 最後換 Sisil 鳥來推動大岩石，結果大岩石被推移了。
(九) Sisil 鳥成了賽德克族人的聖鳥，也成了族人的占卜鳥。

賽德克族徵候與占卜傳說

（十）　自此，賽德克族人有了占卜與徵候兆示的依據。

本則傳說故事，最終結果出乎意外的由體型最小的 Sisil 鳥獲得了勝利。在視覺與意識中，弱者戰勝了強者。

三、Sisil 鳥、烏鴉、鴿子比賽搬移巨岩

採錄者 田哲益、余秀娥｜口述者 余秀娥，德路固群
採錄時間 2019 年 10 月 27 日｜採錄地點 南投縣仁愛鄉合作村靜觀部落

在靜觀部落後山有一塊巨岩，據說是 Sisil 鳥從高山上叫做翠峰的地方，把巨岩搬運下山來的。傳說是這樣的：烏鴉、鴿子、Sisil 鳥比賽搬運一塊巨岩，烏鴉和鴿子都無法搬運，小小的 Sisil 鳥居然把巨岩搬運起來了，並且飛起來了，牠把巨岩放置在靜觀部落的後山，至今這塊巨岩仍然存在，族人把這塊巨岩稱之為 Sisil。當時賽德克族人要選做為占卜的鳥類，看到小小的 Sisil 鳥居然有如此巨大的力量，就選擇了 Sisil 鳥做為族人的占卜鳥。此後即依 Sisil 鳥的飛向、啼叫的聲音，做為上山工作、狩獵、旅行、訪友等行事的依據。

本則故事敘述：

（一）　烏鴉、鴿子、Sisil 鳥比賽搬運一塊巨岩。

（二）　烏鴉、鴿子都無法搬運這塊巨岩，只有 Sisil 鳥把巨岩搬起來了。

（三）　Sisil 鳥把巨岩從高山上搬到靜觀部落的後山，至今巨岩仍然存在。

（四）　由於看到 Sisil 鳥無比的力量，賽德克族人就選 Sisil 鳥做為族人的占卜鳥。

（五）　此後，賽德克族人即依 Sisil 鳥的兆示做為行事舉止的依據。

四、賽德克族 Sisil 靈鳥

採錄者 田哲益、余秀娥｜口述者 田天助牧師（60 歲），德路固群
採錄時間 2019 年 11 月 17 日｜採錄地點 南投縣仁愛鄉都達部落

Sisil 鳥是賽德克族的占卜鳥，因為卜占之非常靈驗，所以是賽德克族的「靈鳥」。族人不管是大小事務，都要依據 Sisil 鳥的暗示來行事，以確保自身、家庭乃至於族人的安全。所以自古以來，賽德克族人即以 Sisil 鳥做為卜占的對象。獵人上山狩獵，路上 Sisil 鳥在前方左右兩邊啼叫，發出悅耳動聽的美妙聲音，是吉利的象徵，此趟狩獵可以獵獲豐碩；如果 Sisil 鳥在前面橫飛而過，是暗示前面的路途是不安全的，將會發生不吉利的事情，所以 Sisil 鳥在前方橫飛，表示阻止你繼續前進，否則可能會絆倒、摔落等之意外。

本傳說敘述：古代賽德克族人凡事要以 Sisil 鳥的指示與暗示作為行事依歸，如果不依照 Sisil 鳥的徵兆來行事，凶兆即會發生在眼前，所以 Sisil 鳥是族人自古以來最重要的占卜徵候信仰。

本則故事敘述：

（一）　自古以來，賽德克族即以 Sisil 鳥做為占卜的對象。

（二）　部落大小事務都是依據 Sisil 鳥的兆示來行事。

（三）　遵照 Sisil 鳥的指示，可以確保自身、家庭乃至於全族人的安全。

（四）　尤其獵人上山狩獵，更要依照 Sisil 鳥的暗示，否則會發生意外。

（五）　Sisil 鳥在獵途前方左右兩邊啼叫，聲音美妙悅耳動聽，是吉利的象徵，可以獵獲豐碩。

（六）　如果 Sisil 鳥在人前面橫飛而過，表示阻止繼續前進，暗示前面的路途不安全，將會發生凶事，可能會絆倒、摔落等意外。

五、賽德克族的聖石

採錄者 田哲益、余秀娥 | 口述者 田天助牧師（60 歲），德路固群
採錄時間 2019 年 11 月 17 日 | 採錄地點 南投縣仁愛鄉都達部落

在靜觀部落後山，有兩塊大約有兩層樓高的巨石矗立著，這就是相傳賽德克族人的「聖石」。傳說這兩塊巨岩是叫做 Sisil 的小鳥，從賽德克族的聖山白石山上搬到靜觀部落後山的。據說烏鴉、老鷹、雄雞都搬過這個巨石，可是抬都抬不動，連移動吋許都無法做到。有一天 Sisil 鳥也來到這裡，也想要把巨岩搬到靜觀部落後

賽德克族徵候與占卜傳說

山，牠成功地把一塊巨岩搬到了靜觀部落後山，就告訴大家牠做到了把巨岩搬到了靜觀。許多動物和鳥禽都譏笑牠這麼小的身體，怎麼可能呢？於是 Sisil 鳥又搬了一塊巨岩到靜觀部落，這時大家都看到了，大家都對牠恭敬的五體投地。所以靜觀部落後山有兩塊巨岩。

這是一則靜觀部落後山兩塊賽德克族「聖石」的故事，傳說是 Sisil 小鳥從白石山上搬運過來的，牠贏得了所有禽獸和族人的尊敬，後來 Sisil 鳥也成了賽德克族人的占卜鳥，族人都是依據 Sisil 鳥的暗示與指引來行事，牠成了賽德克族人生活的準則。

本則故事敘述：

（一）在合作村靜觀部落後山，有兩塊巨石，這就是相傳賽德克族人的「聖石」。

（二）傳說這兩塊巨岩是 Sisil 鳥從白石山上搬到靜觀部落後山。

（三）據說烏鴉、老鷹、雉雞都搬過這個巨石，可是抬都抬不動，根本無法移動。

（四）有一天 Sisil 鳥把一塊巨岩搬到了靜觀部落後山。

（五）許多動物和鳥禽都不相信，而且譏笑牠這麼小的身體，怎麼可能搬得動。

（六）Sisil 鳥又搬了一塊巨岩到靜觀部落後山，也贏得了眾鳥獸的尊敬。

六、賽德克族徵候信仰

採錄者 田哲益、余秀娥｜口述者 瓦旦吉洛牧師（50 歲），都達群
採錄時間 2020 年 2 月 15 日｜採錄地點 南投縣仁愛鄉春陽部落

半夜啼叫的雞，是不吉利的凶兆，必須馬上把雞殺掉。在路途上聽到 Sisil 鳥急促的啼叫，是警告人前方的情況危險；在路途上看到 Sisil 鳥從上方直飛下方，這是警示人不要再繼續前進，否則會發生凶事。

本則是賽德克族人最基本的徵候信仰，一直到現在還是深信，雖然是迷

信，但是「寧信其有」。

七、賽德克族群鳥移動巨石

資料來源 內政部委託台灣大學人類學系研究
《台灣山胞各族傳統神話故事與傳說文獻編纂研究》

從前，某處有塊大石，許多鳥類在其上嬉戲。一日，有隻鳥提議誰能推動巨石，就尊其為王。所有的鳥都嘗試過，皆不能移動分毫，只有 kaboji 鳥和 boshi 鳥稍微動了一點而已。這時，在旁邊一直不動聲色的 shisshilt（西西兒）鳥走過來，一腳就使大石翻落入谷底。自此 shisshilt 鳥便被尊為鳥類之王。Shisshilt 鳥要飛上天時，對人們說：「以後你們要注意聽我的啼聲，作為判定吉凶的依據，一定很有幫助的。」從此以後，不論是外出打獵或出草、決定重大事件，人們都要先聽 shisshilt 的叫聲，判斷吉凶，才付諸實行。註1

本則故事敘述：

（一） 許多鳥類在大石上嬉戲。
（二） 有一日，有一隻鳥提議誰能推動巨石，就尊其為王。
（三） 許多鳥都推過了，都不能夠移動分毫。
（四） 只有 kaboji 鳥和 boshi 鳥推動巨石時，稍微動了一點而已。
（五） 最後 shisshilt（西西兒）鳥走過來，一腳就把巨石踢入谷底。
（六） 眾鳥便推 shisshilt 鳥為鳥類之王。
（七） shisshilt 鳥對人們說：「以後你們要注意聽我的啼聲，作為判定吉凶的依據，一定很有幫助的。」
（八） 自此，族人外出打獵或出草、決定重大事件，人們都會先傾聽 shisshilt 的叫聲，以判斷吉凶，才付諸實行。

賽德克族徵候與占卜傳說

八、賽德克族禽獸搬移巨石

資料來源 劉育玲《台灣賽德克族口傳故事研究》

採錄者 劉育玲｜口述者 郭明正（47 歲），德固達雅群

採錄時間 2000 年 9 月 7 日｜採錄地點 南投縣埔里鎮

　　很久以前，我們人類因為沒有 gaya 的關係，所以有兩、三年連續的飢荒、乾旱，人也陸續生病。這樣下去不行啊！他們就想要遷到沒有旱災的地方，於是就離開了。離開部落之後，他們就往靜觀的方向走。有人就想說：「咦？不對喔！到底哪裡沒有旱災我們也不清楚，我們是不是應該先問一些我們的鳥獸朋友，看有沒有解決的辦法？」後來到靜觀時，就有愈來愈多的鳥獸聚集。人類就問牠們：「我們真的很痛苦，因為乾旱，都沒有東西吃，有沒有方法能解決」？後來問到西西兒，西西兒就說：「那是因為你們人類沒有遵守 gaya 的關係，所以社會就混亂了，那是祖靈的懲罰。」於是西西兒就提出一個辦法，就是在濁水溪的上游有座山，山上有兩顆大石頭。西西兒就講：「我們在這邊的人類、鳥獸，誰有能力可以把山上的石頭搬到這邊，以後人就要以牠做為 gaya 的依據，要看牠的指示。」那些飛禽走獸就說：「既然這樣，好啊！」都想要去試看看，山豬啦、熊啦。後來試到最後幾乎都沒有能搬得動。最後就剩下紅嘴黑鵯（pucag）、烏鴉（tiyagung）跟西西兒（Sisil）牠們三組人馬還在那邊等。於是這個紅嘴黑鵯先去，可是沒辦法，烏鴉再去，雖然有抬起來一點，可是還是抬不動，力量不夠又放下來。放下來時不小心去壓到腳，所以今天的烏鴉才會走起路來一跛一跛的。牠們就都沒辦法了，人一看：「哇！那麼大的動物都沒辦法了，現在只剩下西西兒這個小小的鳥類怎麼抬得動呢？我們以後又要往哪裡去遷移？」滿失望的。後來沒想到西西兒居然可以把石頭搬起來並把它搬到他們聚集的地方。大家一看，「哇！這個西西兒這麼小的東西，牠怎麼會有這種神奇的力量，」大家都怔住了。一直到牠把石頭放下時，那個聲音碰一下很大，地會震動，他們才驚醒過來，牠們成功了！他們並說：「哇！真的可以把它搬走」，就稱讚牠，一下子簇擁而上把牠當英雄。後來陸陸續續又有很多的鳥獸過來，牠們就說不相信，想再看看牠是不是真的有這種神力。牠們說：「你再把另外一顆石頭搬下來。」西西兒就再試試看，牠又飛到那邊把另外一顆拿下來放在一起。那個石頭就是兩顆並排在一起，就在溪的旁邊的巨岩。西西兒把它搬下來以後，牠就成為我們 gaya 的一個依據。註 2

本則故事敘述：

（一） 很久以前，人類因為沒有 gaya（準則），所以有兩、三年連續飢荒、乾旱，人也陸續生病。

（二） 族人要遷移到沒有旱災的地方。但是，他們不知道哪裡才是沒有旱災的地方。

（三） 族人就詢問鳥獸朋友，看看有沒有解決辦法？

（四） 問到西西兒，西西兒說：「那是因為你們人類沒有遵守 gaya 的關係，所以社會就混亂了，那是祖靈的懲罰。」

（五） 西西兒說：在濁水溪的上游有座山，山上有兩顆大石頭。誰有能力可以把石頭搬到這邊，以後人就要以牠做為 gaya 的依據，要以牠的指示行事。

（六） 山豬啦、熊啦都來試搬。後來試到最後都搬不動。

（七） 最後只剩下紅嘴黑鵯（pucag）、烏鴉（tiyagung）跟西西兒（Sisil）。

（八） 紅嘴黑鵯去搬，可是也沒辦法搬動。

（九） 烏鴉去搬，抬起來了一點，可是還是抬不動又放下來。放下時不小心壓到腳，所以今天的烏鴉走起路來才會一跛一跛的。

（十） 最後西西兒把石頭搬起來並把它搬到靜觀。大家都把牠當英雄看。

（十一） 可是有許多鳥獸沒有看到，所以就不相信西西兒鳥的神力。

（十二） 西西兒鳥又把另外一顆巨石搬下山，與先前搬的一顆巨石並排在一起。

（十三） 西西兒鳥成功後，成為賽德克族 gaya 的一個依據與準則。

九、賽德克族德路固群 Sisin 鳥的故事

資料來源 沈明仁總編輯《仁愛鄉志》（下）

口述者 Waji Bawan｜族群 賽德克族德路固群

在現在距離莎都社約十町之地（1090 公尺，約 1 公里）有兩個大石頭，其位置昔日卻是在櫻之峰上，而且，並不是任何人能將這兩個大石搬運下來，而是一種

鳥。某一次，有一種名叫 chiyakon（烏鴉）的鳥先試著搬起石頭，先用腳去推動，沒想到就斷了一隻，只好放棄，所以現在看到這種鳥都是以一隻腳行走。其次，又有名叫 pokobiku 鳥再作嘗試，嘴巴和腳卻都被壓傷而出血，故今日見到這種鳥時其嘴與足皆為紅色。最後 Sisin 鳥飛來搬運此石，當牠以足運石時，只見其輕輕一踢，這兩塊大石似乎輕如柑橘，非常輕易的就被踢到現在的位置。眾人皆非常驚訝，而詢問其名字，牠只回答說：「我就是鳥。」人們只好因其鳴叫聲，而命名為「Sisin」。此時此鳥又說：「今後你們出外打獵前，一定要先聽我的鳴叫聲，再決定是否出獵；若鳴聲不吉仍然堅持出獵，則必然打不到任何獵物。」故今日我們欲出獵之前，必定會先聽 Sisin 鳥的叫聲，再決定是否要去。註3

本則故事敘述：

（一）在莎都社約 1 公里的的地方有兩個大石頭。

（二）這兩個大石頭，昔日是在櫻之峰上，據說是鳥的搬運才變到莎都社的。

（三）名叫 chiyakon（烏鴉）的鳥先試著搬起石頭，用腳去推動，沒想到就斷了一隻，只好放棄，所以現在看到這種鳥都是以一隻腳行走。

（四）名叫 pokobiku 的鳥再嘗試搬移石頭，嘴巴和腳都被壓傷而出血，故今日見到這種鳥時，其嘴與足皆為紅色。

（五）Sisin 鳥輕輕一踢，大石就被踢到莎都社現在的位置。

（六）Sisin 鳥對族人說：「今後你們出外打獵前，一定要先聽我的鳴叫聲，再決定是否出獵；若鳴聲不吉仍然堅持出獵，則必然打不到任何獵物。」

（七）自此，族人欲出獵之前，必定會先聽 Sisin 鳥的叫聲，再決定是否要去獵場狩獵。

十、賽德克族 Sisin 占卜鳥

採錄者 沈明仁（Bawan・Tanah）｜口述者 Tiwas｜採錄地點 南投縣仁愛鄉

（沈明仁校長受訪者之對答）

　　賽德克族的「靈鳥」繡眼畫眉鳥，問：「何謂古老時候的 Gaza？」Tiwas 開門見山的說：「Gaza 最根源的意義是 Sisin。」又問：「那為何是 Sisin 呢？」她說：「因為 Sisin 的鳥，會講人類的話。」講到此處，不禁產生一個問題：「是不是有 utux（祖靈、鬼神）呢？」她說：「Sisin 是鬼神派到人類自然世界的象徵意義。」接著以一則 Sisin（繡眼畫眉鳥）與 chaqun（烏鴉）比賽搬運石頭之故事來說明 Sisin 的偉大。她說有一天，chaqun 與 Sisin 鳥在 aran Truku 之 bolayau 的山坡上，進行搬移大石頭的競賽，chaqun 說：「我的身體比較壯碩」，於是先行要為人類去除阻礙部落的大石頭。結果用好大的力量搬動而搬不動，石頭還打傷腳，只好一跛一跛、羞愧的飛走了。之後，換 Sisin 鳥出馬來搬移石頭，其身雖小但力量驚人，不一會兒就搬走了。人類見此奇蹟異能的出現，皆認為一定有鬼神在其身上協助，否則這麼小的身體如何搬動大石頭呢？人類從此即遵從 Sisin 鳥的話，作為其一切部落社會中生活與生命禮俗依據的準則。譬如人類在收穫（berax）黍栗祭祀之後，要到山中狩獵時，會做三次聽詢 Sisin 鳥的行動。第一次未取得同意的聲音，放棄前次儀式重新再來；第二次仍未取得同意的聲音，放棄前次儀式重新再來，詢問要去獵場區域的外邦異族，是否離開了，若離開了，Sisin 鳥才會發出允諾的聲音。之後，獵人才能成行。是以，狩獵一定要依據 Sisin 鳥的聲音有無唱歌，判斷是否可行狩獵。Sisin 鳥如果沒有唱歌，獵人就不去打獵，否則就有與其他族群戰鬥（pajis）、被殺頭（musa bosipaq）事故之發生，這就是 Sisin 鳥偉大的力量之一。又如要去提親（smolaji）之事，也要依據 Sisin 鳥之聲音好壞，作為行事之依據，否則無法取得女方母親的首肯；一年未取得允許，第二年繼續徵詢⋯⋯否則這一親事將永遠得不到鬼神祖靈的祝福與保佑，鬼神的詛咒將永遠伴隨你等生命，不得翻身。是以，一個 16 歲的女孩若有三個男人追求，Sisin 鳥會透過其聲音一一選擇優秀的男人，否則女孩一旦不嫁，此門姻緣事亦沒完沒了。婚姻非常嚴肅，不能以唱歌方式表達，僅能以「人類的話」彰顯其真理，這就是以前的 Gaya 啊！去山中砍草（domatak）耕作時，也要聽取 Sisin 鳥之聲音善惡行事，否則步行之中，你將滿腳瘀傷不得走路。由這些 Gaza 例子的內涵意義中，孩子你可對於 Gaza 的真義，及其對一切影響人類行事為

　賽德克族徵候與占卜傳說

人最大信仰的理念，是否真的瞭解了呢？

本則故事敘述：

（一）　Gaza 最根源的意義是 Sisin。因為 Sisin 鳥會講人類的話。

（二）　Sisin 是鬼神派到人類自然世界的象徵意義。

（三）　賽德克族的「靈鳥」（Sisin）就是繡眼畫眉鳥。

（四）　烏鴉（chaqun）與繡眼畫眉（Sisin）曾經在 Aran Truku 之 bolayau 的山坡上，去除阻礙部落的大石頭。

（五）　烏鴉用盡了力量，還是搬不動，石頭還打傷了牠的腳，只好一跛一跛，羞愧的飛走了。

（六）　換身體小巧的 Sisin 鳥來搬移石頭，不一會兒，就把大石頭搬走了。

（七）　人類見到 Sisin 鳥的奇蹟異能，認為有鬼神在其身上協助。

（八）　自此，人類即遵從 Sisin 鳥的兆示，作為部落社會中生活與生命禮俗依據的準則。

（九）　狩獵要依據 Sisin 鳥的叫聲，判斷是否可行狩獵。否則未獲得 Sisin 鳥的允諾，則會發生事故。

（十）　提親、婚姻之事，也要依據 Sisin 鳥聲音好壞，作為行事依據。

（十一）　從事砍草耕作時，也要聽取 Sisin 鳥聲音善惡行事。

　　從上述 Sisin 鳥的故事當中，或許可以了解到，台灣原住民賽德克族人，如何透過鳥占（Sisin）的聲息，以判斷生活中所發生的問題，並以此方式與大自然界的神祕世界取得溝通與瞭解。也許會有人說：「我們的社會都已經進入科技文明的時代，因此任何大地上發生的問題，應該都要講究事實證據，做為推演事實的真理。」但是環顧台灣今天如此文明富裕的社會，卻仍舊保持以怪力亂神迷信，來祈求生命安危，其理由又何在？因此，認為以本族人傳統社會文化所遵循的 Gaya，以及其對大自然世界規律的尊敬；當今台灣的人們，不管是漢人、閩南人、客家人、原住民……，或許也可以將此千百萬年來遵循的生活規範，參酌應用到現代人類的精神生活與物質生活之中，讓人類的生活之中無時無刻有鬼神規範著，並將此規範習慣化，甚至轉化為生活中的信仰。有了生活中的信仰，人類生活中的神話夢想，或許有得以破解的可能。猶如千百萬年以來的賽德克族人，將對 Gaya 的信仰觀導入他們的生活與生命禮俗之中，使他們的生活作息、宗教信仰、倫理道德價值觀，無時無刻秉持著 Utux（鬼、神、祖

靈三位一體）的敬畏之心，與大自然界的規律互為一體、互相增長，此一並行而又不悖逆自然界的律法，有必要透過教育推展，使其重新活出文化的生命。尤有甚者，在整體社會文化朝向民主、自由、多元化潮流前進之際，人們的思想、觀念、信仰價值觀，也應跟隨多元時代互相尊重、互相學習彼此間的優點；不要將原住民族的形象，仍以「蕃」這種舊有觀念來看待。畢竟人類的文化是平等，無分顯貴賤陋，這是生活在當前現代人應有的認識，否則就不足以稱為現代人。註4

十一、靈鳥神話傳說

資料來源　Watan Diro《KAR 豐盛的話語：德克達雅教會宣教 70 週年紀念輯》
編譯　Watan Diro 牧師

　　我們賽德克視 Sisil 為山林之王，Sisil 是神力鳥，並且仰賴 Sisil 啟示所有一切事務。所以，稱之為神力鳥以及啟示一切事物的靈鳥，就是靠靈鳥來占卜。台灣原住民族各民族都是同樣以 Sisil 鳥為山林之王，以及啟示一切事物。我們賽德克族都達人、德固達雅人、德路固人，以及太魯閣人，都以 Sisil 或 Sisin 稱之與書寫符號，泰雅族則以 Siliq 稱呼，中文稱之為繡眼畫眉鳥。這是有關靈鳥的神話傳說故事，古時候要選拔山林之王，要比賽推動巨石，誰將巨石推開，就可封立為山林之王。因此所有山林各種鳥類都共聚一堂，開始較勁。首當其衝的是烏鴉，qa qa qa ……，這樣呼喊，使出所有的力氣推向巨石，不斷地推著，牠始終無法推開，只好放棄了。第二個挑戰推動巨石的是老鷹，老鷹登場後，開始飛向高空中，立刻以鷹爪與身軀俯衝撞擊巨石！接二連三如此動作，始終無法撼動巨石，因此也只好放棄了。第三個來挑戰推動大石頭的是紅嘴黑鵯，紅嘴黑鵯試圖以嘴部來推動巨石，牠無論如何使出所有氣力推向大石頭，巨石卻一丁點都沒有鬆動，甚至使得牠的嘴巴都流血了，真是可憐啊！接著，所有五色鳥、野鴿、黑頭翁、白頭翁、紫嘯鳥、白耳畫眉鳥、picaw 綠眼畫眉、啄木鳥、黑嘴黑鵯、野麻雀、鵪鶉、秧鳥、老鷹、綠斑鳩、灰鳩、鷲、貓頭鷹、夜鶯、竹雞、山椒鳥、畫眉鳥、藍雀、藍腹鷴，以及鬥雞等……，許多不同種類的鳥類前來較勁挑戰推動大石頭，牠們紛紛都上氣不接下氣地吞下敗仗。這時 Sisil 經過那裡，看到眾多群聚在那裡的鳥兒，就問牠們：「你

們在這裡做什麼？」牠們全部回答：「我們在挑戰推動巨石，誰勝利，就可以被封立為山林之王。」「喔！原來如此，那我來試看看吧！」Sisil如此說著，所有在場的鳥兒們聽到了，就冷嘲熱諷地嘲笑 Sisil，Sisil 卻不以為意，準備好推動巨石，開始行動，「didil didil didil didil didil didil didil didil……。」Sisil 當時發出這般叫聲，立刻發現巨石開始鬆動的現象，不一會兒的功夫就將巨石推向懸崖了！全體鳥兒皆萬分地驚訝不已，從此刻起，Sisil 即刻被封立為山林之王。不論是去山林狩獵、打獵物、播種儀式、祈雨儀式、獵首儀式、收穫感恩節、捕魚儀式、戰鬥、提親……等，所有一切事物，都必須依循靈鳥所啟示而行。聆聽牠的叫聲，以及觀看牠飛行的行徑。假使在右前方與左前方，彷彿喜樂歌唱模樣，這是好兆頭，會有所斬獲。倘若牠的叫聲不尋常，飛行行徑急促；Sisil 突然飛行經過面前而去，意指 Sisil 在阻止我們，如果人們不聽從所啟示，上山則可能會遭遇不測；也許會在路上絆倒，或跌落山崖，或者被山豬追撞，或是受傷，或是災難臨頭。總之，賽德克族人十分敬重 Sisil，視其為神力鳥，並且是啟示世界人類所有一切事物的靈鳥。註5

本則故事敘述：

（一）賽德克人視 Sisil 鳥為山林之王，因為牠是眾鳥禽中最有神力的鳥。

（二）古代靠 Sisil 鳥來占卜，牠會啟示所有一切事務。

（三）Sisil 鳥中文稱之為繡眼畫眉鳥。

（四）Sisil 鳥被做為占卜的對象，是因為牠擁有奇大無比的神力，所以被稱為神力鳥。

（五）傳說古代要選拔山林之王，比賽推動巨石，能夠推動者即封為王。

（六）眾鳥一一去推動巨石，都無法撼動巨石，就只好放棄了。

（七）最後身體小小的 Sisil 鳥經過那裡，也試著去推動，眾鳥都冷嘲熱諷地嘲笑牠。

（八）Sisil 鳥不在意眾鳥們的恥笑。

（九）Sisil 鳥發出 didil didil......的叫聲，開始推動巨石。

（十）果然 Sisil 鳥把巨石推向懸崖了。

（十一）Sisil 鳥被封立為山林之王。

（十二）賽德克族人十分敬重 Sisil 鳥，並以之做為占卜鳥。

（十三）族人不論是去山林狩獵、打獵物、播種儀式、祈雨儀式、獵首儀式、收穫感恩節、捕魚儀式、戰鬥、提親等，所有一切事物，都必

須依循靈鳥（Sisil 鳥）所啟示而行。

（十四）　賽德克族人占卜的方法：「倘若牠的叫聲不尋常，飛行行徑急促；Sisil 突然飛行經過面前而去，意指 Sisil 在阻止我們，如果人們不聽從所啟示，上山則可能會遭遇不測；也許會在路上絆倒，或跌落山崖，或者被山豬追撞，或是受傷，或是災難臨頭。」

傳說貓頭鷹是報喜鳥／田哲益提供

十二、賽德克族夢占故事

資料來源　簡鴻模《祖靈與天主：眉溪天主堂傳教史初探》

　　眉溪部落的皈依經驗中，夢占也是族人們決定信與否的重要依據，Rabe Takun 說：「我們信長老會一些時候了，我先生堅持不去天主教，他說：我們就在長老會，不要動搖。後來我先生的家族一直來邀我們入天主教，因為他說：我們既是同一家族就不要分開！」後來我們實在說他不過，因此我和我先生決定 Tumala Sepi（Tumala，等待之意；Sepi，夢之意。Tumala Sepi，亦即等夢，占夢的意思），即等

夢，看看夢會給什麼啟示？之後再決定要不要到天主教。結果，我先生說他夢到了一束光，非常亮的光，就是只有亮光。而且醒來時，他非常的舒服。我們就因此改信天主教了。我們到天主教去跟賈神父表示要入教那天，賈神父要我們將手放在《聖經》上舉行入教儀式。那天晚上我作了一個夢，那是一個藍藍的大海，我在海中央，我全身都赤裸，沒有穿衣服，有一個女人過來，之後她扶著我的肩膀，把我從水中提上來，帶我到岸邊。這是我要入天主教所作的夢，這個夢很好。另一位受訪者 Lubi Nokan 也說：「當我先生兩兄弟講好了以後，決定入天主教，但是改信實在是不好，因為我作了一個靈夢，我夢到我差一點被猴子抓走了，那個猴子好像就是撒旦一樣，那晚我是被嚇醒的。因此，後來我的親家公來遊說我改信聖靈教，我就不去了，因為改信不好。」註6

　　本則真實故事敘述：自古以來賽德克族人的「夢占」信仰，一直到現代，仍然持續存在著，亦影響著賽德克族人的生活。

　　Lubi Nokan 的惡夢並未使其回到長老會，依然改信天主教，直到今天，顯示家族的集體性決定優過於個人性夢占之結果，而個人性夢占卻又成為下次集體性決定時回絕的原因，夢占與家族性集體行動之間，互為因果，夢占的Gaya，在眉溪部落族人的皈依經驗中，扮演著最終決定與否的判準，而這正是傳統 Gaya 的延續。夢是相當個人性的，一直到今天，夢占仍舊扮演著祖靈與族人溝通傳達訊息的重要媒介，也是在集體皈依經驗中的個人性判準依據與輔助，有夢占經驗者，在信仰皈依上較為穩定，較不會變來變去。註7

　　在部落傳統生活方式中，夢是一個人與祖靈溝通的媒介，特別是獵人更是靠夢來占吉凶，開墾新地時也要夢占，巫師決定是否治病的也是要等夢的啟示，事實上，部落老人在做重大決定前，常是靠夢來判吉凶，夢是祖靈對族人傳達訊息的地方與方式，老人們深信不疑。註8

註釋

註1　《蕃族調查報告書》紗績族後篇，佐山融吉著（大正6年），余萬居譯。引自內政部委託台灣大學人類學系研究《台灣山胞各族傳統神話故事與傳說文獻編纂研究》，1994年4月30日。

註2　劉育玲《台灣賽德克族口傳故事研究》碩士論文，2001年6月，頁172-173。

註3　沈明仁總編輯《仁愛鄉志》（下），頁1292。

註4　沈明仁〈豐美的賽德克族文化〉，2006年1月11日。

註5　Watan Diro《KAR豐盛的話語：德克達雅教會宣教70週年紀念輯》，Watan Diro出版，2019年3月31日，頁89。

註6　簡鴻模《祖靈與天主：眉溪天主堂傳教史初探》，新莊，輔仁大學出版社，2002年3月，頁69-70。

註7　同註6，頁70。

註8　同註6，頁69。

第五章
賽德克族馘首與戰爭故事

過去獵首慣稱「出草」,「出草」一詞原指台灣原住民族的狩獵行為,後與獵首相混稱,故獵首亦稱出草,即俗稱之「獵頭」或「馘首」,賽德克族則稱為 Pe-gaga,指遵行舊俗或祖先遺訓之意。註1

簡言之,泰雅與賽德克以祖靈為唯一信仰,為奉祀祖靈而必須獵首,獵獲首級者,死後始可進入靈界與祖先同在。其又相信靈質,認為獵首可增強個人或社群力量,獵獲首級者即可獲得保護靈,增進體力,避免災禍。註2

故獵首對賽德克人而言,不惟單純英勇表現,同時也含有原始信仰的意義,文明民族認為獵首是重大罪惡,在傳統賽德克族看來卻是恪守祖訓,極其光榮之事。註3

都達部落已經廢棄的獵首台 / 田哲益提供

一、馘首與文面

採錄者 田哲益、余秀娥 | 口述者 瓦旦‧吉洛牧師（50 歲），都達群

採錄時間 2020 年 2 月 15 日 | 採錄地點 南投縣仁愛鄉春陽部落

賽德克族男子文面，上額是年紀較輕的時候所紋，是族群標誌；頤紋（下額）之紋則是有獵過頭者方能紋之。「馘首行動是整體性的，獵得敵首，成就是大家的，榮譽大家一起共享」，參與該次馘首行動者，都有功績，都可以刺頤紋，這是「群」的觀念。如果僅限定真正獵得者才能在下額刺頤紋，哪有那麼多敵人的頸項可以獵得。

出草與文面對賽德克族人而言，具有許多意涵，除了是死後經過「神靈橋」（彩虹橋）的重要憑證之外，還是祭祖、成年、判決爭議、爭取社會地位、禳被不祥等重要行事。

本則敘述強調「群」的觀念，瓦旦‧吉洛牧師說：「馘首行動是整體性的，獵得敵首，成就是大家的，榮譽大家一起共享」，參與該次馘首行動者，都有功績，都可以刺頤紋。

二、守護部落的人頭岩

採錄者 田哲益、余秀娥 | 口述者 余秀娥，德路固群

採錄時間 2019 年 10 月 27 日 | 採錄地點 南投縣仁愛鄉合作村靜觀部落

在仁愛鄉合作村平生部落與沙督部落之間，有一座山，有酷似人頭的「人頭岩」，這是合作村非常有名的景點，亦甚具文化歷史意義。「人頭岩」是巨型岩壁，造型有頭、有頭髮、有眼睛、有鼻子、有口等，輪廓非常清晰明顯。族人在此有涼亭的設置，並有步道可以前往。「人頭岩」的山腳下有一條小溪，據說是當年出草時代洗滌獵取敵人首級的地方，因此傳說這個地區，經常會有鬼魂出現，所以人們要回家，必須於落日前通過此地，到了天黑就不敢經過這裡了，尤其是下課放學回家的小學生們更是害怕，以前是走路回家，下課了，天黑之前一定會回到家。又據族人說巨大的「人頭岩」具有「守護」部落的功能，它保護著部落族人的安全。

本則傳說故事敘述：

（一）在合作村平生部落與沙督部落之間，有一座山有酷似人頭的巨型岩壁「人頭岩」。

（二）「人頭岩」有頭髮、眼睛、鼻子、口等，造型清晰。

（三）據族人謂「人頭岩」具有「守護」部落的功能，它保護著部落族人的安全。

（四）「人頭岩」下有一條小溪，據說是古代洗滌敵首的地方。

（五）傳說此地到了夜晚，經常有鬼魂出現，小學生尤其害怕。

（六）早年此地的路是羊腸小道，小學生放學回家，一定在日落前，必須通過這個地區。

Awai · Bizeh 回憶：「族人於馘得首級之後，獵人會舉著人頭一直跑到安全地點，然後用 bohongin（茅草）編簾，以兩個石頭支撐，放在那裡稱為 tomamasu tunux，作為馘首的標記，並將腦漿從咽喉中拔出，丟棄在 mausan 的溪流（今平生部落附近）中，將人的心思隨著河流漂向祖靈的源泉處。接近部落時，獵人就會在山頂上大聲 mozilas（喧鬧），我們這些聽到叫聲的男女老幼都非常高興，就會用〈wis！wis！wis！〉的歌舞迎接人頭兄弟的來臨，並帶著酒出來迎接；雙方互相碰面時，就停在這個地方，婦女等就圍著人頭開始跳舞，一直跳到身體非常疲倦，汗水流得像瀑布一樣也不停止。就這樣大聲唱歌跳舞，讓祖靈在族人瘋狂癲狂的舞韻中融合為一體。之後，鬼神的魂魄也會在大家跳到身體疲倦如綿之際，與人類的心靈契合。是以，部落族人等到傍晚，再一起點著松木火把，與祖靈、鬼、神、魂回到部落。」註4

三、合作村的人頭岩

採錄者 田哲益、余秀娥｜口述者 瓦旦吉洛牧師（50 歲），都達群

採錄時間：2020 年 2 月 15 日｜採錄地點 南投縣仁愛鄉春陽部落

在合作村裡有一座「人頭岩」，酷似人的頭，也稱「人面石」，據說是保護部落的守護神。人頭岩是一座山（岩石），其上花草如果生長茂盛，部落就會興盛。如果是光禿禿的，則部落會發生不幸。例如九二一大地震就發生了災難，那時人頭

岩是光秃秃的，花草不茂盛，就發生了大地震。

本則故事敘述：

（一）「人頭岩」是部落的守護石。

（二）岩石上花草生長茂盛，部落就會興盛。

（三）若岩石光秃秃的，部落會發生不幸。

（四）九二一大地震，那時岩石就是光秃秃的，發生了災難。

四、花蓮太魯閣族出草靜觀部落

採錄者 田哲益、余秀娥｜口述者：田英蘭（88歲），德路固群

採錄時間 2019年10月27日｜採錄地點 南投縣仁愛鄉合作村靜觀部落

　　從前太魯閣族與賽德克族彼此互相出草，從古代以來就沒有停止過。有一回在奇萊山叫 Mbung 的地方，太魯閣族人來偷襲出草賽德克族人，結果反被靜觀部落的賽德克族人出草，靜觀部落的族人把太魯閣族人的頭顱，一個一個往背後的背帶放，頭顱還會從背後咬人，這是一個有趣的出草故事。由於兩族互取人頭頻繁，靜觀部落族人在奇萊山 Mbung 的地方設置瞭望台（敵樓），年青勇壯輪流站哨，以監視太魯閣族人，防止其偷襲，也防止其欺負婦女。

本則傳說故事敘述：

（一）這是一則出草馘首的故事，被背在背後獵首袋的頭顱還會咬人呢！是一則有趣的出草故事。

（二）同族裔的花蓮太魯閣族與南投賽德克族靜觀部落，自古以來即彼此互相出草馘首獵取人頭。

（三）至日本時代末期，太魯閣族與賽德克族之間的馘首出草，被日治政府強力禁止，才停止了彼此的偷襲取人頭緊張的生態。

（四）在奇萊山 Mbung 的地方（靠近花蓮），靜觀部落族人在此設置瞭望台（敵樓），以監視太魯閣族人，防止其偷襲，也防止其欺負婦女。

五、賽德克族與太魯閣族互相馘首

資料來源 劉育玲《台灣賽德克族口傳故事研究》

採錄者 劉育玲 ｜ 口述者 高順益（45 歲），太魯閣群

採錄時間 2000 年 4 月 6 日 ｜ 採錄地點 花蓮縣秀林鄉富世村

　　以前我們還住在南投仁愛鄉平生部落時，因為耕地不夠，所以只能一半的人留在南投，另一半的人則過去花蓮。之後，他們欲將人數分成兩半，並且依兩邊喊聲的大小來判斷人數的多寡。結果要去花蓮那一半的人比較狡猾，他們把部分的人先藏起來，讓他們不要出聲。待在南投的另一半人則依約發聲，聲響極大，而去花蓮的人喊時聲音則很小。於是他們就向南投的人再要一些人過去，並決定再喊一次。結果這次往花蓮去的人全部用力一喊，響聲震天，連樹葉都掉下來了，而南投這邊的人聲音卻只有一點點。南投的人於是要求花蓮那邊的人再退一些人回來，可是花蓮那邊的人不肯。所以從那時候起，花蓮與南投兩地的人碰到面的時候就會互相獵首。註5

本則傳說故事敘述：

（一）賽德克族與太魯閣族，以前都住在南投縣仁愛鄉平生部落。

（二）由於人口增加，耕地也不夠了，所以只能一半的人留在南投，另一半的人則要遷移花蓮。

（三）他們欲將人數分成兩半，並以兩邊吼喊聲大小來判斷人數多寡。

（四）欲往花蓮的人比較狡猾，把部分的人先藏起來，不要出聲。留在原居地的人則依約發聲，聲響極大，而去花蓮的人吼喊聲很小。

（五）欲往花蓮的人再向留在原居地的人要一些人來。

（六）兩隊決定再喊一次。結果往花蓮的人響聲震天，連樹葉都掉下來了，而南投這邊的人聲音卻只有一點點。

（七）南投的人要求往花蓮那邊的人再退一些人回來，可是花蓮那邊的人不肯。

（八）自此，花蓮與南投兩地的人碰到面的時候就會互相獵首。

六、賽德克族馘首的起源

資料來源 沈明仁總編纂《仁愛鄉志》（上）

　　昔時有二社隔河對立，有一次以呼喊聲音之大小比較人數之多少，聲音大的一方對另一方說：我們不想和你們同居一地，要到平地去了，那時你們要文面，以和我們有所區別，而且我們的人比較多，所以可以來砍我們的頭，說完就到平地去了，這些到平地去的人就是現在的漢人。註6

本則故事敘述賽德克族出草馘首的緣起。
(一) 傳說以前賽德克族與漢族是同源的，都是住在山上，並且隔河對立。
(二) 有一回，二社以吼聲大小比較人口多寡。
(三) 吼聲大的部社要到平地（平原）生活，吼聲小的部社繼續留在山上謀生。
(四) 為了區別你我，住在山上的部社便文面起來，以別於山下的平地人。
(五) 遷徙山下的人對山上的人說，我們人口比較多，你們可以來砍我們的頭。出草馘首於焉形成了。

七、賽德克族出草的緣起

資料來源 沈明仁〈豐美的賽德克族文化〉

採錄者 沈明仁（Bawan・Tanah） ｜ 口述者 Tanah・Nawi

　　太古時，因海神發怒，曾發生大洪水，各地的人都逃到高山上去；此時，眾勢力者共商之後，決定以一個人做海神的犧牲品，以平息神怒。於是先將一個品性惡劣的（女）人扔進水裡，但這個（女）人卻自怒濤之中游回了原地。眾頭目與人們見到之後，猜想是不能合海神之意，再把最純真實的男人與女人扔進小舟，兩人立刻沉入洶湧的波濤之間；海神的需求滿足了，洪水馬上就退去而顯出陸地來。眾人見到陸地，乃各自回到原居地，或分散尋找良地開墾，播種地瓜藤蔓、捕魚。豐收之餘，人口又逐漸增加。此時，遷到平地平原的人，遠比住在山上狩獵的人還

多，為了減少他們的人口，就開始有了出草獵人頭之風，而我們把那些自洪水之後移到平地的人叫做平埔族（kaxabu）。註7

本則傳說故事情節敘述：

（一）　太古時，海神發怒，曾讓地球發生過大洪水。

（二）　各地的人們都逃到高山上去避難了。

（三）　眾領導者共同商討解決之道。

（四）　他們決定以一個人做為犧牲品以祭海神，平息海神之怒。

（五）　他們先將一個品性惡劣的女人扔進洪水裡，但是不為海神所接受，她自己從怒濤駭浪中游了回來。

（六）　眾領導者再把最純真的男人與女人扔進小舟裡，立即沉入洶湧的波濤裡，被海神接受，洪水退去。

（七）　逃難的人乃各自回到原居地。

（八）　經過了一段時日，人口逐漸增加了。

（九）　開始有遷到平地平原的人，也有人繼續留在山中生活。遷到平原的人比留在山上的人多。

（十）　山上的人為了要減少平原人的人口，就開始有了出草獵人頭之風，平原的人就是平埔族。

　　從此傳說之中，可以了解到德路固人的出草行為是自然表現，其精神意義如大地之奧妙，與自然共生存，就像出草歸途的凱旋歌：「聽著吧，人們！看著吧，人們！吾等決死的勇士出草，在那枯松之下，混戰如松葉亂飛，而今正帶著松葉（比喻首級）歸來了。」多麼可愛的賽德克族德路固人，生命的泉水，就像自然之中松葉挹注的汁液，流進有生命的土壤之中，永不後悔。採錄者（沈明仁校長）深盼我們的漢族朋友，勿以大罪惡的心情去看待台灣原住民族的傳統遺訓，而希望以敬重之心，尊重異於漢民族文化的原住民族文化。因為文化的本身無所謂孰優孰劣，而是應站在同等的心情下互相成長，互相鼓勵，否則互相傷害彼此之間的人格尊嚴，只是在戕傷民族之間的感情，無助於整體力量的團結。是以，不論是賽德克族原住民，抑或是我們漢民族的朋友，都有生存環境所給予我們的傳統文化，要去珍視、尊重它的價值。假如大家都能摒除偏見的話，文化大國的美名，還是有機會在台灣的每一個角落發芽，在世界的舞台上綻放它生命的原動力。註8

八、賽德克族馘首的故事

資料來源 沈明仁總編輯《仁愛鄉志》（下）

從前有一個人追擊敵人，跟蹤一番之後放槍射擊之，明明是命中了，可是當他跟過去時，卻找不到敵人蹤影，事非得已，他只好砍下那裡的一棵茅草代替敵首帶回去，然後喝酒慶祝。社人聽說他獵得敵首，就都去看，可是一看那有人頭，只不過是橫木上方插了一棵茅草，看到的人都大笑，可是此人堅稱確實斃敵，而未曾說謊。然而口說無憑，只好再用打獵的方式來証實。於是此人興高采烈的入山去了，卻連一隻獵物都沒有打到，於是眾人都說可見這是神明不許可的方式。註9

本則故事敘述：有一個人射擊射中了敵人，卻不見敵人屍首，只好砍下那裡的一棵茅草代替敵首帶回去，然後喝酒慶祝。部落人看了都大笑。他只好再用打獵的方式來證實他所言不虛，確實是擊斃了敵人。可是他到了獵場，連一隻獵物都沒有捕獲。

古代賽德克族人為了表示自己的清白，會以馘首或狩獵方式來證明自己的屈辱，獵得敵首或捕獲野獸則可以洗刷自己的冤情。例如本故事以狩獵方式來證實其確實擊斃了一個敵人，但是他連一隻獵物都沒有捕獲到，則他擊斃敵人之說就是謊言。

九、賽德克族馘首的故事

資料來源 沈明仁總編輯《仁愛鄉志》（下）

甲男單戀某女，但此女卻對乙男日夜懸念，一心想嫁給他，無奈是落花有意而流水無情，乙男始終不把這個女孩放在眼裡，此女萬念俱灰，就賭了一口氣嫁給了甲男。乙男得知消息後，自負、好奇與戲弄之心油然而起，準備向外馘首，讓這個女孩念起舊情，對他更加憧憬思念。於是他便趁著某日，有他社之人來部落時，埋伏在其歸途中，砍下了他的頭。該社之人大怒，於是大舉向本社馘首，可是半路上就死了一個人，只好回到部落去。本社的人知道後，也向該社馘首，但也是在半路

上就死了一個人，也只好回到部落去。註 10

本則故事敘述古早馘首的原因之一就是為「情愛」而馘首。

十、賽德克族馘首的故事

資料來源 沈明仁總編輯《仁愛鄉志》（下）

有一個甲社的女孩嫁到乙社，但其中產生過節，引起甲社的不滿，遂造成兩社的不和。乙社的頭目遂命令新郎前往甲社共商和平之計，可是新郎不願去甲社，而是悄悄的把住在甲社的親戚請到耕地中，再把乙社的意願告訴他。他回去之後不久，甲社就派人帶了豬到乙社來，乙社的人到半路上接受，帶回社中殺豬並分食之。然後乙社禮尚往來，同樣帶了豬送到甲社去，甲社卻不吃，而把牠丟了。後來乙社偵知此事，才知道甲社並無和平了結之意，於是戰端再啟，其間產生了數名戰死者，戰事暫時中止。其後，甲社為了打探乙社的真意，派出從前提出和睦之計的人為使者，乙社卻把他殺了，因此甲社再次進軍，砍了乙社不少人頭。乙社知道先前吃了甲社送的豬肉，就註定了如何奮戰仍然不會獲得勝利，於是毫不抵抗的主動謀和。到了那一天，兩社的人帶著酒到一個平坦的地方去，兩社的壯丁面對面排成一列，甲社的頭目先裸體（穿丁字褲，其上帶著小刀）立於隊伍的前方向前進，乙社的頭目也同時向前進，雙方口銜子彈，左手拿著石頭面對面站著，將嘴裡的子彈放在右手，對著石頭說：「誰是先違背誓言的人，必定全部滅亡。」互相交換誓言後，將子彈放在下面，石頭放在上面埋起來，然後一起喝酒，第二天互相訪問其親戚，這便算是達成了親睦之計。註 11

本則傳說敘述：兩社互為馘首與戰爭的故事，最後達成和解「埋石立約」。其過程：兩社的壯丁面對面排成一列，雙方頭目裸體前進，「雙方口銜子彈，左手拿著石頭面對面站著，將嘴裡的子彈放在右手，對著石頭說：『誰是先違背誓言的人，必定全部滅亡。』互相交換誓言後，將子彈放在下面，石頭放在上面埋起來，然後一起喝酒，第二天互相訪問其親戚，這便算是達成了親睦之計。」

十一、賽德克族德固達雅群馘首的由來

資料來源 沈明仁總編輯《仁愛鄉志》（下）

口述者 Iyon Bawan、Bawan Bohoku、Walis Labai ｜ 族群 賽德克族德固達雅群

　　太古時代，發生了大洪水，棲息於各地的人都集中到一個山頂。當時，社內之主共同商量之後，決定把一個白痴丟入海中，做為對海神的犧牲，藉以平息海神的怒氣。結果這個白痴游泳回來，再度登上山頂。人們就知道這不是海神想要的人，於是又把一男一女投入海中，海水立刻就退了下去，露出原來的陸地。人們大喜，為尋求美好的土地而各自離散。當時，留在山上的人數比前往平地的人數少，所以在臨別之際，他們就宣布說：「我們的人員比較少，今後要砍你們的頭」，馘首之風就是由此而起。註12

本則傳說敘述：

（一）　太古時代，發生了大洪水，各地的人都集中到一個山頂上。

（二）　經過商量之後，決定把一個智障者丟入海中獻祭給海神，結果智障者游了回來，不被海神接受。

（三）　他們再度把一男一女投入海中，被海神所接納，海水立刻就退了下去，露出原來的陸地。

（四）　人們又從山頂各自散居各地。

（五）　留在山上的人數比前往平地的人數少，所以在臨別之際，他們就宣布：「我們的人員比較少，今後要砍你們的頭」，馘首之風就是由此而起。

十二、賽德克族德固達雅群出草布農族

資料來源 劉育玲《台灣賽德克族口傳故事研究》

採錄者 劉育玲 ｜ 口述者 陳慶來（56歲）德路固群

採錄時間 2000年9月13日 ｜ 採錄地點 南投縣仁愛鄉大同村

以前有一次，布農族的人砍了一個德固達雅群人的頭，便很高興的回到部落要慶祝，部落裡的人都視其為英雄。而德固達雅人覺得不服氣，就找了十個年輕人順著血跡去找，發現他們正在慶祝，完全沒有防備之心。於是德固達雅的人就等他們都喝醉、睡著之後，把他們全都包圍起來，一個一個砍他們的頭。所以德固達雅損失了一個人頭，布農族卻損失一個部落。註13

本則傳說敘述：
（一）布農族人砍了一個德固達雅群人的頭，便很高興的回到部落慶祝。
（二）德固達雅人找了十個年輕人順著血跡去找，發現布農族人正在慶祝，完全沒有防備之心。
（三）布農族人都喝醉、睡著之後，一個一個砍下他們的頭。
（四）德固達雅群損失了一個人頭，布農族卻損失了一個部落。

十三、賽德克族兄弟馘首的反思

資料來源 內政部委託台灣大學人類學系研究
《台灣山胞各族傳統神話故事與傳說文獻編纂研究》

從前，有名叫 Aui lange 和 Shi lange 兩兄弟，哥哥是大塊頭，帶的刀很長，像日本刀一樣，而且很鋒利，可砍斷停著的蒼蠅。有一天，哥哥到平地去，爬到一戶人家的樑上，等待敵人，那戶人家發現他之後，便悄悄召集社眾，哥哥仗著自己塊頭大，一點也不將這些人看在眼裡，敵人很生氣，齊聲吶喊，向他殺過去，這時身上的毛，頓時「vu、vu、vu……」地叫了起來，再利的刀也砍不進去，Aui lange 在瞬息間砍殺了五十個人，並選了五個老人的首級帶回社裡去，向社眾炫耀，弟 Shi lange 看了很不順眼，覺得哥哥太目中無人了，決心給哥哥一個教訓。哥哥要去出草，弟弟便與之同行，兩人爬到樹上瞭望，哥哥看見一大群敵人集中一處，弟弟只看到一人在田裡工作，兩人分頭進攻，結果哥哥的敵人都逃走了，弟弟因為目標只指向一人，所以如願以償取得首級，兩人回到原地後，弟弟故意向哥哥借用佩刀，哥哥一副瞧不起的態度，弟弟就將砍來的首級放在樹枝上，哥哥看到，大感慚愧，自此對弟弟愛護備至。註14

這是一則有關出草馘首作出反省的傳說故事，故事中的哥哥憑藉著自己的武力強大，非常炫燿與驕傲，於是弟弟決定給哥哥一個教訓。兩兄弟在一次馘首行動中，因為哥哥的野心大，沒有獲取首級，而弟弟獲得了首級，哥哥從這次的教訓中，感到非常慚愧。自大、驕傲是一般人普遍的心理，也因為這樣，許多人失去的比獲得的更多，甚至還有人身敗名裂，得不償失。賽德克族自古以來，即以尚武善戰著稱，清代治台時期，曾抗拒清廷開山征撫的官兵。賽德克族人與漢族間，其馘首原因大都是為了復仇，原住民族是台灣早期的先住民，擁有廣大的耕作土地，漢族自閩、廣移墾台灣，不斷的擴大墾植範圍，致使原住民族退入深山不毛之地而懷恨被搶奪之土地，於是原漢械鬥不斷。可憐原住民族仍不敵漢人優勢的人口和武器，喪失了原本屬於自己的廣大土地。

十四、賽德克族德路固群被馘首者的靈魂

資料來源 沈明仁總編輯《仁愛鄉志》（下）

曾經有一個部落裡的人出去打獵，明明看到很多野獸，子彈卻怎樣也無法射中，幾次都是這種情形。他回社後就查問是誰喝了結婚的慶祝酒，然而沒有人回答，於是到別社去探查是否有本社的人去喝了酒宴的酒，結果找出了違犯社則的人，並加以處罰。因為偷偷違犯社則的人，是瞞不過被馘首者的靈魂的，因為他會把所有的事情都說出來。註15

本則故事敘述：如果有人違犯社則，就會影響部落社人的一切起居行事。「違犯社則的人，是瞞不過被馘首者的靈魂的，因為他會把所有的事情都說出來。」

十五、奇萊山白雪下的孤魂（出草歌謠）

資料來源 沈明仁〈豐美的賽德克族文化〉

口述者 Awai‧Bizeh（廖黃貴美，95歲）

採錄地點 南投縣 Aran turuwan（合作村平生部落） ｜ 採錄者 沈明仁（Bawan‧Tanah）

mujas ku ！　唱歌唷！

muyas ku gongalaq ！　我唱獵首的歌呀！

miyah so mi kuxun la　我來尋找所愛的人

en ne wada tuma huda da　在白雪的山底下等待

en ne wada tuma dowiyaq da　在高山白雪的山底下等待

an mo lisau hobi xobun nida　一個青年出現了

an mo lisau hobi xobun nida　一個青年出現了

mosi musa nami da niwax　我們提人頭回家

mosi musa nami da niwax　我們提人首回家

a-n mu tu bi beleh dungan wax　返回聖地唷

a-n mu tu bi beleh dungan wax　返回聖地唷

en ne tuma huda da ni　在白雪下了

en ne tuma huda da ni　在白雪下了

wuka bi kumu qelan da ni　無人能抗衡

wuka bi kumu qelan da ni　無人能抗衡

asi nami kntotu　我們堅持

ini qoduleq　不逃避

ini koboliyux lonlungan　不改變心念

ini koboliyux lonlungan　不改變心念

en taga ku chiwayai balai xan　試著等一下吧！無人能抗衡。

en taga ku chiwayai balai han　試著等一下吧！無人能抗衡。

so miyax so mi kuxun tada　尋求愛的人呀！

so miyax so mi kuxun tada　尋求愛的人呀！

so miyax somokuxun konan tada　尋求愛我的人呀！

so miyax somokuxun konan tada　尋求愛我的人呀！

en ne wada tuma huda da　　來到白雪山下

en ne wada tuma huda da　　來到白雪山下

inkiya hiya da nida wax　　所愛的人（人頭孤魂）永遠在了

inkiya hiya da nida wax　　所愛的人（人頭孤魂）永遠在了

a-n tolamai mubi dexan da　　讓我再試一試看吧！

a-n telamai mubi mu dexan da　　真的讓我再試試看吧！

en lisou tuma-xol da　　孤寂在枯樹下的年輕人

en lisou tuma-xol da　　孤寂在枯樹下的年輕人

en lisau tuma huda xa　　白雪下的年輕人

en lisau tuma huda xa　　白雪下的年輕人

miyah so bi so-mukuxun da　　來真的喜歡作伴呀！

en wowa lolebu neda　　美麗的少女呀！

en wowa lolebu　　美麗的少女呀！

　　歌詞的意義大致是說：在奇萊山白雪下所獵取首級的孤魂唷！你們不再是我的敵人，現在已經是我們的朋友，你的魂魄將與奇萊山白雪下的精神同在，你不再孤寂，因為你的孤獨，已經蛻化為我們生存的人的喜悅。講到原住民族的獵頭習慣，其動機非常單純，絕非濫殺無辜，而是因有人褻瀆神明、復仇、發生瘟疫、疾病以及獵場紛爭之故而起的行為。獵過人頭之後，對他們的社會又是一個新生命的誕生，更是人類與大自然之間重新和諧分享新生命的開始。所獵的人頭，此時也已經成為族人生命昇華的最愛，及祖靈垂愛家族的寶貝。或許這樣的觀念，以現代人的價值觀看來，是一種令人不可思議的另類想法，但此一理念確確實實，曾經在七十年以前泰雅、賽德克族人的世界發生過。因此，出草或獵人頭的行為，是祖先的遺訓，也是子孫應該遵守的神聖行為，更是無上的道德準則；它是賽德克族人的 Gaya，是生活與生命歷程中的慣例、規則或祭祀的方式。其由來絕非偶然，亦非想像，它是先天性的行為，絕不能因明末清初以來漢人、荷蘭人、西班牙人、日本人等的相繼侵入台灣，而誤解其原本是與天地之間萬物共生共息的思考體系，而認為是野蠻的行徑，反而不將其視為自然環境中不可無的生存競爭，而對賽德克族人的 Gaya 產生敵對的行為說法，那樣也就未免太過牽強附會了。註16

　　從歌詞中可以知道：在奇萊山雪白皚皚的銀色世界裡，賽德克人將殘酷血

腥的獵首行動，化為美少女般一樣的純真無邪，是一種生命昇華的景致。敵人的人頭，此時已經變成家裡的人，衪可以使孩提時代的恐懼，因為血水化為烏有；也可以驅逐家中的瘟疫、疾病、婚喪喜慶、幸與不幸等事宜，諸如此類的事務，都藉由獵人頭的儀式，將人類的一切不平衡託付給祖靈做判決，以求得人世間彼此平衡的心靈溝通。因此，獵首集團在出草之前，會將自己的生命交付祖靈，並唱著如下的歌詞，勇敢走入永恆彩虹橋彼岸：

> wada ku bi hiya da ！　我走去彼岸的那邊了！
>
> rimoi mako balai wax ！　我們都是真正的拜把兄弟哇！
>
> tai、tai、tai、musa　傾聽著吧、看著吧、想著吧！
>
> tegemahu tuma qarau harun，tarayan　我們的魂魄在枯死了的松樹下，引領著；
>
> gessyu madas　提領著無邪的魂魄。
>
> si nabau harun　猶如松葉的汁在燃燒。

　　這一幕源自大自然的行動，似乎就像族人在獵首歌舞中，呈現對生命的衷心讚嘆：「在那枯松之下，混戰如松葉亂飛，而今正帶著松葉（首級）歸來了。」賽德克人真正的精神以及對傳統與祖靈的崇信，都在此段歌詞中，不言而喻的表達出來了。註 17

十六、賽德克族戰爭與媾和

資料來源 沈明仁總編輯《仁愛鄉志》（下）

　　曾經與鄰社發生戰爭（mujijibo），由頭目擔任指揮者，到鄰社附近之後，發出大聲喊叫：「要把你們的部落完全毀滅」！敵社的人就出而應戰，此時會因夢兆及鳥聲不吉而中止戰爭。兩社媾和（mudo balai takali），兩社的頭目裸體出來掘穴埋石，此時並不飲酒，因怕飲酒的結果再引起戰爭，儀式完成後赴敵社飲酒，然後迎至自社飲酒，以為親睦之表示。註 18

　　本則故事敘述：賽德克族部落與部落之間的戰爭，有時會因夢兆及鳥聲不吉

而中止戰爭。兩個部落和解：「兩社的頭目裸體出來掘穴埋石，此時並不飲酒，因怕飲酒的結果再引起戰爭，儀式完成後赴敵社飲酒，然後迎至自社飲酒，以為親睦之表示。」

十七、紅河之役

　　根據耆老的說法，在日本人佔領台灣之前，賽德克族與布農族就曾經因為爭奪萬大南溪的獵場，而發生過「紅河之役」（mutanah）。當時賽德克族藉著埋伏奇襲而大勝，據說，當時死傷的布農族人之多，將萬大南溪的溪水都染紅了，因此該溪又被族人稱為「yayong mutanah」。註19

十八、德路固社深堀事件

　　1897 年（明治 30 年），台灣總督府軍務局陸軍部計畫調查台灣南北縱貫鐵路及中央山脈東西橫貫道路，派遣中部線蕃地探險隊自埔里入山探查通往花蓮的道路。深堀大尉一行十四名成員的探險隊，經霧社抵達德路固社時曾發出報告，此後杳無消息，日人當局認為遭害。其後埔里撫墾署派出調查隊再進入霧社山區，證實已全數被殺，史稱「深掘事件」。

　　據日人近藤勝三郎探查，探險隊未上中央山脈前，部分隊員分別在白狗群與德路固群的地盤被馘首，只剩深堀一人，悲憤之餘在靜觀附近的瀑布下自殺。近藤在莎都（Sado）社的頭骨架看到八顆似乎是日人的頭顱，證實探險隊是在西部被殺，而非東部木瓜溪流域的地盤被殺。註20

十九、德固達雅群人止關之役

　　1901 年（明治 34 年），日人以埔里為前進基地，展開對霧社山區的討伐行動，此亦為埔里支廳改懷柔為彈壓政策的嚆矢。當年 3 月間，日人在埔里東北緣之觀音山與賽德克人交戰，日人不敵而退。翌年（1902 年），以埔里社守

備隊為前鋒，隘勇與警察部隊殿後，在人止關又展開對抗。此役日人與賽德克族人皆死傷慘重，稱為「人止關之役」。註 21

二十、布農族殲殺德固達雅群事件

　　南投地區的德固達雅人過去在日本時代，因為居於霧社一帶，故被稱之為「霧社群」，當時霧社之南為泰雅族萬大社，萬大社以南即是布農族的部落干卓萬社的領域。在日本時代，賽德克族霧社、泰雅族萬大社與布農族干卓萬社彼此之間便經常發生馘首事件。1903 年（明治 36 年），日本政府為了能夠進一步加強控制「德固達雅群」人，便用「以夷制夷」的手段而造成所謂的「德固達雅群殲殺事件」（姊妹原事件）。

　　日本政府因為德固達雅群不服從政令，總督府乃命令埔里社支廳封鎖德固達雅群人向埔里的出入，實施經濟大封鎖，斷絕貿易網絡。同時，為了膺懲的目的，鼓動與德固達雅群敵對的布農族干卓萬群，藉口要重修於好，引誘出德固達雅群精英勇士到賽德克族與布農族兩族的交界處談判。當時，干卓萬社及其他布農族部落的壯丁約二百名埋伏於四周。伺機一舉虐殺了德固達雅群一百三十多名勇士。由於德固達雅群精銳盡被殺光，日本政府的「隘勇線前進」（圍堵行動）更加順暢，終於佔領了霧社地區。

　　從史實觀之，德固達雅人與布農人原本就因馘首習俗或因鄰近族群易造成磨擦之故而產生嫌隙，再加上日人蓄意挑撥離間，更使兩族群之間的仇恨猶如雪上加霜。註 22

二一、賽德克族驚天地泣鬼神的霧社戰役

　　霧社事件發生之遠因，乃日人長時期以殖民化的統治方式奴役當地原住民族，不僅大量掠取山地資源，強迫其改變生產方式，造成文化衝突。加上失敗的「和親」婚姻政策與利用「以夷制夷」的手段製造族群嫌隙，以達其相互制衡之目的等因素，都使當時原住民深感怨恨。近因則因為畢荷・沙波（Pixo Sabo）、畢荷・瓦利斯（Pixo Walls）之積極策動與荷歌社、馬赫坡社的兩次

敬酒風波，終於導致德固達雅馬赫坡社頭目莫那‧魯道（Mona Ludao）率眾起義抗日。1930年（昭和5年）10月27日，日人在霧社小學校舉行聯合運動會。上午8時舉行升旗典禮時，一青年闖入會場，舉刀砍落台中州理番課顧問菅野政衛的頭顱，埋伏在周圍之青年隊瞬時蜂擁而上見日人便砍。莫那‧魯道則率壯、老年隊襲擊霧社分室、霧社郵局、教員、警察宿舍及日人商店。此役共殺死日人134人，受傷者215人，兩名漢人被誤殺。日軍得訊，從各地調動大批軍警集攻霧社。莫那‧魯道等人見其勢猛，決定放棄霧社退回有斷崖絕壁以為屏障之馬赫坡岩洞內繼續抗戰。日軍見久攻不克，誘降不成，乃不顧人道出動飛機轟炸並撒布毒氣。莫那‧魯道知大勢已去，與家族親信十餘人同時自殺於岩窟內。而深受日人栽培之德固達雅人花岡一郎、花岡二郎，身陷民族情結與恩義糾葛的矛盾中，亦帶著一族20餘人切腹、自縊於小富世山（今稱花岡山）。霧社事件至11月19日結束，當地原住民戰死、自殺者計900餘人。由於霧社向來被視為「理原」模範區，

泰雅文化村莫那魯道巨像／田哲益提供

中間站立者為霧社抗日事件領袖莫那魯道。引自《第一第二臺灣霧社事件誌》／國立台灣圖書館藏

事變發生後，當時台灣總督石塚英藏立即引咎辭職。綜上而論，雖然賽德克族之抗日事件，終究不敵擁有新式武器的日本強權，但在各方條件相差懸殊情況下，可謂雖敗猶榮。日人一再以「凶蕃」來指稱包括賽德克在內的泰雅族人，完全是以統治者的心態看待。事實上，賽德克族人不僅熱情豪爽且質樸善良，但由於此一族群擁有極為強烈的「領域」觀念，各部落各有各部落不同的領域範圍，一遇外來侵略，義無反顧誓死捍衛家園，為維護民族尊嚴與族人生命財產而戰，是每個

賽德克族馘首與戰爭故事

人責無旁貸的責任。故森丑之助曾言：「原住民對自己的鄉土有強烈的愛鄉精神，為了自己的鄉土，不惜以部族全體的生命相賭，全力加以保護。」因此，我們看到「太魯閣之役」中以寡擊眾之賽德克太魯閣與「霧社事件」後瀕臨滅族之賽德克德固達雅人，東、西賽德克雖然在地理上分離了三百餘年，卻在不同的抗日事件中，展現出相同的賽德克精神，一舉跨越了時空的阻隔而遙相呼應。註23

註釋

註1　廖守臣《泰雅族的社會組織》，慈濟大學人文社會學院，1998年。

註2　何廷瑞〈泰雅族獵頭風俗之研究〉，《文史哲學報》，頁160-175、202。

註3　《祖林恩賜：秀林覽勝——秀林鄉全覽實錄》，花蓮秀林鄉公所，1999年，頁24-25。

註4　沈明仁〈豐美的賽德克族文化〉，2006年1月11日。

註5　劉育玲《台灣賽德克族口傳故事研究》碩士論文，2001年6月，頁112。

註6　沈明仁總編纂《仁愛鄉志》（上），南投縣仁愛鄉公所，2008年8月，頁276。

註7　沈明仁〈豐美的賽德克族文化〉，2006年1月11日。

註8　同註7。

註9　沈明仁總編輯《仁愛鄉志》（下），頁1244-1245。

註10　同註9，頁1245。

註11　同註9，頁1245-1246。

註12　同註9，頁1287。

註13　同註5，頁241。

註14　《蕃族調查報告書》紗績族後篇，佐山融吉著（大正6年），余萬居譯。引自內政部委託台灣大學人類學系研究《台灣山胞各族傳統神話故事與傳說文獻編纂研究》，1994年4月30日。

註15　同註9，頁1487。

註16　同註7。

註17　同註7。

註18　同註9，頁1246。

註19　同註6，頁303。

註 20　同註 5，頁 39。

註 21　同註 20。

註 22　同註 5，頁 242。

註 23　同註 5，頁 41。

第六章

賽德克族日常生活故事

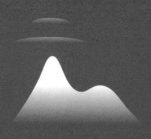

一、賽德克族的時間觀

採錄者 田哲益、余秀娥｜口述者 田英蘭（88 歲），德路固群

採錄時間 2019 年 10 月 27 日｜採錄地點 南投縣仁愛鄉合作村靜觀部落

　　古代沒有時鐘可以看時間，但是我們賽德克族人自有一套看時間的方法。古代每家戶都有養雞，除了是食用、宗教祭祀用之外，還具有辨別時間的功能。雞兒啼叫，就是白晝即將來臨的時刻，勤勞的婦女清晨即起，非常認真，她開始搗米、汲水、煮飯、煮菜，準備家人的早餐。當太陽自東方泛白升起的時候，也就是家人準備上山工作的時刻，早早出門，勤奮工作，不會等到天亮大白才上山工作，天亮大白才去工作，族人會譏笑是懶惰的家庭。當太陽在天空上位於正中央的位置，就是正午十二點鐘，婦女判斷太陽的位置，太陽約在十一點鐘的時候，就開始準備煮食家人的中餐。中餐後休息片刻，又繼續幹活。直到太陽在西山要插山（下山）時，就是準備收工的時刻了。這就是我們賽德克族人古代看太陽方位判定時間的方法。

本則故事敘述：

（一）　雖然古代賽德克族人沒有時鐘，但是還是有辨別時間的方法。

（二）　賽德克族人一天的作息，都是以太陽升起、落山為判定時間的依據。

（三）　這種以太陽方位及公雞啼叫聲判定時間的方法，還滿準確的。

賽德克族人是以其長期經驗法則，判定其一天作息的時間表。

　　聽到雞叫聲，女人就先起來煮飯、汲水，此時間內男人也起床了，等待天亮之後就吃早飯，吃完飯之後，有下田耕作的，也有到山上砍柴的，視季節的不同而有差異。而女人耕作回來時，晚上就紡麻或織布，大約 7 點左右就寢，但女人也有點了火把，整夜織布的，男人編網時也會熬夜，但是很少，綜觀原住民族部落的一般風氣，女人總是比男人勤勞。註1

賽德克族女子 / 余秀娥提供　　　　　甜美的賽德克族女子 / 余秀娥提供

二、賽德克族豬於生活實用上之應用

採錄者 田哲益、余秀娥｜口述者 田英蘭（88 歲），德路固群
採錄時間 2019 年 10 月 27 日｜採錄地點 南投縣仁愛鄉合作村靜觀部落

　　古代賽德克族人每戶多有養豬，族人所養的豬，不是現代豬的品種，而是傳統的山地豬。古人不會隨便殺豬來吃，必也有重大事情的時候，才會殺豬宴客。古代人殺豬，例如結婚大喜就會殺豬，殺豬的數量，視情形而定，如果女子是公認賢淑者，會織布、工作、不會愛玩趴趴走、待人謙虛有禮等，女方會要求男方家送比較多的豬。如果女子很普通，也不會織布，男方也不會願意送給女方較多的豬。有宗教信仰慶典儀式的時候，也會殺豬。古代在部落裡也有殺豬買賣貿易者，有一家人殺豬來吃，多餘的豬肉會與族人交易，早期的交易方式是「以物易物」，到了日治時代，就開始使用「錢幣」交易。賽德克族人著名的「醃豬肉」，是以鹽巴、米、豬肉醃製，美味可口，至今還繼續製作這種風味美食。

　　本則故事敘述：
（一）豬於實際生活上的應用很多。
（二）結婚的聘禮，豬是不可少的聘物。
（三）宗教祭祀慶典儀式會殺豬祭祖與族人饗宴。
（四）部落內有殺豬交易，用「以物易物」和「錢幣」交際貿易。

（五） 賽德克族人著名的「醃豬肉」菜餚，至今還繼續傳承製作。

三、賽德克族生育與命名禮俗

　　賽德克族屬於父系社會，有重男輕女的現象。傳統賽德克族人會將出生一星期左右之男嬰自然脫落的臍帶，置於打獵用的藤具或彈藥袋內；女嬰的臍帶則置於母親佩袋或織機胴中。再由產母抱嬰兒出室外，見天日時舉行襁褓儀式，保障小孩日後出門不被惡靈侵擾。之後，選擇日期舉行出生禮，為嬰兒命名。賽德克人沒有所謂的姓氏，新生兒命名多採子女之名後聯結其父之名的「子父聯名制」，但亦有子女名之後連母名者。如父親名叫尤耀‧夠尚，若男孩取名尤金，則其全名就是尤金‧尤耀，以此類推。一般命名原則，男名多含強大壯勇，女名則多喻美好纖巧。且男女名不能互用，從個人的名字大致可分辨出其性別。註2

註釋

註1　　沈明仁總編輯《仁愛鄉志》（下），頁 1254-1255。

註2　　劉育玲《台灣賽德克族口傳故事研究》碩士論文，2001 年 6 月，頁 44。

第七章
賽德克族織布與服飾

賽德克族的傳統社會中，紡織是婦女必備的巧藝，織女使用「水平背帶織布機」（俗稱坐機或腰機），織布時，坐在地板上，以背帶環住腰身、雙腳蹬住機胴取得固定，完全以人力操作，使力均勻與否，也決定著布料的質感和紋路的美觀。

其織品花色繁複，民族風格顯著。傳統織布以苧麻為線材，先經過抽絲、撚紡成線，再以植物、礦物染色；通常用米白或紅色為底色，再以不同色線幾何穿插，變化出精巧又繁複的花紋。賽德克族喜用連續的菱形小紋，象徵祖靈眼睛。

賽德克族女子傳統服飾 / 余秀娥提供

一、我的織布生涯

採錄者 田哲益、余秀娥 | 口述者 田英蘭（88 歲），德路固群

採錄時間 2019 年 10 月 27 日 | 採錄地點 南投縣仁愛鄉合作村靜觀部落

　　我的母親在我少女的時候就開始傳授我織布的技藝，過去女子要經年累月的織布，才能製作出一個家庭大大小小家人的服飾，如果不認真織布，家人的衣物便不夠穿用。後來部落婦女會織布的人漸漸少了，許多族人就跟我「以物易物」或「錢幣」交換我的織物，到了民國（時代），我的織物一件是 2000 ～ 3000 元，也貼補了我家庭的生活費。後來，衣物大量用機器製作，我也年紀大了，所以就沒有繼續織布。我也有教授我的女兒織布，希望她能夠傳承我的技藝，但是到現在女兒也很少織布。以前男人不可以碰觸女人相關織布的器物，碰觸是禁忌的事，否則是違反 gaya（倫理、道德、習俗），同樣的女人也不可以碰觸男人的獵具。

本則故事敘述：
（一）　這是報導者田英蘭老阿嬤從事織布工作的故事。
（二）　古代織布的工作是女人一生的志業。
（三）　早期女人織布僅供一個家庭所有家人的穿戴。
（四）　後來，部落裡出現了「以物易物」或「錢幣」交換織物。
（五）　其後，衣物大量用機器製作，傳統織布面臨了斷層的危機。
（六）　傳統織布文化，男性禁忌觸摸女性的織布器具。
（七）　同樣的，女性也禁忌觸摸男性的狩獵器物。

二、賽德克族德路固群服飾之主色與配色

採錄者 田哲益、余秀娥 | 採錄時間 2019 年 10 月 27 日

採錄地點 南投縣仁愛鄉合作村靜觀部落 | 口述者 田英蘭（88 歲），德路固群

　　古代女性必須學會織布，織布技藝也是判定女性賢淑與否的標準。不會織布的女性，婚嫁時會被男方認為不賢淑，女方家不會收到男方家聘嫁厚禮。女子嫁入男

方家後，在家庭中不會有很好的家庭地位。所以女子必須學會製作背巾、男女服飾等技能。古代服飾的主色是苧麻色（白黃色）和黑色，我所使用的黑色顏料是取自河流中的黑土，將黑土與苧麻用鐵鍋一起煮，即成黑色了。現在河流中這種黑土已經找不到了。目前賽德克族的服飾以紅色為主體，因為向漢人買布料的時候，覺得紅色很漂亮，深受族人喜愛，因此成為目前賽德克族人的服飾特色。藍色、白色、黑色則成為基本配色。

本則故事敘述：
(一) 織布技藝是判定女性賢淑與否的標準，所以古代女子都認真學習織布。
(二) 古代服飾的主色是苧麻色（白黃色）和黑色。
(三) 報導人黑色顏料之取得是來自河溪的黑土。
(四) 自從織布材料向漢人購買後，紅色的服飾成為了主體。
(五) 藍色、白色、黑色則成為了基本配色。

紅色織布材料取得容易，也為族人所喜愛，因此，成為賽德克族服飾的主體顏色。

曬麻（山里部落）/ 田哲益提供

染麻（山里部落）/ 田哲益提供

賽德克族的紡織技術在台灣原住民族中首屈一指，傳統的編織材料以苧麻為主。婦女紡織時用手揉搓，沒有紡軸，織機是腰掛坐機。紡織成品有紅、黑、黃、綠、紫等色線織成之條紋布疋，衣飾則喜用幾何花紋。紡織是賽德克婦女專屬之工作，一如男子聲望以獵首成績為準，女子社會地位則以紡織技巧

拙劣來評定。女孩子在孩提時，母親織布時便在一旁學習，年紀稍長，始親自操作，母親在旁指導，直到熟練織布技巧為止。在重要慶典上，少女皆會穿上最好的作品，若廣受好評，日後則成為男子追求的對象。註1

賽德克人有句話「mdngu hiqur」，意為枯乾的手肘，即用來取笑一個女子不會織布。由此，不會織布的賽德克女子不僅地位低落，不能文面，婚配困難，死後更不能通過靈魂橋（彩虹）回歸祖靈之地。……賽德克族傳說族人死後，皆必須通過一道彩虹橋（Hakaw Utux），通過時會有祖靈守護其上，男女皆須文面，即男人必須擅獵，女性必須擅織方能過橋，回到祖靈之地。註2

賽德克族織布 / 田哲益提供　　　　織布成果展示 (山里部落)/ 田哲益提供

三、賽德克族都達群麻絲之引進

口述者 Teimu Chilai、Wadan Wassau｜族群 賽德克族都達群

資料來源 沈明仁總編輯《仁愛鄉志》（下）

太古時，祖先們都是身披草葉、木皮禦寒。可是後來懂得製衣法，是漂晒rongae-keri 樹的樹皮為絲，以此織成衣服。當時的針是用竹子做的，織布機則是用木棍組成的，一切簡陋。過了一段時間之後，我們又從埔里社引進麻絲，織布的技術也做了改良，以求創意。註3

本則故事敘述：

　　　　賽德克族織布與服飾

（一）　太古時，祖先們都是身披草葉、木皮禦寒。

（二）　其後漂晒 rongae-keri 樹的樹皮為絲，以此織成衣服。

（三）　當時的織布工具：針是用竹子做的，織布機則是用木棍組成的。

（四）　到了近現代則從漢人處引進麻絲織布。

本故事敘述賽德克族傳統紡織簡史，從穿著身披草葉和樹皮布衣禦寒，到抽取並漂晒 rongae-keri 樹的樹皮為絲，織成衣服。近現代則從漢人處引進麻絲織布。

賽德克人的傳說故事裡，女人要會織布，男人要狩獵，人要文面，人會死亡，人要越過彩虹橋，才能進入「祖靈之地」，這些都指向一個共同原因，就是「生產與防衛」，不可「懶惰」。人沒有「文面」，在部落安全防衛上被視為是「怯弱」及輕視的行為。而懶惰、吝嗇與貪心，指向物質缺乏的懲罰，不合群及倫理道德違背，導致人不幸與災難。「女子擅長織布生產、男子擅長狩獵護衛」是「Waya」存在的基礎，在平權族群社會中，更是兩性生產責任分工勞動條件，必贏得部落的尊重與社會地位，在死後進入靈界的嘉許。「彩虹橋」（Hakaw Utux）在口傳中象徵著賽德克人邁向永生最後一段旅程，賽德克人生前遵奉 Waya 規範不犯錯，勤勞狩獵、獵首、織布等生產，履行社會義務，最終目的不是「文面」而是死後與「祖靈」相聚。「織布文面」及「獵首文面」是必要手段，而進入「靈界」的實際關懷，建構出賽德克人生活實踐信仰非抽象崇拜，在道德信仰系統中，「Waya」若無法進入「靈界」的終極關懷，那它將無法擁有神聖性及規範。不同原因獵首活動，所呈現不同「Waya」信仰內容，也是賽德克人遵循道德規範體驗的神聖方式。透過獵首是一種神聖化過程，將疏離「Utux」公正意象及「Waya」規範有道理性特質自我實踐出來，並肯定「Utux」是社會正義最終審判及維護其誡命神聖性。註4

穿著傳統服飾的賽德克族男女 / 余秀娥提供

文面女子織布 / 田哲益提供

賽德克族織布與服飾

註釋

註 1　　《祖林恩賜：秀林覽勝——秀林鄉全覽實錄》，秀林鄉公所，1999 年，頁 28。

註 2　　劉育玲《台灣賽德克族口傳故事研究》碩士論文，2001 年 6 月，頁 43。

註 3　　沈明仁總編輯《仁愛鄉志》（下），頁 1288。

註 4　　陳雅丹〈賽德克族的 Utux 信仰〉，《KARI 賽德克豐盛的話語》，2019 年 3 月，頁 72。

第八章
賽德克族巫術與醫療

在原始時代，人類對於自然界的認知與改造能力不足，因而對於自然界的千變萬化，產生強烈的恐懼和敬畏之心，便相信有一種超自然的力量在支配千變萬化的大自然。又由於大自然的變化，帶著不可捉摸的神祕性，於是相信有一種神靈的力量在操縱著大自然。這兩種力量造成了大自然具有魔法性（Magic Virture）和魔法力（Magical Power）。人類為了生存，憑藉著對大自然的一些神祕和玄幻的認識，創造出獨立的理論體系與各式各樣的法術，期望能夠寄託和實現某些願望，這種法術一般通稱為巫術。註1

以巫術進行醫療治病，是透過神明、靈魂、法器、巫蠱等超自然力量來行醫治病。今日醫學昌明的時代，巫醫往往被視為神祕和迷信。

古代賽德克族盛行巫術 / 田哲益提供

一、賽德克族巫醫治病

採錄者 田哲益、余秀娥｜口述者 田英蘭（88 歲），德路固群

採錄時間 2019 年 10 月 27 日｜採錄地點 南投縣仁愛鄉合作村靜觀部落

　　古代沒有現代的西方醫學，都是靠著傳統巫術醫療治病（smapuh）。殺了一隻公雞，巫醫在雞的身上：雞頭、雞臂、大腿等，取一些肉，將之包起來，在病人身上前後左右上下繞圈，並口誦咒語為病患者治病，這就是我們古代賽德克族人傳統的治病禮儀。包裹的法器（雞肉）由巫醫帶回去自己吃，雞則家屬與巫醫一起吃。

本則傳說故事敘述：

（一）　賽德克族古代醫病禮儀是以雞為法器。

（二）　巫醫取雞頭、雞臂、大腿等一些肉，包裹起來，在病人身上繞圈，並口誦咒語為病患者治病。

（三）　包裹起來的法器祭物（雞肉），儀式完畢後，由巫醫帶回去自己吃。而整雞是病患者與巫醫共同享用。

　　巫醫用雞隻作為法器，也是向祖靈祭祀，其實也是討好祖靈，請祖靈治好病患者，早日恢復健康的身體。

二、賽德克族巫術祈雨

採錄者 田哲益、余秀娥｜口述者 瓦旦吉洛牧師（50 歲），都達群

採錄時間 2020 年 2 月 15 日｜採錄地點 南投縣仁愛鄉春陽部落

　　過去都達群人遇到久晴不雨，造成旱災，致使農作物受到嚴重損害，就會開始用巫術祈雨。部落裡會將壞人（不良分子）編號，一號壞人、二號壞人、三號壞人……以此類推。祈雨時是在河溪中舉行，先將一號壞人抓過來，找一隻公雞，未交配過但是已經會啼叫的雞，將牠用布妝飾一番。祭司開始 smapuh，祈禱與祈福。殺了雞，把血放水流，也把一號壞人放水流。命大就自己救自己，上岸後就重獲新生了，被水沖走就一命嗚呼了。如果還是不下雨，過幾天再抓二號壞人，如此一直重

複，直到下雨為止。

　　本則傳說故事很有趣，部落的壞人還有編號呢！這說明了古代賽德克族人具有「公審」的習俗與制度。祈雨巫術除了是用「雞」獻祭外，還有「人祭」。

三、眉溪求雨巫術故事

資料來源 簡鴻模《祖靈與天主：眉溪天主堂傳教史初探》

　　據 Pering Tado 回憶說：「那次是因部落久旱未雨，族人的農作物無法收成，陳神父用以工代賑方式賑濟族人之時。那次可能是有人跟 Bae 和他的太太講，所以他們就去做求雨的巫術。他們做好了以後，回眉溪路上經過霧社，在那裡遇到明神父。明神父看到是眉溪的教友，因為彼此都很熟，所以 Bae 就跟明神父打招呼。明神父就問說：『Bae，你去哪裡？』Bae 就說：『我去求雨啦！』明神父說：『你怎麼去求雨？』這件事因此被明神父知道了，他們就是到霧社後面靠近萬大的那條河去求雨，他也毫無隱瞞的直接跟神父講，神父說怎麼會去求雨呢？所以明神父就趕快到眉溪去，那時候我們正在找部落的水源，要做引流的水管，我們看到明神父下來，明神父當時就召集大家到教堂去，我們看見他滿臉通紅，眼睛都泛著淚光，把我們全部都召集到教堂。他叫我們全部都到教堂裡面去祈禱，他說：『為什麼你們到現在連以前的習俗都還沒有放掉，求雨這樣的巫術你們都還去做呢？你們為什麼不祈求天主，祈求天主來憐憫我們，幫助我們大家。為什麼你們還是要用以前的巫術來做事？他說你們應該這樣子祈禱，求天主賜給我們飲用的水，雖然你給得很少，我們還是會很高興，用這樣子來祈禱！為什麼還會去求雨呢？』神父就轉向我說：『Pering，你是一個傳教員，你為什麼會讓這事情發生？』所以神父要我們大家明供聖體，在教堂裡面開始祈禱。然後他看著我說：『Pering，你們這些傳教員先開始。』結果我和 Bae 兩人先開始，我們一組一個小時，在教堂裡面明供聖體，其他的人先出去繼續剛才的工作。我和 Bae 兩人就跪在教堂那邊，我和 Bae 四眼相對，我就跟 Bae 講說：『你幹嘛要把它講出來呢？你不講就沒事了。』所以我們輪流一小時一小時在教堂明供聖體，到當天下午很奇怪的下了一場大雨，而且是下得非常的大，颱風打雷，但是奇怪的是這個雨沒有經過眉溪，他經過隔壁的山頭，從

賽德克族巫術與醫療

Osan 到 Yayung Bunari，往大同山的方向走，就是沒有經過眉溪，那個雨非常大，到隔天的時候，眉溪才開始下雨。明神父氣得就在這裡，他說：『我已經跟你們講過了，這個迷信你們要放棄了，為什麼你們還是要這樣子呢』？在 Pering Tado 的觀念中認為：其實求雨巫術也是一種祈禱，就是外國人不知道這個也是祈禱方式，所以他會阻止我們做這事。」註2

這是一則眉溪部落族人 Pering Tado 的回憶故事，是有關巫術祈雨。
本則故事敘述：
（一）　眉溪部落久旱未雨，農作物無法收成。
（二）　部落的求雨家族 Bae 家就去霧社後面靠近萬大的那條河，去做求雨巫術。
（三）　在霧社 Bae 遇到明神父。
（四）　明神父就問 Bae 去了哪裡？Bae 答說去求雨啦！
（五）　明神父說：「你怎麼用傳統巫術求雨，而不向天主祈雨呢？」
（六）　明神父趕快回到眉溪去，滿臉通紅，眼睛泛著淚光，把正在工作的族人都召集到教堂去。
（七）　明神父叫教友全部都到教堂裡面去祈禱。
（八）　明神父對教友說：「為什麼你們到現在連以前的習俗都還沒有放掉，求雨這樣的巫術你們都還去做呢？你們為什麼不祈求天主，祈求天主來憐憫我們，幫助我們大家。為什麼你們還是要用以前的巫術來做事？」
（九）　神父要教友明供聖體，在教堂裡面祈禱。
（十）　當天下午果真下了一場大雨，但是這個雨沒有下到眉溪。
（十一）　隔天的時候，眉溪才開始下雨。
本則故事，經過 Bae 傳統巫術祈雨和教堂裡面祈禱天主賜雨，結果真的下雨了。唯不知是傳統巫術或祈禱天主，哪個奏效了呢？在回憶者 Pering Tado 的觀念中認為：其實求雨巫術也是一種祈禱，就是外國人不知道這個也是祈禱方式，所以他會阻止我們做這事。
Tkdaya 群的傳統文化中，有一屬家族性巫術，有嚴格的家族傳承規範的生產性巫術，即求雨巫術。眉溪部落皈依天主教後，有一次部落因久旱不雨，族人無法耕種，因而請求該巫師家族去求雨，回來途中因其中一人說溜了嘴，讓

明神父知道後，引起了一陣軒然大波，凸顯出基督信仰和傳統文化的明顯衝突之處。從明神父的反應中可以窺知，美籍傳教士對眉溪部落的教友皈依基督信仰後，還繼續使用以前的風俗習慣感到挫折，明神父還因此差點落淚。……這次求雨事件之後，Bae 就沒有再去求過雨了，他的母親 Lawa Neyung 把求雨巫術交給了她的女兒 Iwan Lawa，眉溪就此沒有再聽說求雨家族去求雨的事情了。……經過這次求雨事件，部落的老人對傳統的 Gaya 就不再那麼堅持了，連其他的 Gaya 也一起放棄了。註3

四、松林部落的巫術

資料來源 http://mmweb.tw/33014/（松林部落）

相傳以前松林部落與相鄰的布農族格格不入，超越對方的領地是犯忌的，賽德克族巫師用茅草綁在領地下蠱，當對方超越領地回去後會拉肚子甚或死亡。有的巫師只會放蠱，不會收蠱，造成後代下場境遇欠佳。而擔任治療的巫師後代比較沒有影響，有好有壞。通常孩子失蹤或牛不見了，也會請巫師做法代尋，其他宗教（如基督教）進駐部落之後，巫師下蠱或法術治療等行為都被禁止。註4

本則傳說故事敘述：
（一）以前賽德克族松林部落與相鄰的布農族互為仇敵，超越對方的領地是犯了禁忌的。
（二）賽德克族巫師在自己的領界綁茅草下蠱，當布農族超越領地，返回部落後會拉肚子甚或死亡。
（三）據說黑巫術的巫師只會放蠱，不會收蠱，因為蠱術是害人的，其後代的境遇則多不佳。
（四）巫醫是專門治病的巫術，其後代的境遇則較黑巫師佳。
（五）孩子失蹤或牛不見了，也會請巫師做法尋找。
（六）族人信仰基督教後，放蠱的黑巫術和治病的巫醫都被禁止了。
本故事敘述了賽德克族人的因果觀念，也說明了巫術文化消失的因素。

註釋

註 1　https://zh.wikipedia.org/wiki/%E5%B7%AB%E8%A1%93。

註 2　簡鴻模《祖靈與天主：眉溪天主堂傳教史初探》，新莊，輔仁大學出版社，2002
　　　年 3 月，頁 94-96。

註 3　同註 2，頁 94-97。

註 4　http://mmweb.tw/33014/（松林部落）。

第九章
賽德克族禁忌信仰

「禁忌」或「忌諱」是指在一些特定文化或是在生活起居中被禁止的行為和思想。形成禁忌是因為不合乎禮儀、違反社會道德倫理、觸犯部落 Gaya（秩序與法律）等。禁忌信仰包括宗教禁忌、信仰禁忌、祭儀禁忌、農耕禁忌、狩獵禁忌、漁撈禁忌、馘首禁忌、飲食禁忌、紡織禁忌、歌舞禁忌、生活禁忌、婚姻禁忌、生育禁忌、喪葬禁忌等。禁忌性質具有危險性，違反禁忌的行為，在個人方面會遭到神罰，也連帶懲罰家族，重者整個部落都遭殃，為社會帶來破壞性的騷亂，也可能會造成人命的傷亡。禁忌雖然是傳統迷信（俗信），但是為了維持社會秩序，傳統族人的觀念，這些打破禁忌的人需要受到嚴格制裁。

漁撈 / 田哲益提供

一、賽德克族獵具禁忌婦女、小孩碰觸

採錄者 田哲益、余秀娥 ∣ 口述者 田天助牧師（60 歲），德路固群
採錄時間 2019 年 11 月 17 日 ∣ 採錄地點：南投縣仁愛鄉都達部落

賽德克族男子上山狩獵的器具，例如獵槍、鐵製夾腳陷阱、鋼絲套脖陷阱、鋼絲套腳陷阱、獵靈袋、火藥、獵刀等獵具，是非常神聖的器物，女子及小孩子，絕對禁忌觸碰，否則可能會有不吉祥的事情發生。

本則故事敘述：婦女、小孩，絕對禁忌碰觸男人上山狩獵使用的相關器物，否則會發生不幸的事情，例如家人生病、跌倒等，獵人上山狩獵槍枝走火、被野獸攻擊等意外事情。所以禁忌婦女及小孩碰觸獵具，是賽德克族非常重要的禁忌信仰。

二、賽德克族婦女禁忌上山狩獵

採錄者 田哲益、余秀娥 ∣ 口述者 田天助牧師（60 歲），德路固群
採錄時間 2019 年 11 月 17 日 ∣ 採錄地點 南投縣仁愛鄉都達部落

婦女除了不能觸碰男人的獵具之外，也不能帶女子上山狩獵，女子禁止參與打獵是自古以來就已經嚴格規定了。據說在獵場上，女人經過的地方，野獸早就逃之夭夭了，所以此趟狩獵，絕對獵獲不到任何野獸，而是空手而回。丈夫出外狩獵期間，女人要在家裡釀酒，以備丈夫狩獵凱歸慶祝。丈夫狩獵返回部落途中，妻子可以去迎接，幫忙背負獵物。

本則故事敘述：古代女子不可以隨著男人上山狩獵，一直到如今都還遵守這個規定，但是女子可以到半路上迎接男子狩獵返社，並且幫忙背負獵物，以分擔男人背負的勞累。

三、賽德克族小孩子禁食腦和尾巴

採錄者 田哲益、余秀娥｜口述者 田天助牧師（60 歲），德路固群

採錄時間 2019 年 11 月 17 日｜採錄地點 南投縣仁愛鄉都達部落

　　賽德克族傳統飲食文化，小孩子不可以吃任何野獸的腦，腦是要給老人家吃的，小孩子吃了會變笨。小孩子也不可以吃任何野獸的尾巴，小孩子吃了，在夜間裡膽子很小，上山經常會跌倒。

　　本則故事敘述：古代賽德克族小孩子禁忌吃腦和尾巴，否則會發育不良。

賽德克族小孩 / 余秀娥提供

賽德克族禁忌信仰

四、賽德克族禁忌放屁

採錄者 田哲益、余秀娥｜口述者 田天助牧師（60歲），德路固群
採錄時間 2019年11月17日｜採錄地點 南投縣仁愛鄉都達部落

　　古代人晚輩不可以在長輩面前放屁，這是很嚴重的禁忌，若犯了這條規矩（gaya），要殺豬賠罪的，所以晚輩在長輩面前，一定要非常謹慎，行為不可以放縱。獵人或獵團出發前去獵場打獵，隊員也不可以放屁，否則會驅走獵場上的野獸。在獵場上有隊員放屁，整隊就不會打到獵物，也可能有人走路會絆倒，所以放屁也是狩獵活動中的一大禁忌。

　　本則敘述：古代賽德克族人「放屁」行為的嚴重性，這是一種禮節教育。以現代來說，「放屁」是一種生理的自然行為，但是在長輩面前大刺刺的隨興放屁，真的是非常沒有禮貌。賽德克族人更把「放屁」不禮貌的行為，延伸到對待獵場上的野獸。在布農族，小孩子隨便在其他長輩面前放屁，要殺豬賠罪。

五、賽德克族熊的禁忌

採錄者 田哲益、余秀娥｜口述者 田天助牧師（60歲），德路固群
採錄時間 2019年11月17日｜採錄地點 南投縣仁愛鄉都達部落

　　在賽德克族的狩獵觀念，台灣黑熊不是主要的狩獵野獸，獵人盡量迴避遇見熊，因為黑熊非常強壯，會攻擊人，會把人撕開，是非常危險的動物，而且一槍打不死牠。但是如果是碰到「退無可退」的情況下，只好不得已獵熊，而獵人就被稱為「獵熊英雄」了。在賽德克族裡，在獵場上不可以直呼熊的名字，而要稱bunuq-qhani，是「樹癌」的意思。在獵場上不能直稱，否則熊就會出現。

　　本則故事敘述：獵人不可以直接稱呼「熊」的名字，要用暗喻稱之為「樹癌」。在植物中指樹木因營養輸送被阻斷，而形成的突起。「癌珠」一般可解

釋為由於癭腫在化膿部分四周形成薄的泡狀壁，如果擠壓，排膿就會使薄壁損傷，膿液進入周圍地區，使周圍再形成癭腫。

　　台灣有許多原住民族都傾向禁忌獵熊，例如布農族一般不獵熊，只有在 9 月及 10 月才能獵熊，熊是屬於有禁忌性的野獸。

第十章
賽德克族喪葬與靈火的故事

「生」與「死」是一個人的兩大事，自古以來，即被人們不斷地討論。賽德克族有關「靈火」與「死後審判」的思維，在原住民族裡非常獨特。

一、賽德克族靈火的故事

採錄者 田哲益、余秀娥｜口述者 田天助牧師（60歲），德路固群

採錄時間 2019 年 11 月 17 日｜採錄地點 南投縣仁愛鄉都達部落

賽德克族稱「靈火」為 buniqotu，以前部落的荒郊野地常常看到這樣的東西。據說圓圓的火球是男的，有尾巴的是女的。靈火有好的靈，也有壞的靈，族人看到靈火，好的靈會幫助人們，反之，壞的靈會為惡人類。現在部落周圍的樹木都已經被砍伐了，所以就很少看到靈火了。

本則故事謂「靈火」有善靈也有惡靈，善靈會助人，惡靈為惡人。「靈火」就是「磷火」，俗稱鬼火。舊傳為人畜死後的血所化，實為動物屍骨中分解出的磷化氫的自燃現象，其焰白色帶淡藍綠色，光弱，浮遊空中，唯暗中可見。夜裡，在墳場或野地四處閃著磷火，這些地方就稱為鬼火區。

二、賽德克族靈火的故事

採錄者 田哲益、余秀娥｜口述者 葉清德（58歲），德路固群

採錄地 南投縣仁愛鄉松林部落

「鬼火」就是「靈火」，稱之為「puniq utux」。靈火飛到哪裡，那裡就會發生不好的事，例如有人猝死、部落發生火災或有人意外死亡等，這是老人家講的。據說看到靈火的當事人，他自己不會有事，而且還會多活幾年呢！我自己本身就看過靈火，有長的和短的兩種，據說長的是女的靈火，短的是男的靈火，都是帶紫紅色。我看到過靈火，在我們部落前方的山上，有一個茅草寮，住著一對老夫老妻，我看到靈火掉到他們的工寮。過幾天，我遇見了他們，我告訴他們靈火掉到他們工寮之事，可是他們不相信。老太太還繼續織布，沒過多久，老公公就去世了。我聽說，靈火是不容易看到的，也許一輩子也看不到，看到的人可以延年益壽。在同一時間內，聚集在一起的人，靈火不會讓全部的人都看得到，只讓一人看得到，如果全部的人都看得到就不是「靈火」了。

賽德克族喪葬與靈火的故事

本則故事敘述：

（一）「靈火」就是「鬼火」，稱之為「puniq utux」。

（二）看到「靈火」就是「死亡」之兆。

（三）靈火飛到哪裡，那裡就會發生事情。

（四）可能有人猝死、部落發生火災或有人意外死亡等。

（五）靈火有長的和短的兩種，長的是女的靈火，短的是男的靈火，都是帶紫紅色。

（六）在部落前方山上，有一個茅草寮，靈火就掉到那兒。

（七）住在茅草寮的一對老夫妻，告訴他們靈火掉到他們的工寮，可是他們不相信。

（八）過不了幾天，老公公就仙逝了。

（九）據說看到靈火的當事人，他自己不會有事，靈火是不容易看到的，也許一輩子也看不到，看到的人可以延年益壽。

本故事質疑的地方是「我（口述者）遇見了他們，我告訴他們靈火掉到他們工寮之事，可是他們不相信。」如果這對老夫妻相信了他的話，就能改變老公公的命運嗎？從故事中「老太太還繼續織布」中可知，他們也許可以改變命運，可能的方法是離開這間茅草寮，也許一切的命定就改觀了。

三、賽德克族德路固群靈火故事

資料來源 沈明仁總編輯《仁愛鄉志》（下）

有一個晚上三個人一起去獵鹿，當他們走進深林中時，正好月亮也被雲遮住而不見了，因此道路昏暗難辨，無法前進，只好停下來準備回部落裡去，不料一旋踵就看見一個巨人站在前面，他們大驚，以為遇到敵人，馬上舉起槍，擺出準備射擊的姿勢，此時人卻消失了，只剩下寬約 4 公尺的一大團火燄，一行人都感到不可思議，就互相詢問是否有誰還能看得到人，卻都回答說只有看到火燄。這就是敵神來獵我們的頭，後來其中的一個年青人就死了。可見神雖然沒有拿走他的頭，卻奪去了他的生命。因為曾經發生過這種事情，所以知道見到的人必死無疑。註1

本則故事敘述：

（一）　某個夜晚，三個人一起去獵鹿。

（二）　林中月亮被雲遮住，道路昏暗難辨。

（三）　看見一個巨人站在前面，以為遇到了敵人。

（四）　巨人卻消失了，只剩下寬 4 公尺的一大團火燄。

（五）　這團大火燄就是敵神來獵頭了，結果其中一個獵人就死了。

（六）　此後在獵場上見到一團火燄（靈球），一定會有人死亡。

四、賽德克族靈火信仰

資料來源 簡鴻模《祖靈與天主：眉溪天主堂傳教史初探》

　　「靈火」指的不是墳墓中骨骸的化學變化所產生的特殊現象，而是一種對靈魂存在的特殊感受，部落中的老人相信人將過逝以前，會有靈火出現，只是並非人人可見，只有少數具特殊感應能力的人才能看見此情景，看見靈火是不好的徵兆，據有此能力的 Rabe Walis 表示：「在 Walis Neyung 過逝之前，我在他家的廚房中看到了靈火，圓圓的，非常漂亮，我在那裡待了好久，一直看著。後來我回到家中，從我家裡的窗戶看上去，約過 3～5 分鐘才滅掉，沒有幾天就聽到 Walis Neyung 過逝了。後來我自己才想到，原來他是來告訴我的。所以在我一次的祈禱中，我告訴我已過逝的父親，原來你把這個能力傳給我了。因為我爸爸在部落中是最會看靈火的人。」另一受訪者 Bakan Nomin 表示：「Puneq Utux（靈火）有男、有女，他們的形狀不同，男的是圓圓的，女的後面較長，好像拖著長長的尾巴。」另一長者 Pidu Neyung 說：「以前很容易在部落中聽別說哪一個人看到了 Puneq Utux（靈火），現在很少了，我們信仰基督宗教後就沒有了。」註2

本則傳說敘述：

（一）　「靈火」（Puneq Utux）也是賽德克族人的傳統信仰之一。是一種對靈魂存在的特殊感受。

（二）　人將過世以前，會有靈火出現，只是並非人人可見，只有少數具特殊感應能力的人才能看見此情景。

賽德克族喪葬與靈火的故事

（三）　看見靈火是不好的徵兆。

（四）　有的靈火是圓圓的，非常漂亮。

（五）　靈火有男有女，他們的形狀不同，男的是圓圓的，女的後面較長，好像拖著長長的尾巴。

（六）　信仰基督宗教後就沒有看到靈火了。

五、賽德克族黃泉之路故事

資料來源　高淵源《台灣高山族》

流行於霧社一帶賽德克族的傳說，高淵源先生有一則〈黃泉之路故事〉：

任何人，死後其靈魂必定會回到「靈魂之家」，要到靈魂之家的路上，有一道小橋，死靈到了這裡，就有一隻大螃蟹擋住去路，檢查死靈手掌。如果手掌是深紅色的，表示死前是善男或善女，就讓他過橋直接走到大霸尖山下的「靈魂之家」。否則，不准其過橋，叫他繞著荊棘滿地，坎坷難行的路，讓他歷經難以形容的痛苦，藉以懲罰死前罪行。直到誠心誠意的知過懺悔，才允許其走到「靈魂之家」歸藉。但那些冥頑不靈，永不知悔悟的死靈，則變成飄零失據的靈魂，只有永遭劫數了。註3

本則故事敘述：

（一）　任何人，死後其靈魂必定會回到「靈魂之家」。

（二）　要到靈魂之家的路上，有一座小橋。

（三）　有一隻大螃蟹在橋頭，檢查死靈的手掌。

（四）　死靈的手掌是深紅色的，表示在世時是善男善女，就讓他過橋走到大霸尖山下的「靈魂之家」。

（五）　不准過橋的亡靈，讓他繞著荊棘滿地、坎坷難行的路，歷經難以形容的痛苦，藉以懲罰他在世時的罪衍。

（六）　誠心誠意知錯懺悔，才允許其走到「靈魂之家」。

（七）　冥頑不靈不知悔悟者，則變成飄零失據的靈魂。

本則應該是屬於泰雅族人的傳說。從本則故事可知，族人的心胸是寬大

的，對於那些生前有罪衍的死靈，可以讓他有懺悔的機會，除非實在是冥頑不靈者，就永不得超渡了。

六、賽德克族死後審判

資料來源 鐵米拿葳依《賽德克族口述傳統文化故事（第一集）》

採錄者 鐵米拿葳依

　　古人說：人活著必須辛勤勞作，因為，人死的那一天，就有一位守門神查驗。如果是男人死了，他的手必須經過守門神的驗證，如果他的手上見到血跡就證明他是勤勞者，守門神就會立刻准你越過一座橋樑到對岸去。再者，一個會編織 Miri 的女人死了，守門神會立刻准她越過橋樑到達光明的對岸去。或者，如果是一個不會編織 Miri 的女人死了，守門神不會准許她越過橋，但是很不幸地，她會被守門神推下深淵，讓大螃蟹神吃掉她。眉原村泰雅族古人也有同樣的傳說：人死時也必須經過守門神的驗證，如果他的手不夠紅的話，守門神會拿給他一支與其身高一樣長的枴杖變短了，他還可以再回去接受神的驗證通過。註4

本則傳說敘述：

（一）古人說：人活著必須辛勤勞作，為家庭、孩子謀幸福。

（二）人死後，有一位守門神查驗每一位亡靈。

（三）守門神驗證一個男性亡靈，在他的手上見到血跡就證明他是勤勞者，則准其通過一座橋樑到對岸（祖靈樂園）去。

（四）一個會編織 Miri（一種編織法）的女人，則准她過橋樑到達對岸光明的祖靈之地。

（五）一個不會編織 Miri 的女人亡靈，會被守門神推下深淵，讓大螃蟹神吃掉她。

（六）在眉原村泰雅族部落，也有「死後審判」的傳說。

（七）泰雅族的亡靈，經守門神查驗，如果其手不夠紅的話（在世時還不夠勤奮），守門神會拿給他一支與其身高一樣長的枴杖，枴杖變短了，他還可以再回去接受神的驗證通過。

　　　　　　　　賽德克族喪葬與靈火的故事

賽德克族對於「靈界」觀念，根據 Taranan 部族桶壁社（Tanpia）人 Watan Sets 說：「人死後靈魂（utux）赴西方靈界（Atuhan）。靈界前面有大海，上有一座獨木橋，橋頭頂有祖靈在監視，曾獵頭的男子（Seediq Bale）及紡織純熟的女人則可以安全通過彼岸，其他人等則需繞道，經過千辛萬苦後才可到達目的地。如有人想強行通過獨木橋時，將會跌落水中永遠沒救。」另外，「耶婆感社」（Jaba gan）人秋華金（Qaino Bootx）述說：「人死後靈魂將通過彩虹橋至靈界，在橋頭有祖靈檢查，手掌有血跡的男人（意指獵頭）及手腕著銅飾的女士人（意指織布）方才安全通過，則其他人等拒絕通過。」註 5

七、賽德克族生命與死亡

資料來源 鐵米拿葳依《賽德克族口述傳統文化故事（第一集）》

採錄者 鐵米拿葳依

太古時，傳說有一個人突然從豬糞中蹦出來，許多人圍著看看他，那位從豬糞中蹦出來的人說：「請清洗我！如果你們清洗我，你們的身體會向羊蹄甲樹一樣，脫胎換骨永遠生存；如果你們不清洗我，你們的身體將永遠死亡。」由於人們嫌他骯髒，沒有清洗他，或許就是這個原因，從那時候開始人類會死亡。註 6

本則傳說敘述：

（一）遠古的人類是永遠不會死亡的。

（二）有一天一個人突然從豬糞中蹦出來，許多人圍著看他。

（三）豬糞人說：「請你們清洗我，你們會向羊蹄甲樹一樣，脫胎換骨永遠生存；如果你們不清洗我，你們的身體將會永遠死亡。」

（四）人們嫌骯髒，沒有清洗豬糞人，從那時候開始，人類就會死亡了。

八、賽德克族人類短命的原因

資料來源 沈明仁總編輯《仁愛鄉志》（下）

口述者 Iyon Bawan、Bawan Bohoku、Walis Labai｜族群 賽德克族德固達雅群

　　古時，神曾告訴人們說：「你們只有經常用豬糞洗澡，才會如百日紅之夏季皮落，而冬季再生美麗的皮一般，永遠年輕而且永遠不會死。」可是，人們不相信，用清水洗澡了，犯了違抗神明之罪，所以才會如今日的年齡一般短命。註7

本則故事敘述：

（一）　神告訴人類說：「你們只有經常用豬糞洗澡，將永遠年輕而且永遠不會死。」

（二）　人們不相信神的話，用清水洗澡。

（三）　人類違抗了神明之意，所以才會短命。

九、賽德克族死亡的故事

資料來源 內政部委託台灣大學人類學系研究

《台灣山胞各族傳統神話故事與傳說文獻編纂研究》

　　從前，神造人時，……那時，有個從豬糞中生下的人，此人向神造的人說：「如果你肯替我洗澡，以後即使生病了，只要脫掉一層皮，就能痊癒。」可是神造的人不肯替他洗澡，那個由豬糞中生下的人不得已，只好再度鑽入地裡去，現在的人都會死，就是因為不替誕生自豬糞的人洗澡的緣故。註8

　　本則故事敘述：是因為神造的人不肯為從豬糞中生下的人洗澡，因此人類就有了死亡。本則故事提到，為什麼人類可以永生不死，從豬糞中生下的人說「如果你肯替我洗澡，以後即使生病了，只要脫掉一層皮，就能痊癒」，而可永駐青春，但是前提是必須幫從豬糞中生下的人洗澡。

　　　　　　　　　賽德克族喪葬與靈火的故事

十、霧社戰役英靈已回歸祖靈之居

採錄者 田哲益、余秀娥 ｜ 口述者 田天助牧師（60 歲），德路固群

採錄時間 2019 年 11 月 17 日 ｜ 採錄地點 南投縣仁愛鄉都達部落

　　在霧社戰役中，有不少賽德克族德固達雅群人選擇在樹上自縊。他們選擇在樹上結束生命與「波索卡夫尼」（樹生說）的傳說有關，希望藉由「樹」的懷抱，讓靈魂回歸祖靈境界。根據賽德克族人傳統的死亡觀，認為意外死亡、沒有家人在側臨終陪伴或上吊自殺的方式死亡，都會變成「惡靈」。然而族人選擇在霧社戰役中自縊身亡的族人，他們已經通過了彩虹橋到達了「祖靈之居」（靈魂之家）與祖靈相聚。

　　本則故事敘述：霧社戰役的英靈雖不是賽德克族人所謂的「正常死亡」，但是族人相信他們的靈魂已經通過了彩虹橋到達了「祖靈之居」（靈魂之家）與祖靈相聚，又獲得重生。

十一、賽德克族土生說與土葬

採錄者 田哲益、余秀娥 ｜ 口述者 葉清德（58 歲），德路固群

採錄地點 南投縣仁愛鄉松林部落

　　傳說人類是泥土塑造出來的，所以死後要回歸泥土。以前，還沒有「火葬」，有人說：「火葬會很痛」，所以火葬還沒有全面實施。

　　本則故事涉及「人類土生創世說」，很像是基督教的故事。但是賽德克族本身就有「土生創世說」的傳說。「太古時代，地上出現了男女各一人，不久，又有兩個男人從地裡冒出來，後來，又從豬糞生出一個男人。」註9

註釋

註 1　沈明仁總編輯《仁愛鄉志》（下），頁 1482。

註 2　簡鴻模《祖靈與天主：眉溪天主堂傳教史初探》，新莊，輔仁大學出版社，2002年 3 月，頁 8。

註 3　高淵源《台灣高山族》，台北，香草山出版有限公司，1977 年。

註 4　鐵米拿葳依《賽德克族口述傳統文化故事（第一集）》，2009 年 4 月，頁 146。

註 5　陳雅丹〈賽德克族的 Utux 信仰〉，《KARI 賽德克豐盛的話語》，2019 年 3 月，頁 66。

註 6　同註 4，頁 136。

註 7　同註 1，頁 1287。

註 8　《蕃族調查報告書》紗績族後篇，佐山融吉著（大正 6 年），余萬居譯。引自內政部委託台灣大學人類學系研究《台灣山胞各族傳統神話故事與傳說文獻編纂研究》，1994 年 4 月 30 日。

註 9　同註 8。

賽德克族喪葬與靈火的故事

第十一章
賽德克族狩獵的故事

「狩獵」是賽德克族男子一生的志業，有關必須遵守的 Gaya 信仰非常嚴肅，對於獵場提供野獸充滿感恩，獵人出發狩獵，有祭山神、敬神的儀式。還有充滿巫術的「獵靈袋」信仰。這些都是希望狩獵豐碩的祈禱與願望有關。

狩獵是原住民的傳統生活 / 田哲益提供

一、賽德克族的獵靈袋

採錄者 田哲益、余秀娥 | 口述者 田天助牧師（60歲），德路固群

採錄時間 2019年11月17日 | 採錄地點 南投縣仁愛鄉都達部落

　　古時候賽德克族每一位獵人都擁有一副「獵靈袋」，這是個人專屬的狩獵祭物。別人不能觸摸或借用，在家裡「獵靈袋」一定是擺放在最高處，以避免小孩子或他人誤觸。獵人在山上獵獲大型動物，例如山鹿、山豬、山羊、山羌等，會把牠們的尾巴砍下來裝入「獵靈袋」裡。獵人在山上放置陷阱的時候，就會從「獵靈袋」裡拿出數根毛，撒在埋伏地裡的陷阱之上，野獸看到有毛，也就會不忌諱的經過這裡，結果被陷阱抓獲了。這是一種巫術性的祈祝行為與儀式，據說撒在陷阱上的這些毛有「靈」（utux），它會招引野獸走入陷阱，而被陷阱捕獲。在撒「獵靈袋」裡的獸毛在一層薄薄覆土的陷阱上的時候，獵人要祈祝：請惡靈離開，請善靈保佑陷阱捕獲野獸。「獵靈袋」是專屬之物，不可以借與他人使用。「獵靈袋」專屬的擁有者，年紀大了，不能再上山狩獵，或專屬者已經死亡，其「獵靈袋」可以傳給他的兒子及後代。

本則傳說故事敘述：
（一）　古時候賽德克族每一位獵人都擁有一副「獵靈袋」。
（二）　「獵靈袋」是狩獵祭物，獵人上山狩獵必定佩帶此物。
（三）　「獵靈袋」是個人專屬的，他人不能觸摸或借用。
（四）　「獵靈袋」是神聖之物，要擺放在家裡的最高處，以避免小孩子或他人誤觸。
（五）　獵人在山上獵獲山鹿、山豬、山羊、山羌等，會把尾巴砍下來裝入「獵靈袋」裡。
（六）　獵人設置陷阱，從「獵靈袋」裡拿出數根毛，撒在陷阱之上。
（七）　撒在陷阱上的獸毛有「靈」（utux），招引野獸走入陷阱，而被捕獲。
（八）　「獵靈袋」擁有者，不再狩獵或死亡，則可傳給他的兒子及後代。
　　本故事凸顯出古代賽德克族獵人都擁有「獵靈袋」，是狩獵用的巫術法器。這個巫術法器是專屬的，他人不可以借用，「獵靈袋」可以傳給家人，但是不可以傳給別人家，這是禁忌。

　　　　　　　　　賽德克族狩獵的故事

狩獵與織布是賽德克族傳統生活 / 田哲益提供

二、綠頭大蒼蠅報喜

採錄者 田哲益、余秀娥 ｜ 口述者 田天助牧師（60 歲），德路固群
採錄時間 2019 年 11 月 17 日 ｜ 採錄地點 南投縣仁愛鄉都達部落

　　有一種綠頭大蒼蠅叫做 rangaw，這種大蒼蠅是專門報喜的，獵人看到綠頭大蒼蠅飛來屋內或獵人身邊圍繞著飛翔，就知道綠頭大蒼蠅飛來報喜了。馬上到獵場去巡視，果然真的陷阱捕獲了野獸，而且百試不爽。如果有客人來訪，綠頭大蒼蠅也飛來圍繞著飛翔，客人就知道主人有獵獲野獸。主人就不得不把野獸肉拿出來給客人吃。

　　本則故事敘述：綠頭大蒼蠅是報喜的昆蟲，會通知獵人獵場上的陷阱已經捕獲野獸了，叫獵人趕快去把野獸背回家，否則會腐臭壞掉就不能吃了。賽德克族人是分享的民族，尤其是狩獵文化，狩獵所得是要分享給族人吃的。有客來訪，主人很吝嗇，不想把山肉拿出來給客人吃，綠頭大蒼蠅也會告訴客人主人家有山肉。主人再不拿出來給客人吃，那就是吝嗇鬼了。他違反了 gaya（規矩），utux（神靈）就不會再眷顧他了，讓他狩獵不獲。

三、狩獵武器之製作

採錄者 田哲益、余秀娥 | 口述者 葉清德（58歲），德路固群

採錄地點 南投縣仁愛鄉松林部落

　　早期族人主要的狩獵武器是弓箭，弓箭是自己製作的，用麻絲揉成繩製成弓弦，獵刀則是向漢人訂製。後來從漢人處輸入了火槍，狩獵就更加便利了。其後又學會了自製火槍、火藥和子彈。原住民傳統使用的是散彈槍，不是單腔步槍。但是也有許多步槍流傳在民間。威力更強大之步槍的來源，是自日警的槍械庫中盜取的，也有是奪取日警的武器。自製火藥的材料，鹽巴樹（羅氏鹽膚木）燒成木炭，硫磺是向漢人買的，按一定的比例調配即成火藥。製作一包火藥就可以使用很久很久了。子彈則是用較粗的鐵絲剪成一小段一小段的，以為備用。日治初期，日警沒收原住民的槍枝，集中保管於警察駐在所，大加限制了原住民傳統的狩獵活動。不過，日本人認為表現好的族人，可以到駐在所借用自己的槍枝上山狩獵，但是也要送些獸肉孝敬日警，下次再去借槍時就比較方便了。

　　本則是賽德克族自製武器的故事，早期是弓箭，後從漢人處輸入了火槍（大約是在清代時期），繼而因為火槍對原住民實在是太重要了，便學會自製火槍、火藥和子彈。據口述者追憶，日本時代，日警全面收繳原住民的武器，以致造成原住民族狩獵文化的重大衝擊。

四、賽德克族狩獵祭山與敬神

採錄者 田哲益、余秀娥 | 口述者 葉清德（58歲），德路固群

採錄地點 南投縣仁愛鄉松林部落

　　我們賽德克族，狩獵是很神聖與慎重的活動，在出發狩獵前必須舉行祭山儀式，領隊代表致詞：「願上蒼保佑，給我們動物，獵途順遂，平安歸來。」說完祭語即能出發前往獵場。到了奧萬大獵場，就要把心收回來，意思是開始進入獵場，每個人都必須謹慎起來，莊重自己，不可以亂講話與戲謔開玩笑，否則山神會不高

興，讓獵團捕抓不到獵物，甚至發生意外的事情。我們遵守祖先的話語，才能獲得獵物。

本則故事敘述：賽德克族狩獵祭山與敬神，在獵場上不可以有舉止輕浮的行為，否則會引起山神不悅，致使狩獵不豐，甚至發生意外。狩獵是很神聖的經濟生產活動，所以獵人須遵守祖先的話語（Gaya），才能獲得獵物，並且平安返回部落。

五、狩獵的 Gaya 傳說故事

資料來源 簡鴻模《祖靈與天主：眉溪天主堂傳教史初探》

眉溪部落的老傳教員 Pering Tado 回憶道：「那時候，賈神父如果看到有這樣的狀況出現的話，他比較會用勸導的方式，他跟老人講說：『這是 Gaya 的東西，這是你們以前的東西，這個就放掉好了，不要再做好了，因為這個是跟教會的東西不一樣。』就像打獵的人他們也是會隨身攜帶 Rubuwy（是狩獵專用的小袋子，裡面裝著獵獲的山豬的尾巴、耳朵一點、眉毛一點、眼睫毛等部位之體毛綁成一小束，一隻一套，裝於袋中。傳統相信 Rubuwy 關係著狩獵的成敗及獵獲量的多寡，是傳統獵人必備的器物），那個 Rubuwy 在以前的生活中也是很重要的事情，可是神父也跟我們講說這個東西不要了。所以就像以前男孩子帶的 Rubuwy，賈神父說那個是你們以前的 Gaya，還有看小鳥啊，哪裡飛哪裡飛，看 Sisin（傳統賽德克族獵人以觀此鳥之動向做為狩獵與否的準則，以之判吉凶。即俗稱的鳥占。Sisin 的中文名為繡眼畫眉，是畫眉鳥的一種）一樣。他說那個都是以前的東西，就不要再用了，那個是迷信，最重要的就是我們應該用祈禱的方式來祈禱，然後向天主祈禱我們要的東西。」賈神父善意的勸導眉溪部落的老人放掉傳統的 Gaga，不要再用了。但是傳教員出身的 Pering Tado 對此卻有其不同於神父的觀點：「其實我覺得像 sumapo（治病巫術的一種，實施時，巫師手拿一根竹子或蘆葦，和祖靈溝通）或是帶 Rubuwy，都是一樣的道理，都是祈禱的方式，因為 sumapo 也是一樣，用祈禱的方式在跟老人祈禱，只是美國人他們比較沒有看到，沒有用 sumapo 用的那根竹子，他們的祈禱方式沒有用這個東西，我們的祈禱方式有用這個東西，他們就覺得

這個是不一樣的，說我們的是迷信。我們應該是對天主祈禱，而不是對這個東西祈禱，因為他們沒有看過用這個方式祈禱，所以他們說那個放掉好了，直接呼喊天主的名，然後向天主祈禱，所以從那次以後，大家就放掉了。」註1

　　眉溪部落過去擁有豐富而嚴謹的狩獵文化，獵人遵守著祖先歷代相傳的規範與禁忌，特別是狩獵的 Rubuwy 及咒語。基督教傳入眉溪後，對 Tkdaya 傳統文化中的巫術與禁忌，構成相當大的威脅，使得相關巫術的傳承因教會的反對而不得不放棄。雖然 Pering Tado 認為傳統的 Gaya 也是一種祈禱，只是美國人不懂得部落傳統的 Gaya，所以要部落的老人將這些屬於 Gaya 的東西都放棄掉，部落的老人也都聽了神父的話，將 Gaya 放棄掉了。註2

　　打獵 Gaya 的失傳，和神父們的規勸和禁止有直接關係，原本狩獵 Gaya 中存在著濃烈的人、土地、Utux 的依存互動關係，保存著一份人對大自然的尊敬與依賴，如今隨打獵 Gaya 的放棄而瓦解。註3

　　Rubuwy 是狩獵專用的「獵咒袋」，裡面裝著獵獲的山獸的毛，族人認為這些動物留下的毛，都附有牠們的魂，會招引同樣的動物來。族人放置陷阱時，會對「獵咒袋」禱祝：「把動物野獸都招引來，經過我的陷阱吧！」

狩獵與織布是賽德克族傳統生活 / 田哲益提供

賽德克族狩獵的故事

六、打獵的由來

資料來源 Watan Diro《KAR 豐盛的話語：德克達雅教會宣教 70 週年紀念輯》

編譯 Watan Diro 牧師

　　從前我們祖先不必上山打獵，倘若想要吃肉，動物會自己來到跟前；只要單單從動物身上拔一根毛，就能變成獸肉。直到有一天，一位貪心的族人拿起刀子在動物的身上割下了一大塊肉，動物非常生氣，就對人們說：你們以後想吃肉，必須憑本事到山上打獵才能吃到山肉。從此以後，人必須到山上打獵才有山肉吃。註4

本則故事敘述：

（一）從前的祖先不必親自上山打獵就有肉吃。

（二）倘若想要吃肉，動物就會自己來到眼前。

（三）只要從動物身上拔一根毛，就能變成獸肉，就可以吃了。生活非常幸福。

（四）直到有一天，有一位貪心的族人用刀子在動物身上割下了一大塊肉，從此就改變了傳統生活。

（五）動物被割了身體，非常生氣。

（六）動物對人們說：你們以後想吃肉，就憑本事到山上打獵才能吃到山肉。

（七）從此以後，人們必須到山上打獵才有山肉吃。

狩獵是賽德克族最重要的傳統文化 / 田哲益提供

七、德固達雅群獵槍的故事

資料來源 郭明正〈由日治文獻及當今部落耆老的口述歷史初構賽德克族的口傳歷史〉

「Dame Dorig」（達美多列）——「藍眼珠者」一詞之由來很久以前，我們霧社地區來了一位（有稱兩位者）宣教師，傳教之餘並教導我族人們農具鍛造之術，另又指導傳統獵槍改造及彈藥之製作。在當時族人們皆以 gaya 為依歸的社會規範之下，對宣教師傳播福音之事興趣缺乏，唯獨對狩獵用的火藥、子彈之製作情有獨鍾。據說，族人們經那位宣教師之苦心指導後，我族始擁有扣板機式的獵槍（halung baang），之前所使用的是點火式的獵槍（halung putungun）。點火式獵槍使用起來，常常會發生彈未射出獵物早已不見蹤影之窘態，因當你瞄定獵物後，得賴助手以火苗點燃引信；若不幸火苗熄滅，重新以燧石生火來點燃火苗，獵物是不會從旁觀賞的，而以燧石摩擦點火之卡擦、卡擦聲，野生動物也不會將它當作古典音樂來駐足聆聽的。即使順利點燃引信後，射擊者又須顧及引信爆烈之火花傷到眼睛，不但對使用者可能造成意外傷害，其命中率亦無法提昇。因此，我先祖們對那位宣教師的感激之心是難以筆墨來形容的。怎奈，他來到霧社地區宣教或許尚不滿一年，卻偏逢久旱不雨之災，致使農作物全面性的歉收，族人們的生活頓時陷入困境；在 gaya 的壓力下，縱然族中的領導人、長老及祭司們經過幾番激烈的爭辯，族人們終究無奈的犧牲了那位宣教師。理由是，放任他在部落裡妖言惑眾（宣教）觸怒了祖靈，旱災即為對祖靈不敬的一種懲罰。這位堪稱對我德固達雅人有恩同再造之誼的宣教師，擁有一對藍色的眼珠及白皙的皮膚，是否為棕髮即不得而知。德固達雅語：dame 係指如貓眼珠般的，dorig 眼睛；dama dorig（達美多列）即指藍眼珠的人。日後族人們凡遇到眼珠是藍色的人，一律稱之為達美多列，不論他們是美國人、德國人、俄羅斯人等，今則多指美國人。註5

這是一則賽德克族德固達雅群德鹿灣的歷史典故，霧社地區來了宣教師，教導賽德克族人農具鍛造之術及傳統獵槍改造與彈藥製作，族人非常感激。無奈當年偏逢久旱不雨，農作物歉收，族人的生活頓時陷入困境；在 gaya 傳統信仰的壓力下，族人終究無奈的犧牲了那位藍眼珠的宣教師。

註釋

註 1　簡鴻模《祖靈與天主：眉溪天主堂傳教史初探》，新莊，輔仁大學出版社，2002
　　　年 3 月，頁 93-94。

註 2　同註 1。

註 3　同註 1，頁 98。

註 4　Watan Diro《KAR 豐盛的話語：德克達雅教會宣教 70 週年紀念輯》，Watan Diro 出版，
　　　2019 年 3 月 31 日，頁 80。

註 5　郭明正〈由日治文獻及當今部落耆老的口述歷史初構賽德克族的口傳歷史〉，
　　　《2008 年水沙連區域研究學術研討會：劉枝萬先生與水沙連區域研究》，2008 年
　　　10 月 18-19 日，頁 13-14。

第十二章
賽德克族聖山、聖湖傳說

台灣原住民族聖山傳說，與該族群的發源有關，也就是族群起源的地方，例如泰雅、賽夏、賽德克、太魯閣、布農、鄒、魯凱、排灣、卑南、阿美等族，都有聖山的傳說故事。「大霸尖山」是泰雅族澤敖列亞族以及賽夏族的祖先發祥地。「賓沙布干」是泰雅族賽考列克亞族的起源地。賽德克族與太魯閣族以「白石山」為發源聖山。「玉山」是布農族和鄒族共同的聖山。「北大武山」是南部排灣族的聖山，而另一部分的排灣族和魯凱族，則將「大母母山」視為聖山。「都蘭山」則是卑南族及阿美族的聖山。

此外，原住民也有聖湖之傳說，例如大武山上的「鬼湖」，魯凱族人稱它叫「聖湖」，並有「鬼湖之戀」的故事。賽德克族獵人則視「七彩湖」為聖湖。

一、賽德克族白石山故事

採錄者 田哲益、余秀娥｜口述者 葉清德（58歲），德路固群

採錄地點 南投縣仁愛鄉松林部落

白石山長得像女人一樣，有頭、頭髮和雙乳，有一次山崩時，一隻手臂沒有了。族人視白石山為神，這裡有很多野生動物，這裡也是族人的獵區，經常會到這裡狩獵，我也到過這裡打獵。到此打獵要先告知山神：不是來打擾，而是來此狩獵。在這個地區不可以隨便講話或說汙衊山神的話，否則激怒山神，會被突如其來的一陣強風吹走而死亡。

本則故事敘述：

（一）白石山的形象像女人一樣，有頭、頭髮和雙乳。

（二）也有手臂，唯在一次山崩時，一隻手臂沒有了。

（三）白石山區有很多野生動物，這裡也是族人的獵區。

（四）到此打獵要先告知山神：不是來打擾，而是來此狩獵。

（五）族人視白石山為神，在此要謹慎自己的行為舉止。

（六）在白石山區不可以隨便講話或說汙衊山神的話。

（七）不遵守祖先留下來的 Gaya（規範），凶事隨之而來。

（八）激怒山神，會被突如其來的一陣強風吹走而死亡。

大樹「波索卡夫尼」的傳說有諸多版本，略有差異，但地點多指向白石山，此處為賽德克族的起源地。白石山位於現今南投縣仁愛鄉與花蓮縣秀林鄉境內。

二、賽德克族對白石聖山的尊重

採錄者 田哲益、余秀娥｜採錄時間 2019 年 11 月 17 日

採錄地點 南投縣仁愛鄉都達部落｜口述者 田天助牧師（60歲），德路固群

傳說「白石山」是賽德克族人祖先的發源地，所以對白石山非常尊敬。據說不可以在白石聖山前嬉戲、開玩笑、說笑話等，否則引起狂風、暴雨、亂流等。從前

有兩兄弟，他們都是狂傲不拘的人，他們不相信族人的信戒，弟弟拿起火槍對著白石山射擊一槍，弟弟馬上變成了啞巴，不會說話了。於是哥哥把弟弟帶返回部落。回到部落，哥哥越想越氣，又上到白石山去，也用火槍對著白石山射擊一槍，結果他消失不見了，再也沒有回到部落裡，族人再也沒有見過他。

這則故事敘述：賽德克族人有兩位兄弟，因為對祖先發源地「白石山」不尊重，而遭致厄運的結果，兩兄弟都用火槍射擊白石山，結果弟弟變成了啞巴，哥哥則永遠消失不見了。本故事也暗喻不要挑戰大自然。

白石山位於白石池之南突出的山頭，也是廣袤的箭竹草原山頭，因山頂上四處散落的白色石英石而得名。

相傳白石山有一顆巨大的白石，像是從天上飛來的石頭插在山崖上，遠看，好像是牡丹花的花苞，所以又稱牡丹岩。

族人稱「白石」為 Rmdax tasing，意思是發亮的石頭，此地口傳是賽德克族祖先發源、發祥的地方。

自從賽德克族人遷徙下山後，白石山區也是賽德克族人狩獵的獵區。據說，當族人在中央山脈打獵的時候，白石就像是護佑著族人的靈石，因為它高高在山崖上，如同一盞燈塔，隨時指引著賽德克族人們的方位與腳步，使族人不致於迷失在廣大的中央山脈中。所以，白石山不只是賽德克族的獵區，也是賽德克族的聖山，因為裡面有賽德克族的神石（白石）。

三、白石聖山護佑賽德克族人

資料來源 吳榮順〈樂曲引領耆老回到往日美麗時光──
台灣音樂中心的賽德克族與太魯閣族音樂調查研究〉

當族人打獵時，白石高高在上，像一盞燈塔，隨時指引獵人的腳步，使他們不致迷失在廣大的中央山脈中，於是白石被視為護佑整個族群的神石（Pusu Btunux），而白石山則成為族人心中的聖山。

本則故事敘述：

（一）聖山的「白石」護佑著整個賽德克族。

（二）「白石」似一盞燈塔，族人於此狩獵，隨時指引獵人狩獵的方位，不至於迷思。

（三）「白石」被族人視為「神石」。

這是流傳在賽德克族與太魯閣族中的傳說，從兩族共同擁有的傳說，可得知他們系出同源，在文化上具有某種程度的相似性。在政治上，太魯閣族已與賽德克族雖然已經分割，但在文化上其仍有緊密相連的關係，兩族的傳統音樂與其社會文化體系息息相關，反映著二者間的同質性與異質性。註1

四、到奧萬大神岩請別帶鐵齒

資料來源 李嘉鑫〈到奧萬大神岩請別帶鐵齒〉

　　白石山是賽德克族祖先的發源地，地位神聖非凡，不可冒犯，如果不得已路過或必須在此露宿的話，不可以在附近溪中洗澡，也不可以說話，如果非說話不可，不能直呼東西的名稱，而必須用特別的專有名詞代表。再者，如果狩獵時，意外追捕野獸至此，在彎弓欲射殺獵物之前，也要先向巨岩禱告請求寬恕，言明是在打獵而非要以箭射擊神石，否則會立刻遭受天譴。據說曾經有一度，一支住在萬大社的小型狩獵隊伍，成員包括六位大人以及一位小孩，隨性走到禁地之後，當中有人以樹葉包著吃剩的飯丟向神石，馬上颳起狂風襲人，強風吹到七人的衣服都破爛不堪，最後六位大人，全部迷路罹難，只倖存小孩哭著回到部落。註2

　　白石山是賽德克族祖先出生地，所以很神聖，不能隨便說話，不能在河水洗澡，說話時，要用特別的表達方式，不能直接說出什麼事物，例如：石頭不說石頭，月亮不說月亮，下雨不說下雨，而有其他代替的詞（專用語）。

　　賽德克族在許多場合中，對於語言的表達使用，有許多禁制，例如祭典時的語言禁忌，狩獵、出草、馘首等時機，都有專門使用之語言術語。

五、賽德克族觸怒白石山神靈身亡

資料來源 黃炫星《泰雅文化組曲》

　　昔日族人如至白石山，必以小米祭祀，不嘻笑出聲，也不比手劃腳，以免觸怒神靈。聽說曾有一對夫婦，從南投縣前來遊覽，歸途於岩石下避雨，新娘突覺大腹便便，回家後一肚子裝滿了水晶石，後來竟告不治身亡。註3

　　本則故事敘述：一對夫婦到白石山舉止不莊重，嘻笑且比手劃腳，觸怒了神靈，便讓妻子肚子裝滿了水晶石，因此不治身亡。

六、賽德克族冷笑白石山神石慘死

資料來源 黃炫星《泰雅文化組曲》

　　從前霧社有個上了年紀的賽德克人，是一位忠厚的獵夫，膝下育有一子，父子相依為命。有一天，父子上山，獵運不佳，整天無有所得，不覺間走過了深山幽谷，來到牡丹山上（白石山）。忽見巨石兀立眼前，放射出一道道的神奇光芒，老獵夫連忙叩頭，誠懇的禮拜一番。孩子深不以為然，認為是可恥的迷信，不接受父親的教誨，還要表現乳臭未乾的英雄氣概，竟然指著神石冷笑，這時候不可思議的事發生了。晴天裡一聲霹靂，緊接著是一陣急風暴雨，頃刻間，冒失漢已被吹落深谷，落到屍骨不見的慘境。老獵夫連忙下跪求饒，終不能挽回寶貝兒子的命。這位老人，滿懷哀傷回到部落，將親身經歷的見聞與悲痛，拿來告誡族人，不要冒犯祖先發祥的聖地。註4

　　這是一則冷笑神石，不把聖石當神聖，慘遭急風暴雨吹落深谷慘死的故事。本故事是告誡族人，不要冒犯祖先發祥的聖地。

賽德克族聖山、聖湖傳說

七、賽德克族對七彩聖湖之尊敬

採錄者 田哲益、余秀娥｜採錄時間 2019 年 11 月 17 日

採錄地點 南投縣仁愛鄉都達部落｜口述者 田天助牧師（60 歲），德路固群

賽德克族與布農族都視「七彩湖」為聖湖，賽德克族人也常到此地狩獵。據說七彩湖的湖水可以喝，但是不可以用來洗臉，這是對七彩湖的不敬，否則亂流風會出現，使獵人會陷入極端危險的情境。更不可以跳入七彩湖中沐浴洗澡，否則引起更強烈的亂流颶風，這是非常危險的。如果有人不幸掉入湖中，引起狂暴颱風，這時獵人要舉起火槍向天空發射一槍，再向湖水發射一槍，據說可以減弱強大的亂流風。

這是一則對七彩聖湖尊敬的故事，獵人到七彩湖這裡狩獵，都遵守這個地區的 gaya（規矩、規範、限制），以保狩獵活動的平安。據全妙雲小姐說：到七彩湖不能帶卡拉 OK，擾亂祖靈的安寧。到七彩聖湖要保守寧靜清新的心，不可以喧嘩。這裡曾經發生過多次山難，應與祖靈的憤怒有關。有一次發生死亡山難，死者留下的動物抓痕非常明顯，據說，他在沿途一直講黃色笑話。

八、七彩湖

採錄者 田哲益、余秀娥｜口述者 葉清德（58 歲），德路固群

採錄地點 南投縣仁愛鄉松林部落

我在七彩湖附近的農場種植高山蔬菜，七彩湖有七座湖，一個是大的，六個是小的。這七個湖都是動物挖掘的，是儲集雨水而成的湖，永遠不會退水變為乾池。這裡風景非常優美，常常看到鹿群會來這裡喝水。

據口述者表示，七彩湖有七座湖，都是動物挖掘，儲集雨水而成，常有鹿群來這裡喝水。

註釋

註1　吳榮順〈樂曲引領耆老回到往日美麗時光——台灣音樂中心的賽德克族與太魯閣族音樂調查研究〉，《樂覽》124 期，2004 年 10 月，頁 17-18。

註2　李嘉鑫〈到奧萬大神岩請別帶鐵齒〉，《中國時報》，1995 年 10 月 7 日。

註3　黃炫星《泰雅文化組曲》，南投縣潭南、民和國民小學編印，1993 年 9 月。

註4　同註 3。

第十三章
賽德克族彩虹與彩虹橋傳說

「波索卡夫尼」（Poso kofuni）和「彩虹橋」（hakaw utux）是關於賽德克族生與死的傳說，前者記載祖先由來，後者則是死後前往靈界的考驗。相傳白石山（Bunuhon）有一棵大樹名叫「波索卡夫尼」（Poso kofuni），有一天樹根幻化出一男一女，孕育子孫，此即賽德克族人的祖先。賽德克族人死後，靈魂要通往靈界時，會經過一座彩虹橋（祖靈橋、神靈橋），橋上有祖靈固守，審查每個靈魂，女人必須會織布，男人必須會狩獵與獵過人頭，才能順利通過彩虹橋。

賽德克族的靈魂橋傳說與西方宗教的死後經審判進天堂地獄的說法不謀而合，雖然靈魂橋傳說不見得是受西方宗教的影響，但一般認為，此一原始信仰與賽德克人普遍信仰西方宗教有密切關係。值得注意的是，即使早期賽德克口傳故事並未受《聖經》故事影響，但或許是因為兩者之間雷同性頗高，故現今部分賽德克人喜歡將賽德克故事與《聖經》故事相比擬，或加以延伸出宗教性的解釋，或在講述故事的用字遣詞上使用《聖經》裡的詞彙，而使其口傳故事充滿了濃濃宗教味。註1

賽德克族彩虹橋／田哲益提供

一、賽德克族尊敬彩虹

採錄者 田哲益、余秀娥 | 採錄時間 2019 年 11 月 17 日

採錄地點 南投縣仁愛鄉都達部落 | 口述者 田天助牧師（60 歲），德路固群

傳說人死後要經過一座「彩虹橋」，也叫做「祖靈橋」，到達歷代先祖永居之所。所以族人對於「彩虹」甚是尊敬，打從孩提時，就被教育不可以用手指指著彩虹，否則手會斷掉或五指永遠變彎曲。所以不可以隨便「指」彩虹。如果不小心「指」了月亮，要用口水吐在手指上，即可解除禁忌。

本則故事敘述：賽德克族人自小孩子的時候，長輩就會告訴他「不可以用手指指著彩虹」，否則會受到詛咒，被彩虹懲罰。如果真的不小心犯了禁忌，要趕快吐口水在手指上，即可解除禁忌。本則故事延伸在對待人的方面，也不可以用手指「指」著人，這是非常沒有禮貌的。

二、賽德克族神靈橋

採錄者 田哲益、余秀娥 | 口述者 瓦旦・吉洛牧師（50 歲），都達群

採錄時間 2020 年 2 月 15 日 | 採錄地點 南投縣仁愛鄉春陽部落

一般俗稱的「彩虹橋」，在教會裡稱之為「神靈橋」，亦即「神靈之橋」。在賽德克族有所謂「編織之神」（編織神），祂是宇宙萬物的織造之神，人類也是祂所創造。人死後的歸所「祖靈之居」就是「神靈居所」，是靈魂再生的伊甸園樂園，也是「編織之神」所織造。要通往「神靈居所」，必須通過「神靈橋」，「神靈橋」就是「神所織之橋」，經過審判檢覈為「真男」、「真女」（遵守 Gaya 信仰與指導者）才能順利到達「神靈居所」。

本則故事敘述：「彩虹橋」稱之為「神靈橋」，面向較為寬闊，或許有人會認為這是信仰的轉化，事實上，賽德克族原本就有「編織之神」信仰，祂織造了宇宙萬事萬物，也織造了人類和「神靈居所」。當然「神靈橋」也是祂所織造。

賽德克族彩虹與彩虹橋傳說

三、賽德克族靈魂之橋

資料來源 陳千武譯述《台灣原住民的母語傳說》

　　祖先的時候，活在地上的我們，誰都一樣，一旦死去了，如果是真的男人或真的女人，無論誰死，都會走到「靈魂之家」去。死者的靈魂，必須經過「靈魂之橋」，在橋頭「給我看看你的手！」嚴守在橋頭的螃蟹會向死者這麼說。死者事先在其手塗上藜汁，再讓他洗手，如果塗上的藜汁洗也洗不掉，「你是真的男人，可以走過去」，螃蟹就會這麼說。讓死者能順利地走到巴克特卡山「靈魂之家」去。如果是真的女人，能織好麻布上衣或綾織上衣，或能做紅毛線織布，她的靈魂到達「靈魂之橋」橋頭，「給我看看妳的手」，螃蟹這麼說，而把手塗上的藜汁洗也洗不掉，「去吧，走過去吧！」螃蟹會這麼說，「妳就是真的女人」，就能走到巴克特卡山「靈魂之家」去。可是沒有獵過敵人的頭，是壞的男人，無論是誰；還有不能織背袋以及其他織布，愚笨、毫無手藝的女人，是壞的女人，無論是誰，將來死了，靈魂來到「靈魂之橋」橋頭，「給我看看你的手」，螃蟹會這麼說。他們的手藜汁塗不上，一洗就脫掉，所以螃蟹會說「去，回去，轉回那邊遠路去。」那些壞的假男人或假女人，就不得不轉迴遠路，頭變光頭，身軀被荊棘刺痛，被山蛭咬傷，受到折磨，遍體鱗傷，好不容易才能到達「靈魂之家」去。有的人還沒有到達「靈魂之家」就倒下去，或顛落入橋下，被大蛇或魚群吃掉。這就生前死後均有因果報應的事實。註2

本則傳說故事敘述：

(一) 人一旦死去了，如果是真的男人或真的女人，無論誰死，都會走到「靈魂之家」（祖靈之居）去。

(二) 據說「靈魂之家」位於「巴克特卡山」。

(三) 亡魂回「靈魂之家」，路程有遠近之分，「真男」、「真女」路程近且行程順利。

(四) 在人世間未能確實遵循 Gaya 的指導者，就是「假男」、「假女」，回「靈魂之家」的路程會迂迴遙遠且充滿荊棘與山蛭。有的還沒有到達「靈魂之家」就倒下去，或跌落入橋下，被大蛇或魚群吃掉。

(五) 「靈魂之橋」橋頭有一隻螃蟹神，審判每一位亡靈。

（六） 螃蟹神在亡靈的手上塗上藜汁，再讓他洗手，如果藜汁洗不掉，就是「真男」、「真女」，否則就是「假男」、「假女」。

（七） 「真女」就是能織好麻布上衣或綾織上衣，或能做紅毛線織布；「真男」是獵過敵首者。可以順利回「靈魂之家」。

（八） 「假男」、「假女」則讓其繞遙遠的路，頭變光禿，身軀被荊棘刺痛，被山蛭咬傷，受到折磨，遍體鱗傷，好不容易才能到達「靈魂之家」去。

一切的法總離不開因果，因為任何的人與事，凡是問題的發生，必有其因緣法則的牽制，有因果關係牽引，在因緣法則的互動上而能明辨，在因果關係的秩序上能夠無礙的話，那就是一個修行的「善男」、「善女」。只有他們才能夠順利通過靈魂之橋登上極樂世界，與祖靈相聚。

四、賽德克族靈魂橋

資料來源 劉育玲《台灣賽德克族口傳故事研究》

人死之後，他的靈魂一定都要通過靈魂橋。所以靈魂橋，就是靈魂走的橋。當人的靈魂要經過靈魂橋時，橋頭會有祖靈守護著，準備要檢查人的手。男人如果是一個擅於狩獵或曾經砍過很多人頭的英雄，則他的雙手會留有紅色的血痕；而女人如果精於織布的話，雙手也會長滿厚厚的繭。因此，只有擅獵能織的文面男女才能通過檢查，順利走過靈魂橋與歷代祖靈在一起。至於沒有通過的人則會掉至橋下，進而被橋下的一隻大螃蟹所吞噬。註3

本則傳說故事敘述：
（一） 人死之後，靈魂一定都要通過靈魂橋。
（二） 靈魂經過靈魂橋時，橋頭會有祖靈守護著，檢查亡魂的手。
（三） 男人擅於狩獵或曾經是馘首的英雄，他的雙手會留有紅色的血痕；女人精於織布，雙手會長滿厚厚的繭，可以順利走過靈魂橋與歷代祖靈相聚。
（四） 審查沒有通過的亡魂會掉到橋下，被橋下的一隻大螃蟹所吞噬。

賽德克族彩虹與彩虹橋傳說

五、賽德克族彩虹橋

資料來源 劉育玲《台灣賽德克族口傳故事研究》

採錄者 劉育玲｜口述者 田貴實（48歲），都達群

採錄時間 2000年4月16日｜採錄地點 花蓮縣秀林鄉富世村

　　人死之後，都必須經過彩虹到達祖靈之地。以前的人認為彩虹只有三道顏色，且外圍比較長，中間稍微短一點，而底下一層最短。所以，有文面的人會走底下最短的一層，沒有文面的人就走外圍，必須跋山涉水也毫不知道什麼時候才會到達祖靈地，甚至於可能會掉下來，至於中間一層則是讓不好不壞的人走的。註4

本則傳說故事敘述：

（一）　人死之後，都必須經過彩虹到達祖靈之地。

（二）　以前的人認為，彩虹只有三道顏色，且外圍比較長，中間稍微短一點，而底下一層最短。

（三）　有文面的人會走底下最短的一層，沒有文面的人就走外圍，必須跋山涉水，也不知道什麼時候才會到達祖靈地，甚至於可能會掉下來，至於中間一層則是讓不好不壞的人走的。

　　賽德克民族有文面刺青的習俗，文面是男女成年的標記，也是光榮的印記。臉上的面紋有三種：一是「額紋」，不分男女，自幼即刺上；二是當少男嫻於狩獵或曾經有過獵首，即准予在下巴刺上「頤紋」；三是少女貞潔賢淑而且精熟織藝，耕作認真，才可刺上「頰紋」。經過完整的文面禮儀，賽德克族男女始具有婚嫁的資格，死後才可以通過「彩虹橋」（祖靈橋、神靈橋），到達祖先安息之鄉與祖靈們團聚。沒有通過「彩虹橋」的亡靈，可能成為孤魂野鬼，到處遊蕩。

賽德克族彩虹橋／田哲益提供

資料來源 Watan Diro《KAR 豐盛的話語：德克達雅教會宣教 70 週年紀念輯》

編譯 Watan Diro 牧師

　　我們賽德克族祖先遺訓與道德規範中，訓誡任何一個人都不可以任意的用手指頭指著靈橋。因為祖先曾經說過：「我們若任意用手指頭指著彩虹的話，手指頭就會扭曲的」。因此，族人們因為懼怕而不敢用手指指靈橋（彩虹）。這則神話故事在啟示：是在警惕人們不要自高自大，要尊重大自然並且和諧的共同譜出綺麗的生命樂章。註5

　　本則故事敘述：賽德克族祖先遺訓與道德規範中，非常尊敬彩虹，不可以用手指頭指著彩虹，否則手指頭就會扭曲。這是賽德克族自古以來尊重彩虹的遺訓與禁忌。

註釋

註 1　劉育玲《台灣賽德克族口傳故事研究》碩士論文，2001 年 6 月，頁 246。

註 2　陳千武譯述《台灣原住民的母語傳說》，台北，台原出版社，1995 年 5 月。

註 3　同註 1，頁 138。

註 4　同註 1，頁 141。

註 5　Watan Diro《KAR 豐盛的話語：德克達雅教會宣教 70 週年紀念輯》，Watan Diro 出版，2019 年 3 月 31 日，頁 82。

第十四章
賽德克族文面傳說故事

賽德克族文面的功能有：族群與系統識別、成年的標誌、審美觀、檢驗女子貞操、避邪、繁衍生命、表彰個人英勇與能力、通往靈界的識別標誌。賽德克族男子，必須獵得人頭後，才可在下巴刺上花紋，表示已成年，也展現他的英勇事蹟。賽德克族女子成年後，織布的技巧和耕作的技術，經部落長老許可通過後，才可在臉頰刺上花紋。所以，部落中的男女，只有在整個文面完成，成為英勇善戰的賽德克男子和美麗溫婉的賽德克女子，才能結婚。

賽德克族之文面形式：男子以文一額紋一頤紋為主；女子則文一額紋與頰紋為主。此外，都達群所特有的十字形額紋；德固達雅群則較為複雜，其額紋有三條、五條至七條不等。文面師在賽德克社會中僅限女性為之，多採世襲制，由母親傳承給女兒。文面所使用之工具包括刺針、小木槌、竹片刀與炭粉。文面時，被文面者仰臥在地上，文面師一手持針刺準皮膚，一手持槌輕打，出血時以竹片刀刮除，再以手指在血跡上塗抹炭粉。文面過程有諸多禁忌必須遵守，之後需休息約一個月以避免傷口感染。文面是賽德克族的重要習俗，男子必須在狩獵、戰場上有英勇之表現，女子則需嫻熟織布方有文面資格。若成功獵首多次之男子與織布技術超群之女子，有特權可在胸、手、足、額刺特定之花紋，做為榮耀象徵。註1

臉上是否有文面，是賽德克族人死後能否通過彩虹橋與祖靈重聚的重要依據。 彩虹橋的神話傳說故事深植賽德克族人的心靈深處，所以，當日本統治者強制禁止文面習俗時，引起諸多反彈，也造成非常大的文化衝擊。

一、賽德克族文面與神靈橋

採錄者 田哲益、余秀娥｜口述者 瓦旦・吉洛牧師（50歲），都達群

採錄時間 2020年2月15日｜採錄地點 南投縣仁愛鄉春陽部落

「文面」是賽德克族的文化表徵與習俗特色，許多人以「黥面」、「紋面」來敘述，事實上是不夠完整的，意義也不同。「黥面」是古時中國人對犯人臉上「刺黥」的稱呼，與賽德克族的「文面」之意義完全不同，所以我們不同意用「黥面」來稱呼，我們認為用「文面」來稱呼才能完全表達我們習俗的意義。「文面」與「紋面」在層次與意涵也有些許差異，「文面」是屬於文化的層次，「紋面」則是屬於藝術的層次。

本則是族人對於傳統文化「文面」一詞之「正名」。反對用古代中國人對犯人臉上「刺黥」的「黥面」來稱呼。賽德克族的「文面」與中國的「黥面」，意義完全不同。賽德克族的「文面」是高級、尊貴的象徵；中國的「黥面」是低賤、犯人的象徵。雖然同是刺紋於臉上，但其意義則截然不同，不可同日而語或等齊觀之。至於「文面」與「紋面」，在層次與意涵也有些許差異，「文面」是屬於文化層次，「紋面」則是屬於藝術層次。

與文面文化有關的始祖起源傳說，基本上大致分為以下四類：洪水與近親通婚說、人畜通婚說、巨石始祖與近親通婚說、原漢識別說。註2

二、賽德克族文面傳宗接代

資料來源 李亦園《師徒、神話及其他》

太古之時，最先只有一個女人。有一次她站在大石上，一陣風吹入股間因而懷孕，不久生下一個兒子。兒子長大成人後，做母親的認為世界上沒有別人，恐怕只有和兒子結婚才能傳宗接代，但是兒子拒絕亂倫，做母親的在亂倫與延續種族的衝突下選擇了後者，於是想出一計：把自己臉上塗上黑炭，躲在兒子去打獵的路上，兒子不認得她，以為是另外一個女人，就與之結婚生子，傳下賽德克族人。同時，

也就因為這一緣故，後來的族人青年一定要在臉上刺青紋臉才能結婚。註3

本則故事敘述：

（一）　太古時代，人類只有一個女人。

（二）　女人站在大石上，一陣風吹入股間因而懷孕（感風而孕），不久生下一個兒子。

（三）　母親認為和兒子結婚才能傳宗接代，因為世界上根本再也沒有別人。

（四）　兒子拒絕與母親亂倫。

（五）　母親在自己臉上塗上黑炭，躲在兒子去打獵的路上。

（六）　在獵途中，兒子見到母親，因為臉龐被易容了，所以不認得。

（七）　兒子以為是另外一個女人，就與之結婚生子，傳下賽德克族人。

（八）　此後，族人一定要在臉上文面才能結婚。

　　從本則神話故事，我們可以看出，他們如何在宇宙認知與倫理規範兩者之間掙扎。首先，古代賽德克族的神話創造者簡直有如哲學家一樣，他們努力思考，企圖解答人類是怎樣來的這一個問題，但是，他們仍然如古代哲人一樣，徘徊於「一元」與「二元」起源的困境。本則神話明顯是一元論的觀點，他們認為，人類之祖應是一個女人，因為女人才能生殖。可是他們想像中的始祖是人，不是神，所以不能用神力捏出後代，而只有因風懷孕生下子代，再與子代相配以傳宗。本則故事安排女人的初次受孕是由風吹造成，但是，總覺得這一辦法到底太玄了，非人間所常有，所以可一而不可再，也就安排出後來母子相配的情節。註4

　　泰雅族、賽德克族和太魯閣族，數千年前曾經是一家人，所以都有「文面」的傳統文化，另外，他們也都相信，必須遵守祖先訓誡的禁忌和規範，並完成自己的使命，才能成為一個真正的人，而去世後，也才能安穩的走過彩虹之橋，到達一個更好的地方。

　　在起源傳說神話的記述中，常把「文面」的來源，當作是「人類的起源」來詮釋。註5

文面的女子／田哲益提供

三、賽德克族德路固群人刺紋

資料來源　內政部委託台灣大學人類學系研究

《台灣山胞各族傳統神話故事與傳說文獻編纂研究》

　　人口越來越多，土地不敷使用，老人們決定將社人平分為二，一部分留在原地，另一部分下山另覓良地，當時不知數數之法，因此各依志願先分兩邊，再依喊聲大小判斷人數，下山者有一聰明之人使計，隱藏了部分人數，所以聲音較小，而從願留山上者再撥人過去，以致下山者獲得較多人，便得意地拂袖下山，並說：「你們可用武力來要人，若你們之間發生爭執，就到我們這裡砍人頭，神會站在正義的一方，我們不會有怨言的，他們就是現在平地人（漢族）之祖，而留在山上的自此刺墨，以資識別，如今 taloko 群即為其後裔。註6

　　從本則故事來看，賽德克族人認為，漢族的祖先也源於賽德克族的始祖，亦即人類有共同始祖，為別於漢族，所以刺墨，以資識別。

文面的女子 / 田哲益提供

註釋

註1　《祖林恩賜：秀林覽勝——秀林鄉全覽實錄》，秀林鄉公所，1999年，頁43-44。

註2　陳雅丹〈賽德克族的Utux信仰〉，《KARI賽德克豐盛的話語》，2019年3月，頁66。

註3　李亦園〈倫理與認知困境的解脫——幾則山地神話的解釋與欣賞〉，《師徒、神話及其他》，頁122。

註4　同註3，頁122-123。

註5　同註2，頁67。

註6　《蕃族調查報告書》紗績族後篇，佐山融吉著（大正6年），余萬居譯。引自內政部委託台灣大學人類學系研究《台灣山胞各族傳統神話故事與傳說文獻編纂研究》，1994年4月30日。

第十五章
賽德克族射日神話

賽德克族射日 / 田哲益提供

一、賽德克族都達群射太陽的故事

採錄者 田哲益、余秀娥 ｜ 採錄時間 2020 年 2 月 15 日

採錄地點 南投縣仁愛鄉春陽部落 ｜ 口述者 瓦旦‧吉洛牧師（50 歲），都達群

我們都達群有兩個射太陽的故事，其一是：有一個青年人去射太陽，成功的射下了一個太陽。因為路途非常遙遠，所以返回部落時，這位青年人已經變成老年人了。其二是：有一位青年人背著一位男孩去遙遠的地方去射太陽，最後他們終於到達了太陽升降起落的地方，他們把一個太陽射下來了之後，便返回部落。當年的青年人已經變成老年人了，當年的小男孩也已經變成青年人了，他就背著帶領他去射太陽的老年人，返回了部落。在泰雅族射太陽的故事是這樣的：有三位年青人去很遙遠的地方去射一個太陽，他們各自背著一個孩子，全部是六個人前往。他們到達射日的地方，三位小孩子已經是青年人了，他們合力射下了一個太陽。返回部落途中，三位長者逐漸老去，相繼離世，最後只剩三位年輕人返回部落。

本則傳說故事敘述：

（一）都達群射日的故事：有一位青年人去射一個太陽，圓滿達成任務後返回部落，回到家鄉已經是老年人了。

（二）另一都達群的故事：有一位青年人背著一位小男孩去射太陽，他們成功的把一個太陽射下來了。當年的青年人變成老年人了，當年的小男孩也已經變成青年人了，換他背著帶著他去射日的老年人返回了部落。

兼述泰雅族的射日故事：

（一）有三位年青人各自背著一個孩子，去射太陽。

（二）到達目的地，三位小孩子已經是青年人了。

（三）他們全部有六位，合力射下了一個太陽。

（四）返回故鄉途中，三位老者相繼離世，只剩三位年輕人（當年的小男孩）返回部落。

二、賽德克族射日傳說

資料來源 南投縣仁愛鄉公所網站

以前在天上有兩個太陽，這兩個太陽輪流照亮地上，一個太陽下山接著另一個太陽上升，這樣每天只有白天沒有晚上，因此人們的農作物都枯死了，使人沒有食物可吃。因而死人增加了，故有二位青年人商談，要去射日。出發時帶了小米和橘子，一路上將種子丟在路旁，走過很遠的路。經過幾年之後，終於到達了太陽升起的地方，開始準備射日，當太陽升起時，他們射了箭結果沒有射中。當太陽下山時，他們守候另一個太陽正升起。立刻射出他們的箭，結果射中了太陽的中心，並流出很多血，其中一位青年人被血淹沒，落到海中死亡，而被射中的這個太陽從此沒有發光而變成現在的月亮。剩下的另一位青年人高興地回家。沿路回家途中，看見在路旁當初來時隨手撒的種子已經長大成橘子樹，而他自己也老得牙齒脫落及頭髮全都白了。註1

本則故事敘述：

(一) 以前有兩個太陽輪流照射大地，宇宙沒有晝夜之分，只有白晝。

(二) 人們無法種植耕作，沒有食物可吃，因而死了很多人。

(三) 有二位青年人決心要去射日。

(四) 年輕壯士沿途撒小米和橘子的種子。

(五) 數年後，他們到達了太陽升起的地方。

(六) 最後他們射中了一個太陽的中心，太陽流了很多血，其中一位勇士被太陽的血淹沒，落到海中死亡。

(七) 被射中的太陽，從此沒有發光而變成現在的月亮。

(八) 完成射日壯舉，只剩下一位勇士回到故鄉。

(九) 勇士沿途的食物就是他們來時路上灑下的小米和橘子。

(十) 這位勇士回到部落，已經老得牙齒脫落了，頭髮也全都白了。

三、賽德克族兩個太陽神話

資料來源 鐵米拿葳依《賽德克族口述傳統文化故事（第一集）》

採錄者 鐵米拿葳依

太古時，傳說，有兩個太陽，沒有夜間時分，氣溫非常炎熱，人們思量著，除非人們把其中一個太陽射下來。幸好有一位年青人自願犧牲生命前往射下其中一個太陽。那天，那位年青人背上還扛著一個小男孩就起程走了，他在走過的道路邊，種植了柚子和橘子。在路途上經過了許多年，他本身沒有到達目的地，而他背過的那男孩兒到達目的地。當那男孩接近太陽邊緣時，他拿起箭向太陽發射，終於，他射下了其中一個太陽，從那一天起到現在一樣，宇宙有日夜之分。在他起程回鄉的途中，他邊走邊吃那位背過他的老先生所種植的柚子和橘子。當他回到家鄉時，人們發現那位離鄉時被人背扛的小男孩已變成了銀髮老人了。註2

本則傳說故事敘述：

（一）有一位年青人自願前往射下一個太陽。

（二）他背上還扛著一個小男孩一同前去。

（三）他在沿途種植了柚子和橘子。

（四）路途遙遠，他本身沒有到達目的地，而他背的那男孩兒長大了，終於到達目的地。

（五）男孩射下了其中一個太陽。

（六）男孩回程中，就是以當年背著他的壯士沿途種植的柚子和橘子裹腹。

（七）男孩回到家鄉時，已經是銀髮老人了。

四、賽德克族射太陽的故事

資料來源 內政部委託台灣大學人類學系研究

《台灣山胞各族傳統神話故事與傳說文獻編纂研究》

太古時代，天上有兩個太陽，輪流照耀地面，因此沒有晝夜之分，而且酷熱

難耐，這時，有兩個英雄，決定要去射殺太陽，於是帶了一些小米，把柚子裝在「taukan」裡，便步上旅程，兩人行進數千里，費時數十年，到達目的地後，一個太陽昇起，兩人立刻搭箭，咻一聲，兩隻箭都射穿了太陽的正中心，傾刻間血流滾滾，其中一個人不幸地被鮮血沖倒，跌入海中死了，另一個人日以繼夜地趕回家，沿途所有族社，都熱誠招待他，稱讚其功勳，有了夜晚後，人生快樂多了。過了數年後，青年才回到自己族社，從前去的時候，吃過柚子就把種子丟在路旁，現在那些種子都成為大樹了。註3

本故事敘述：
（一） 古有兩個太陽，天地沒有日夜之分，酷熱難耐。
（二） 兩個勇士前往征伐太陽，攜帶的食物是小米和柚子，裝在「taukan」（網袋）裡。
（三） 兩個勇士費時數十年，終於到達射日處。兩人搭箭射日，兩隻箭都射穿了太陽的正中心。
（四） 其一勇士被太陽鮮血沖倒，跌入海中死了。
（五） 其一勇士返社，受到沿途族社熱誠招待。射日來時路，吃過丟棄路旁的柚子種子，如今都成為大樹了。

凡有生命的東西都有血，太陽也是有生命的，所以也有血。

五、賽德克族一對男女征伐太陽

資料來源 陳千武《台灣原住民的母語傳說》

兩個太陽，沒有夜晚，夫妻不能做愛。有一對男女去征伐太陽，射中一個太陽流血，疤痕冷卻變成月亮。男女回到村裡，已經是白髮的老人。註4

本故事講述一對男女去征伐太陽，原因是「兩個太陽，沒有夜晚，夫妻不能做愛」。本神話傳說是很特殊的，是由一對男女去征伐太陽。

賽德克族射日神話

六、賽德克族征伐太陽和月亮

資料來源 陳千武《台灣原住民的母語傳說》

　　有兩個太陽和兩個月亮一起出現，一個壯年父親帶一個青年和一個小孩去討伐太陽。父親沒有到達目的地死了，青年變壯年，射死一個太陽和一個月亮，也射中另一個月亮受傷，才有了白天的太陽和晚上的月亮。變成壯年的青年，在回程路上也死了。只有孩子，變青年，又壯年，回到家已經是白髮的老人。註5

本故事敘述：

（一）　古代有兩個太陽和兩個月亮。

（二）　壯年父親帶一個青年和一個小孩，三人一起去討伐太陽。

（三）　他們射死一個太陽和一個月亮，另一個月亮被射中而受傷，所以現在的月亮只能發出微弱的光芒。

（四）　最後只剩小孩還活著，回到家時，已經是白髮老人。

七、賽德克族德固達雅群射太陽的故事

資料來源 沈明仁總編纂《仁愛鄉志》（上）

　　太古之時，天上有日月各兩個，所以那時的晝夜是輪流的，一年為白晝，下一年就是黑夜。黑夜之年雖有月亮，但環境仍然很暗，所以在屋內幾乎無法分辨事物，其不便之處一言難盡。於是眾人聚集在一起的時候，都是討論這件事情。有一次，一個強壯的青年和一個年紀很輕的少年，走到眾人面前說：「我們兩個人現在就要到西方去，射殺太陽和月亮，除去這種不便。」然後就扛著一把槍，把一穗小米插入耳孔就出發了。他們翻山越嶺、涉水過河，可是走了再走，路途卻彷彿無窮無盡，只能在太陽的引導下向西前進。歲月如梭，所經過的晝年和夜年也不知過了幾年。青年原本漆黑的頭髮，早已變為滿頭白髮，面孔凋縮而布滿皺紋，腰部彎屈如弓，即使要抬頭看前方，也得一手撐著腰才能站得住。儘管已經如此年老，此時卻還沒有走完路的一半。但是他們既然已經發誓要射下太陽，當然不會半途而廢，

畢竟那是一個男人最大的恥辱。一路上兩人互相安慰、互相勉勵，一直往西行；如此又過了好幾年，青年早就因老衰而命赴黃泉，少年也老了，鬍長超過二尺。有一天終於到達了西端，並找到一個凹處，在那裡等待太陽和月亮的到來。第二天看到太陽和月亮到來時，開了一槍射下一個，所以會如同今日，有了晝夜的區別。註6

本則傳說故事敘述：

（一） 太古之時，天上的太陽和月亮各有兩個，一年為白晝，下一年就是黑夜。人們生活非常不方便。

（二） 有一天，一位青年和一位少年，要到西方去射殺一個太陽和一個月亮。

（三） 他們扛著一把槍，把一穗小米插入耳孔就出發了。

（四） 歲月如梭，青年人早已滿頭白髮。

（五） 前往西方的青年因衰老而離世了，少年也已經老邁了。

（六） 老邁的少年到達目的地，用槍射下了一個太陽和月亮，從此宇宙就有了晝夜之分。人們的生活就很方便了。

本則傳說敘述：他們「扛著一把槍」，這「槍」應該是指「弓箭」。「把一穗小米插入耳孔就出發了」，按古代賽德克男子有穿耳習俗，耳孔很大，可以穿插竹管，以便於儲藏小米粒。傳說，古代只要煮半粒或一粒米，就可以讓全家人吃飽。插入耳孔的竹管就可以儲藏很多小米粒，所以射日的路途雖然非常遙遠，但是食物不虞匱乏。

八、賽德克族德固達雅群射日神話

資料來源 陳千武《台灣原住民的母語傳說》

天空有兩個太陽和兩個月亮，壯年父親帶領一個青年和一個小孩去討伐太陽。未達目的地父親已老死，青年長成壯年，射殺一個太陽和月亮，又射傷另一個月亮，從此大地才有白天、夜晚。長成壯年的青年於回程中老死，唯獨小孩變青年又變壯年，返抵家門時，成了白髮老人。註7

本則故事敘述下：

（一）　天空上有兩個太陽和兩個月亮。

（二）　一位壯年的父親帶領著一個青年和一個小孩去射伐太陽。

（三）　路途中父親已經老死，壯志未成身先死。

（四）　青年已經長成壯年，射殺了一個太陽和月亮，又射傷另一個月亮，從此大地才有白天、夜晚。

（五）　長成壯年的青年於回程途中也老死了。

（六）　只剩下小孩長成青年，又變壯年回到了故鄉，返抵家門時，已成了白髮皤皤的老人。

九、賽德克族德路固群射太陽的故事

資料來源 沈明仁總編輯《仁愛鄉志》（下）

口述者 Waji Bawan ｜ 族群 賽德克族德路固群

　　太古之時，天上的日月都尚未出現，是個經常處在黑暗中的世界，人人都必須點著火把，才能往來於路上。有一天突然颳起暴風，有兩個手上拿著火把的人被吹到天上，……於是一時之間，馬上變成兩個太陽。從此不但光芒眩目，使人們幾乎不能看見周遭事物，而且炎熱赫灼，幾乎連肉體都要腐朽了，特別是從此沒有晝夜的區別，仰頭就可見到金輪燦然之光。不知何時才能接近「ina」（媳婦），因而子孫也就慢慢的減少。人人都痛心的說：「唉！從前感到黑暗的痛苦，現在卻為了光明而悲歎，不知誰讓這個現象變得平均呢？」人人都發出悲歎之聲。有一天，一對父子走到眾人的面前說：「現在我們兩人就向西方去，射殺一個太陽，讓大家安心。」說完之後手上拿著弓，並把一穗小米放進耳朵上插的竹管耳飾中，就向西方奮勇出發了。在前進的路途中，他們走一段路，就在路旁種下橘子樹，就這樣走了數十年，漸漸接近地界的西端，一見到太陽時，張弓就射，此時只見鮮血淋漓，迸出的血向上飛濺變成星星，向下落地變成石頭，射死一個太陽，父子二人就回到部落去了。父親既然年老體衰，在回到部落的途中就死了，兒子則在又到了父親的年紀時，才回到部落。此時先前在路旁種的橘樹枝葉繁茂，早已變成老樹了。註8

本則傳說故事敘述：

（一）太古之時，天上的日月都尚未出現。

（二）太古是個黑暗世界，人們必須點著火把，才能在路上往來。

（三）有一天颳起暴風，有兩個手上拿著火把的人被吹到天上，馬上變成兩個太陽。

（四）從此光芒眩目，炎熱赫灼，沒有晝夜區別。

（五）人們不知何時才能接近「ina」（媳婦），因而子孫也就慢慢的減少了。

（六）從前感到黑暗的痛苦，現在卻為了光明而悲歎。

（七）有一天，一對父子向西方奮勇走去，要射殺一個太陽。

（八）他們攜帶著弓箭，並把一穗小米放進耳朵上插的竹管耳飾中。

（九）他們沿途種下橘子樹。

（十）到達目的地，張弓就射下了一個太陽。

（十一）被射中的太陽，鮮血淋漓，迸出的血向上飛濺變成星星，向下落地變成石頭。

（十二）父子二位壯士回程途中，父親已經年老體衰死在路上。

（十三）兒子回到部落也已經是老人了。

（十四）父子先前在路旁種的橘子樹枝葉繁茂，早已變成老樹了。

十、射日神話

資料來源 Watan Diro《KAR 豐盛的話語：德克達雅教會宣教 70 週年紀念輯》

編譯 Watan Diro 牧師

　　古時候有兩個太陽，當時非常酷熱，世界人類生活非常痛苦不堪，所有農作物皆無法收成。部落意見領袖們就聚集共商大計，就派出一位勇敢年輕的壯碩青年出征射日任務。於是年輕人就出發，因為路途遙遠，以至於無法達成任務，無功而返，回到部落已經是年邁的老翁。部落意見領袖們再次聚集共商大計，就派出另一位勇敢壯碩的青年，背著一位健康嬰孩；一路上種植橘子繼續出征射日。一路上長

輩將賽德克族生命禮俗、歲時祭儀；以及射箭技藝傳授給隨背的小孩，小孩逐漸地健康成長。直到日出之地，年輕人已年紀老邁；小嬰孩此時已長大成人，老年人在旁指點年輕人，年輕人正拿起弓箭準備射日；聚精會神地瞄準太陽，弓箭一射出，一箭就穩穩地射中太陽，太陽流了很多血，所流的血都成為星星，太陽也成為月亮了。年輕人就背著老年人循著橘子樹返回部落。部落族人歡喜地迎接他們歸來，殺豬感謝編織生命上主並一同慶賀！大家喜樂的吃喝歌舞慶祝！從此以後，世上只有一個太陽，農作物得以五穀豐收，世界人類亦得以平安度日。註9

本則故事敘述：

（一）　古昔有兩個太陽，非常酷熱，所有農作物皆無法收成。

（二）　部落派出一位壯碩青年人去射日，因為路途遙遠，無功而返，回到部落已經是年邁的老翁。

（三）　部落又派出一位青年，背著一位嬰孩出發去射日。他們沿路種植橘子樹。

（四）　到達日出之地，年輕人已經老邁，小嬰孩已經長大成人。老年人指導年輕人射日。

（五）　年輕人聚精會神瞄準太陽，一箭射中太陽。

（六）　被射中的太陽流了很多血，所流的血都變成為星星，太陽也成為月亮了。

（七）　年輕人背著老年人循著橘子樹返回部落。部落族人歡喜地迎接他們的歸來。

（八）　一個太陽被射中變成月亮，世上只有一個太陽了，農作物才得以豐收，人類亦得以平安度日。

十一、兩個太陽的故事

資料來源　郭明正〈由日治文獻及當今部落耆老的口述歷史初構賽德克族的口傳歷史〉

採錄者　郭明正

上古時期有兩個太陽，非但酷熱難當且天地間沒有日夜之分，五穀生長不易、牲畜難以飼養，族人們共商對策認為必須射下其中一個太陽，決定推舉身強體健、驍勇善獵的優秀青年執行射日行動。某日，一位強健的青年除備妥弓箭、食物之外，背負網袋中（tokan）還背著一個小男孩，起程前往日出的處所（hreyan hido），族人們認為日出時（hani pkriyak hido）較不炙熱，得手的機會最大。那位青年在走過的「射日」路上種植柚子（或說是橘子），日復一日、年復一年地走著，那位青年未到達目的地就衰老身亡，而他曾背著且一路教導的小男孩已長成，他承繼「射日」大業繼續向日出處行進，當他抵達日出處，見太陽緩緩升起，他拿起弓箭拉滿弓弦射向晨曦的太陽，太陽中箭迸裂四散成為天上的月亮和星星。射日成功後，那男孩順著原背負他的那位青年所種植的柚子樹返回故里，但那時他已是白髮蒼蒼的老人，部落的族人都已不認得他了。另一說是，被射中的太陽血流如注，流到地面造成洪水，地表原是平坦的，經此太陽血水的沖擊才形成今日有山巒、有山溝的樣貌。註10

本則故事敘述：

（一） 上古時期有兩個太陽，沒有日夜之分。

（二） 當時酷熱難當，五穀生長不易，牲畜也難以飼養。

（三） 部落決定推舉身強體健、驍勇善獵的優秀青年執行射日任務。

（四） 強健的青年除了攜帶弓箭、食物之外，背負網袋中還背著一個小男孩，一起前往射日。沿路上種植柚子。

（五） 未到達日出之地，青年人已經衰老身亡，小男孩則已經長大成人，他繼承「射日」大業繼續向日出之地前進。

（六） 抵達日出處，見太陽緩緩升起，他拿起弓箭拉滿弓弦射向太陽。

（七） 他一箭射中太陽，被射中的太陽迸裂四散，成為天上的月亮和星星。

（八） 完成射日大業，便沿著柚子樹返回故里。

（九） 回到部落時已經是白髮蒼蒼的老人。

（十） 還有一種說法是：「被射中的太陽血流如注，流到地面造成洪水，地表原是平坦的，經此太陽血水的沖擊，才形成今日有山巒、有山溝的樣貌。」

賽德克族射日神話

註釋

註 1   南投縣仁愛鄉公所網站。

註 2   鐵米拿葳依《賽德克族口述傳統文化故事（第一集）》，2009 年 4 月，頁 133。

註 3   《蕃族調查報告書》紗績族後篇，佐山融吉著（大正 6 年），余萬居譯。引自內
        政部委託台灣大學人類學系研究《台灣山胞各族傳統神話故事與傳說文獻編纂研
        究》，1994 年 4 月 30 日。

註 4   陳千武《台灣原住民的母語傳說》。

註 5   同註 4。

註 6   沈明仁總編纂《仁愛鄉志》（上），南投縣仁愛鄉公所，2008 年 8 月，頁 276-
        278。

註 7   同註 4。

註 8   沈明仁總編輯《仁愛鄉志》（下），頁 1290-1291。

註 9   Watan Diro《KAR 豐盛的話語：德克達雅教會宣教 70 週年紀念輯》，Watan Diro 出版，
        2019 年 3 月 31 日，頁 85。

註 10 郭明正〈由日治文獻及當今部落耆老的口述歷史初構賽德克族的口傳歷史〉，
        《2008 年水沙連區域研究學術研討會：劉枝萬先生與水沙連區域研究》，2008 年
        10 月 18-19 日，頁 6。

第十六章
賽德克族洪水神話

神話包含對各種自然現象的解釋，因此，處在生活條件差異不大的洪荒時期，世界各民族的原始初民，或許會因為相同的思維過程，而形成雷同性較高的神話故事。如流傳極為盛行的洪水神話，故事結構多大同小異，除可能受西方傳教士遍及世界的傳教活動所影響外，也有可能肇因於相同的思維方式，但如賽德克族洪水神話，雖然不脫一般洪水神話的基本模式，卻仍保有其族群特色者也不在少數。註1

一、賽德克族洪水神話

《台灣山胞各族傳統神話故事與傳說文獻編纂研究》

　　從前，我們祖先住在南投廳管轄地時，突然來了一場洪水，只剩 taloko 大山的峰頂露出水面，祖先們紛紛逃到山頂。那時，祖先把一個醜女丟入海中，祈禱海水速退，可是醜女又泅水回來，爬到陸地上，所以洪水依舊。然後祖先把美女投入海中，立刻，海水悉退，陸地重現。那時社內的小米都被洪水沖走，但穀倉內卻裝滿魚類。註2

本則故事敘述：

(一)　一場洪水氾濫大地，只剩 taloko 大山的峰頂露出水面，祖先們紛紛逃到山頂。

(二)　祖先把一個醜女丟入海中獻祭，可是醜女又泅水回來。

(三)　祖先把美女投入海中獻祭，海水悉退，陸地重現。

(四)　穀倉裡的小米都被洪水沖走，但穀倉內卻裝滿了魚類。

二、洪水神話是賽德克族的傳統故事

資料來源 郭明正〈賽德克族如何傳述洪水的故事〉

　　在人類歷史中，洪水的傳說故事或屬廣為流傳的故事之一，我較熟悉的是記載於《舊約聖經・創世記》中的「諾亞方舟」典故。因此，二十年前我踏上學習本族歷史文化之旅後，向德固達雅群族老學習、請益期間，初次由族老的口述聽得「洪水的故事」時，誤認他們已受到基督宗教信仰的影響，以為他們所說的是《聖經》諾亞方舟的故事，也就不以為意。我的「學習之旅」持續著，邁入第三年之際，拜訪了高德明（Siyac Nabu）族老，他是賽德克族優秀的基督長老教會牧師，是我自幼景仰、尊敬的長輩。他談到洪水的故事及「靈魂不滅」的生命觀時，對我說：「Dakis, isu ga qnuuqu wa, uxe kari patis seysyo ka kiya, kari naq hniti rudan ta cbeyo。」

（Dakis，這你就錯了，那不是《聖經》裡的話語，那是我們祖先的遺訓）。接著他又說：「Klaun su mesa boksi ku ka yaku duri han, uxe ka mkmhemuc ta rmengo。」（你也知道我是牧師，話我們不能隨便亂說）。經高牧師的一番教誨與指導之後，我才恍然大悟，愧疚不已，也趕緊折回到曾教導我的族老面前，重新記錄德固達雅群「洪水的故事」，以及「靈魂不滅」的生命觀。由這個經驗，我深刻體認到不能因為「自認知道」，而對任何事採取預設立場。族老們對「洪水的故事」是這麼說的：相傳有一天，那已不知是多久以前的事了……當時連續下了好幾天的滂沱大雨，部落的族人無法出去工作或狩獵，哪知附近溪流暴漲，潮水竟逐漸往部落淹過來。經部落耆老及領導人緊急商議之後，決定帶領部落族人撤離，往高山避難；除背著應急的食物之外，也有人捧雞趕豬地逃難，最後聚集在最高的 Dgiyaq Rqeda 山頂上。那時除此方寸之地以外，世間已成汪洋一片。後來雖然雨停了，洪水依舊不退，一群人住在山頂上，有限的食物終有吃完的一天，於是耆老們與領導人共同商討退水的方法。首先他們將一對雞仔（rodux giyas）妝扮起來，把牠們打扮得光鮮亮麗之後，雙雙投入已成汪洋般的大洪水中；然而過了一夜，卻不見洪水退去的跡象。接著，他們選了一對也是未曾交配過的中豬，妝之後一樣投入大洪水中；隔日，洪水依然未退。沮喪之餘，他們認為沒得到 Utux 的寬宥，於是決議徵求在場青年男女的意願，詢問：「有誰願意奉獻自己，為族解厄，綿延族運？」後來，青年男女們自主地共同推薦在場最美麗、最強健的一對男女，這對男女青年也表達了他們真誠為族赴義的心願。族人們以結婚的規格為他們妝扮得亮麗奪目，在大家萬般的祈望之下，目送這一對「璧人」乘上賽德克族的圓箕，緩緩地划入茫茫洪水中。留在山頂上的族人眼看他們幾乎變成一小點，即將消失於廣闊的洪水水面之時，突然聽到傳來了「Wuq-Wuq」之聲響，洪水開始退潮；此時，遠處悠悠傳來賽德克族口簧琴的彈奏聲……。洪水退盡後，山頂上的族人們興奮地攜幼扶老結伴下山，直往部落行進。走到部落遺址的近郊處，竟然有一對頭髮泛白的老夫婦好整以暇地在曬魚蝦。族人驚奇問道：「你們沒到山頂上避洪水嗎？」老公公回答說：「洪水氾濫時，我們夫妻倆就地以圓箕覆蓋，逃過這次的災難。」註3

　　本則是郭明正老師敘述賽德克族的傳統故事「洪水神話」，強調這不是外來的基督教《聖經》諾亞方舟的故事，確實是賽德克族擁有的傳統神話傳說故事。

　　本則故事敘述：

　　　　　　　　　　　　　　　賽德克族洪水神話

（一） 溪流暴漲，淹沒部落，族人往高山 Dgiyaq Rqeda 山頂上避難。

（二） 族人背著應急食物，捧雞趕豬地逃難。

（三） 世間已成汪洋一片，雖然雨停了，洪水依舊不退。

（四） 耆老們商討著退水的方法。

（五） 將一對雞仔（rodux giyas）妝扮光鮮亮麗投入大洪水中，可是不見洪水退去的跡象。

（六） 選了一對未曾交配過的中豬，妝扮後投入大洪水中，洪水依然未退。

（七） 一對最美麗、最強健的男女，表達真誠願意為族人慷慨赴義的心願。

（八） 族人們以結婚的規格為這一對男女妝扮得亮麗奪目，他們坐上圓箕，族人目送這一對俊男美女緩緩地划入茫茫洪水中。

（九） 山頂上的族人眼看勇敢的一對男女青年即將消失於廣闊的洪水水面之時，突然聽到傳來了「Wuq-Wuq」之聲響，洪水開始退潮。

（十） 族人看到洪水退潮了，此時遠方悠悠傳來了口簧琴彈奏聲，族人非常興奮。

（十一） 洪水退盡後，族人們自山頂上結伴下山回到部落。

（十二） 走到部落近郊處，發現一對頭髮泛白的老夫婦在曬魚蝦。

（十三） 族人非常驚奇這對老夫婦是怎麼活下來的，原來，他們洪水氾濫時，是就地以圓箕覆蓋自己，逃過了災難。

（十四） 說明圓箕是「神奇」之物。

三、賽德克族洪水故事

資料來源 鐵米拿葳依《賽德克族口述傳統文化故事（第一集）》

採錄者 鐵米拿葳依

太古時，傳說：原來大地一片平原，有一天大地突然洪水氾濫，只有一座山，賽德克族稱它 Pgdian 沒有被洪水淹沒。而居住在此平原大地上的人們都逃到那座尖山去了。當時，人們思量著，從中挑選一對聾啞的男女青年丟進水中，但是洪水沒有接納他們，將他們沖向岸邊。然後，人們又從中挑選了一對英俊貌美的男女青年，他們裝束著華麗的衣服，穿戴著亮麗的項鍊和耳環，被人們放進洪水中，

當他們被洪水帶走時，人們看見他們倆歡歡喜喜地邊唱邊吹口琴向南方流去，隨即洪水退潮。傳說：就是這一對男女青年後來是南部族群的祖先，古人又說：當時洪水氾濫大地時，有一位老太太沒有能力逃離到高山頂上，人們就用木製船型的涼盤（bsawan bunga）蓋著她，洪水淹沒了它。但是，當洪水退潮之後，人們由尖山下山回村落時，看見許多由那位老太太曬乾的魚類。註4

本則故事敘述：

（一） 古代大地突然洪水氾濫，只有一座山叫做 Pgdian，沒有被洪水淹沒。

（二） 平原大地上的人們都逃到 Pgdian 那座尖山去了。

（三） 有一位老太太沒有能力逃離到高山頂上，人們就用木製船型的涼盤蓋著她。

（四） 高山頂上的族人，思量著用一對聾啞的男女青年丟進水中獻祭海神，以祈退潮。但是洪水沒有接納他們，將他們沖回岸邊。

（五） 族人又挑選了一對英俊貌美的男女青年，給他們裝束著華麗的衣服，穿戴著亮麗的項鍊和耳環，被人們放進洪水中。

（六） 這回海神接納了這對俊男美女，隨即洪水也退了。

（七） 人們看到他們所獻祭的俊男美女，歡歡喜喜地邊唱邊吹口琴向南方流去。傳說：這一對男女青年後來成為南部族群的祖先。

（八） 話說當時無力逃難到 Pgdian 山的老太太，當洪水退潮後，人們又下山回到村落的時候，看見許多由那位老太太曬乾的魚類。

四、眉溪部落洪水神話

資料來源 鐵米拿葳依《賽德克族口述傳統文化故事（第一集）》

採錄者 鐵米拿葳依｜口述者 許永發、姜仁和

採錄地點 眉溪部落｜採錄時間 1997 年 12 月 4 日

我是 Awi Walis，我的父親是 Walis Nomin，而且我的祖父是 Umin Quti，他們都不在人間了。所以，當我祖父還活著的時候，留給子子孫孫們許多先人的事蹟。所以我要談談我從父親 Walis Nomin 聽來的故事，還有從 Umin Pihu 和 Iyung Walis（就

是 Iyung Ageh 的父親）聊天時所說的話。事實上，有人住在 Mwanan 村落，有些人住在 Mudu 村落，有一天下大雨，下了四十天四十夜的雨，將 Iyu 河和 Trqeling 河全部淹沒了，而且大水也淹沒村莊。頭目就說：「我們走吧，我們逃到 Pgdiyan 山吧！」這個 Pgdiyan 山是 Iyu 河的源頭，山就在高山上，所以，人就逃離到那座山去了。當時，有一位老人不便行走，人們就用木豬盤蓋著他，所有健康的的人都逃到 Pgdiyan 高山去了。他們住在那兒，而且沒有被大水淹沒的土地卻又很少，下過四十天四十夜的雨，然後就停了。這個時間實在很久。人們等待著大水退潮，然而大水仍未退潮。因此，老年人就談論說：「讓我們把不好看，看起來也令人不舒服的跛腳女孩和瞎眼男孩一起丟進洪水裡流走。」人們就將二位放到大海中。但是，不知為什麼無效，大水也未退潮。住在 Pgdiyan 高山上的人們憂慮著說：「我們在這兒要吃什麼？」他們後來想了又想，他們就揀選一對美麗又英俊的男女青年，將他們丟進大海中，不久之後，大水漸漸地消退了，因此，他們說：「我們可以生存了！我們可以回到原先的居住的地方了！」至於那兩位美麗英俊的男女青年和大海一起流下去了，同時向我們聲響再見。那二位男女青年往南方流去了。不久，河流漸漸地退了，人們就退回到他們原先住的村落，當他們到達時，他們想去看看以前被留下來並用餵豬的船型盤蓋著的那位老人。那時，他正坐在火旁。他的頭髮都蒼白了。他正在烤魚，全是曬乾的魚，全部的人都好高興啊！他們又回到原先居住的村落了。這就是先人們在那一天所發生的一切，是我從老人聽到的。是老年人所講的，這是 Tongan 村落一帶的人所傳說的，先人們說絕不可以忘了這個史蹟。有人說：「那二位美麗英俊的男女青年就是美國人的先祖，他們往大海流到南方去了，大水分開了，分開成高山和山谷，他們彈著竹口簧琴往南方流去，他們就是藍眼睛的人」，這是以前的歷史。註5

本則故事敘述：

（一）有一天下大雨，下了四十天四十夜的雨，將 Iyu 河和 Trqeling 河全部淹沒了，而且大水也淹沒村莊。

（二）人們逃到 Pgdiyan 山，此山是 Iyu 河的源頭。

（三）逃難時有一位老人不便行走，人們就用木豬盤蓋著他。

（四）雨停了，然而大水仍然沒有退潮的跡象。

（五）人們把跛腳女孩和瞎眼男孩丟進洪水裡獻祭給洪水，沒有效果，大水並未退潮。

（六）　他們又揀選一對美麗又英俊的男女青年投進洪水中，果然大水漸漸地消退了。

（七）　那二位美麗英俊的男女青年往南方流去了。

（八）　人們又回到原先居住的地方。

（九）　他們看到逃難時，因不良於行被留下來，用餵豬的船型盤蓋著的那位老人正坐在火旁烤魚，全部的人都好高興。

（十）　有人說：「那二位美麗英俊的男女青年就是美國人的先祖，他們往大海流到南方去了，大水分開了，分開成高山和山谷，他們彈著竹口簧琴往南方流去，他們就是藍眼睛的人。」

五、中原部落洪水神話

資料來源 見同上｜採錄者 鐵米拿葳依｜口述者 錢成鏡
採錄地點 中原部落｜採錄時間 1998 年 2 月 27 日

　　我要說從前的故事，關於洪水的故事。這是由老人傳說的。那時突如其來的一場大雨，當時除了一座高山叫 Pgdiyan 沒有被大水淹沒外。整個大地都變成了汪洋大海。洪水來到時，人類逃到那座高山躲了很久後，開始焦慮不安說：「我們在這座山，長久下去要吃什麼？」他們拋下家園，但是，他們的食物和房屋並沒有流走，他們認為那是 Utux（神明）所保留的，從前，我們稱神明而不稱「天父」。當人類逃到 Pgdiyan 高山上時，曾經有一位老太太逃到高山上，已無力行走，人們就把她留下來，同時用地瓜涼盤蓋著她。人們說，讓她死在這兒好了，其他有力氣的人們就逃到 Pgdiyan 高山上了，在那兒等待洪水退潮。但是，人們想了又想，他們說：「這怎麼辦，我們都要死在這座高山了。」他們討論說：「如果不吝惜的話，我們挑選聾啞的男女青年，給他們打扮，不給他們穿上漂亮的衣服，把他們立即丟到大水中，看看大水是否會接納他們。」不幸地，大水並沒有接納他們，他們被大水沖向岸邊乾燥的地方。人類又想一想，他說：「這樣不行啊！」因此，人類挑選了美貌的年輕男女，給他們穿上傳統的禮服，男士穿紅袖禮服，女士戴上項鍊，耳環等所有的飾品，然後，將他們放進水中，他們兩位立刻被大水接納，他們坐著並吹著竹口琴隨著大水走了。從那時起，大水漸漸地變小，也看不到那兩位年輕

男女了，他們到很遠的地方去了，水乾了，人們也高興的回鄉了。他們回到自己的故鄉，並去找那位被地瓜涼盤蓋著的老太太，她在家中，仍然活著，還有好多好多的乾魚。這些是老年人的傳說，而且這種經過的確與猶太人的經歷也非常類似。確實，人們說，那兩位已經往南方流去了，後來，人們說，或許就是他們兩位到南方那兒繁殖的，到底是怎樣，尚未知。註6

本則故事敘述：
（一）　突如其來的一場大雨，造成大地洪水氾濫。
（二）　當時只有 Pgdiyan 山沒有被大水淹沒，人們都逃難到這裡。
（三）　人們逃往 Pgdiyan 山頂時，有一位老太太因為無力行走，就把她留下來並用地瓜涼盤蓋著她。
（四）　在山頂上，他們挑選聾啞的男女青年獻祭給洪水，但是不被接納，聾啞的男女青年被大水沖向岸邊。
（五）　他們又挑選了美貌的年輕男女，給他們美麗的裝扮獻祭給洪水，將他們放進水中，結果被洪水接納了，他們坐著（小舟）並吹著竹口琴隨著大水走了，到很遠的地方去了。
（六）　洪水退去了，人們高興的回到自己的故鄉。
（七）　人們逃難到 Pgdiyan 山頂時，那位被地瓜涼盤蓋著的老太太仍然活著，還有好多好多的乾魚。

六、洪水的故事

資料來源　郭明正〈由日治文獻及當今部落耆老的口述歷史初構賽德克族的口傳歷史〉

採錄者　郭明正

　　不知族中是否有觸犯 gaya（祖訓、族規、社會規範）的人。很久很久以前，有一天，天下著大雨，接連數日其雨勢不減，雨水逐漸聚集終成洪水氾濫，淹沒了族人們居住的地方，大地是一片汪洋大海，僅剩叫作 dgiyaq Rqeda（指今南投與花蓮交界處的能高山）的山頂未被淹沒，族人便往該山頂避難。因洪水滯溜不退，於是族人們集思商討退水的方法，首先將一對未曾交配過的中雞（rodux giyas）丟入洪

水中，但洪水卻絲毫未退；接著丟入一對也是未曾交配過的中豬（babuy giyas），洪水依然不退；無可奈何之下，將一對族中聾啞的青年男女拋進洪水中，洪水不退還將那對聾啞的青年男女沖向岸邊。之後，族人們挑選了族中俊美的一對青年男女，將他倆盛裝打扮後拋進洪水中，此時洪水就開始退潮，那一對俊美的青年男女隨著退卻的水流流向他方，岸上的族人卻聽到他倆愉悅的歌聲伴隨著口簧琴聲漸漸遠去。當族人們由山頂回部落時，卻遇見一位老者正忙著曝曬因退潮擱淺下來的魚蝦，有人好奇地問他：「你是如何避過洪水的呢？」老者回答說：「我是將 Btuku（圓箕）翻轉過來蓋住自己，我躲在裡面避過洪水的」，接著他將已曬乾的魚蝦分送給回部落重建家園的族人們。直到今天，當德固達雅部落的族老在傳述「洪水的故事」時，對故事中這位老者的奇遇仍然不得其解；而對何以會釀成如此的大水患，咸認有部落族人違犯了 Gaya 所致。註 7

本則故事敘述：

(一) 很久很久以前，可能族中有人觸犯 gaya（祖訓、族規、社會規範），引起了大洪水氾濫大地。

(二) 洪水氾濫，大地一片汪洋大海，僅剩稱作 dgiyaq Rqeda 的山頂未被淹沒。

(三) 族人全都逃往 dgiyaq Rqeda 山頂避難。

(四) 洪水一直滯溜不退，族人們於是集思商討退水的方法。

(五) 族人將一對未曾交配過的中雞丟入洪水中，但洪水卻絲毫未退。

(六) 族人又丟入一對也是未曾交配過的中豬，洪水依然不退。

(七) 族人又將一對聾啞的青年男女拋進洪水中，洪水還是不退，還將那對聾啞的青年男女沖向岸邊。

(八) 最後，族人們挑選了俊美的一對青年男女，並盛裝打扮後拋進洪水中，此時洪水就開始退潮。

(九) 這對俊美的男女隨著退卻的水流流向他方，族人們聽到他倆愉悅的歌聲伴隨著口簧琴聲漸漸遠去。

(十) 洪水退後，族人們紛紛返回部落時，遇見一位沒有跟著逃難到山頂的老人正在曝曬魚蝦。

(十一) 族人好奇地問他是如何活下來的：老人說：「我是將圓箕翻轉過來蓋住自己，躲在裡面避過洪水的。」大家都嘖嘖稱奇。

註釋

註1 劉育玲《台灣賽德克族口傳故事研究》碩士論文，2001年6月，頁245。

註2 《蕃族調查報告書》紗績族後篇，佐山融吉著（大正6年），余萬居譯。引自內政部委託台灣大學人類學系研究《台灣山胞各族傳統神話故事與傳說文獻編纂研究》，1994年4月30日。

註3 郭明正〈賽德克族的歷史與傳說〉，《又見真相：賽德克族與霧社事件》，台北，遠流出版社，2012年。

註4 鐵米拿葳依《賽德克族口述傳統文化故事（第一集）》，2009年4月，頁143。

註5 同註4，頁60。

註6 同註4，頁66。

註7 郭明正〈由日治文獻及當今部落耆老的口述歷史初構賽德克族的口傳歷史〉，《2008年水沙連區域研究學術研討會：劉枝萬先生與水沙連區域研究》，2008年10月18-19日，頁11-12。

第十七章

賽德克族動物傳說故事

一、賽德克族土狗傳說

資料來源 沈明仁〈豐美的賽德克族文化〉

採錄者 沈明仁（Bawan‧Tanah）｜口述者 高誠吉

採錄地點 南投縣霧社碧湖部落｜採錄時間 1994 年 10 月 24 日

　　狗是獵人生命中不朽的戰友，在獵場文化之中，不論是觸聞大地之尖兵與搜尋四周的獵物，甚至於預先發覺危機四伏、生息存亡之訊號，皆有賴於牠敏銳之嗅覺與四處搜尋或追蹤的本能，否則（當地）獵人在獵場的生命將無以維生。註1

　　本則故事敘述：

（一）　狗是賽德克族狩獵文化中不朽的戰友。

（二）　狗具有觸聞與搜尋獵物的敏銳嗅覺。

（三）　狗能預先發覺危機，傳遞生息存亡的訊號給獵人。

（四）　狗是狩獵時代維生的象徵。

二、賽德克族土狗傳說

資料來源 見同上｜採錄者 沈明仁（Bawan‧Tanah）

口述者 Bawan‧Labay｜採錄地點 南投縣仁愛鄉

　　我的祖先視狗如己出，因為主人出外打獵的時候，領袖犬豎立著耳朵傾聽四方，凝視八面的情況，通常是眼神殺氣凌人，再以吠叫聲掌握先機，召集師父狗（大耳朵、大鼻子）用其寬大的鼻子搜尋獵物的腳印味道，直到找到獵物為止；平常懶散不堪的擢殺狗以其快捷的速度封守退路，並進行兇狠的截襲，之後由各族群組合的狗，以不及掩耳之掠影方式，攻擊獵物的致命傷，最後由山豬狗、銀灰豹、土黃羌犬、猴犬等協同領袖狗完成獵場的任務。註2

　　本則敘述狗在獵場上的角色與功能：

（一）　領袖犬眼神殺氣凌人，發現獵物以吠叫聲掌握先機。

（二） 師父狗的鼻子搜尋獵物並尋找獵物。

（三） 攫殺狗快捷封守獵物退路並兇狠截襲。

（四） 其他的狗則攻擊獵物的致命傷。

（五） 還有山豬狗、銀灰豹、土黃羌犬、猴犬等協同領袖狗完成獵場任務。

　　近日在山中遇到兩位獵人，帶了七隻狗在山中散步。獵人說，以前都會養二、三十隻狗，現在就沒有那麼多了，但是最少要養七隻狗，才能對付比較強壯的野豬。一隻是領袖狗，兩隻是追逐狗，兩隻是專門咬獸的狗，兩隻是防堵狗，牠們都是被訓練成不同角色功能的狗。

三、賽德克族養狗並愛護之

資料來源 見同上 ｜ 採錄者 沈明仁（Bawan・Tanah）

口述者 Yakau・Lobau ｜ 採錄地點 南投縣仁愛鄉

　　狗是獵場生活中最忠實的朋友，有一次於奇萊山與能高山之間打獵，突然碰撞大黑熊帶子覓食，而且黑熊也發覺我的存在，我的心情感覺恐懼，黑熊護子心切，發怒吼攻擊。我見狀趕緊往後逃竄，可惜已經來不及了。就在千鈞一髮之際，獵人最兇、最聰穎的黑狗，殺⋯⋯殺入重重危機中，在怒吼聲的殺戮中，不絕以各種聲音的傳達訊息給其他的夥伴知曉。是鬥狠的時刻了。其他狗聞訊，皆自四面八方蜂擁而來，迂迴攻擊、時前時後，使熊的筋骨疲憊乏力，昏頭轉向，氣息不佳時，然後獵人的獵刀出鞘、萬箭齊飛，刀刃處只見血刀現出斑斑的血絲，臉上也露出成功的喜悅，隨意從囊袋中取煙草，哼聲：「真是令人喜悅。」後來回到家鄉，閒暇之餘，常常與人談論為何養狗並要愛護牠們的故事。註3

本則故事敘述：

（一） 獵人山中狩獵，突遇台灣黑熊發出怒吼攻擊。

（二） 在千鈞一髮之際，獵人的黑狗，殺入重危，前來救援主人。

（三） 黑狗在與黑熊的殺戮中，以各種聲音傳達訊息給其他的狩獵夥伴。

（四） 其他狗聞訊，皆自四面八方蜂擁而來，迂迴攻擊、時前時後，使熊疲憊乏力，昏頭轉向。

（五） 隨後到達的獵人，獵刀出鞘、萬箭齊飛，終於解除了危難。

（六） 這就是後來族人為何要養狗並要愛護牠們的故事。

四、賽德克族德路固群狗吃骨頭

資料來源 沈明仁總編輯《仁愛鄉志》（下）

口述者 Waji Bawan ｜ 族群 賽德克族德路固群

　　從前有人想把他的 huling 殺掉，可是 huling 說：「你宰了我，以後要靠什麼打獵？雖然你們人類的智慧也許比我們優秀，但是登山涉水、在叢林中奔跑迴旋的時候，就絕對不如我們了。」因為認為牠講得有理，人類就帶著 huling 一起出去打獵，瞬息間便獵到了山豬，接著又打到三隻山羊；那時，人類想回家了，可是 huling 又說：「不！不！我們還要到 kelayo mohin 去捕鹿。」如此的帶著人類東奔西走後，又獲得了二隻鹿。huling 自行背起一隻鹿，然後對人類說：「你們去把另一隻鹿拿來，我現在再到別處去抓五隻鹿來獻給你們。」說完之後便分道揚鑣了。那時，人類把 uegan(籠)，（譯註：此處的發音恐怕是 dogan，即網袋，可能是日人誤記或誤聽）給了 huling。huling 入山做了陷阱，又抓到了三隻瘦鹿和兩隻肥鹿，並當場就把肥鹿製成了燻肉，放在籠中，人類一來就把燻肉交了出來，並說牠要留在原處看守三隻鹿。人們就把燻肉帶回家給家人吃，家人都很高興，問到底是誰得到這麼多肉，獵人回答是 huling，從此以後大家便都飼養愛犬。留在山上看守瘦鹿的 huling 餓了，於是把三隻鹿都吃掉了。人們再度上山，見到這種情形都大為失望，而加以叱責，huling 低聲下氣的道歉，並說：「以後你們只要留下骨頭給我，我就很滿意了」，這就是我們現在只給狗吃骨頭的原因。註4

本則故事敘述：

（一） 從前有人想把他的狗殺掉，可是狗說，你殺了我之後要靠什麼打獵？人類的智慧也許比我們優秀，但是登山涉水，或在叢林奔騰迴旋的時候就絕對不如我們了。這就是土狗優越的地方。從此人類都養起土狗來了。

（二） 有一回土狗留在山上看守瘦鹿，狗因飢餓，於是把三隻鹿吃了。人們

再度上山而加以叱責。

（三） 狗自知理虧，低聲下氣道歉說，以後你們只要留下骨頭給我，我就很滿足了。這就是現在只給狗吃骨頭的原因。

五、賽德克族狗被割舌

資料來源 內政部委託台灣大學人類學系研究
《台灣山胞各族傳統神話故事與傳說文獻編纂研究》

古時候的狗，也像人一樣能發出言語，可是，有個女人蹲下去「lelo」時，狗看了，大叫好髒，女人聽了大怒，剁掉犬舌，自此狗就不能再說話了。註5

狗原會言語，有一女人蹲下去「lelo」時，狗大叫好髒，此女氣極，剁其舌，狗自此不能言語。

六、賽德克族狗的飼養史

資料來源 劉育玲《台灣賽德克族口傳故事研究》
採錄者 劉育玲｜口述者 高德明（73 歲），德固達雅群
採錄時間 2000 年 9 月 19 日｜採錄地點 南投縣仁愛鄉新生村

以前本來狗都是住在山上，不是人養的，都是野狗。他們住在一個山洞裡，裡面有很多他們去獵來的動物骨頭。人看到之後，就想說如果要做為打獵的狗，那個狗可能很適合。以前的狗不太容易被馴服，他們會生氣，人不太容易跟牠們接觸。結果他們就想看有什麼方法能把小狗抓下來養，來幫他們去打獵。於是他們就舂小米，把它糅成球，然後就去觀察牠爸爸、媽媽有沒有在裡面。那時候剛好公狗和母狗都去找獵物了，剩下小孩還有一隻很老的野狗在那邊。那隻老野狗已經沒有力氣了，快死掉了。有兩個人就直接去抓一隻公的和一隻母的，抓以後就馬上跑掉。那些狗就叫了，狗一叫，母狗聽到就趕快回來追抓牠們小狗的人。他們就把糯米飯

沿途放在牠們會經過的路，牠們在路上看到糯米飯就吃那個東西，然後就黏在牠們的嘴巴裡面。結果就在那邊被耽擱了，沒有追到那些人。所以從那個時候開始人就開始養狗，他們每次去打獵的時候可以幫他們。註6

本則傳說故事敘述：

（一） 最初，狗都是野狗，不是人飼養的。

（二） 狗住在山上一個山洞裡。

（三） 人看到山洞裡有許多狗獵來的動物骨頭。

（四） 人沉思，想著如果把狗做為打獵之用，應該很適合。

（五） 但是狗不容易被馴服，人不太容易跟牠們接觸，因為牠們會生氣。

（六） 他們就舂小米，把它揉成球，然後準備去捕抓野狗帶回家飼養。

（七） 他們看到公狗和母狗都去找獵物了，剩下小狗還有一隻很老的野狗在那邊。那隻老野狗已經沒有力氣，快死掉了。

（八） 兩個人就去抓一隻公的和一隻母的小狗，然後馬上跑掉。

（九） 被抓的小狗叫了，母狗就趕快回來追偷抓牠們小狗的人。

（十） 偷盜小狗的人把糯米飯沿途放在牠們會經過的路上。

（十一） 牠們在路上看到糯米飯就吃，糯米飯黏在牠們的嘴巴裡面。牠們就被耽擱了，沒有追到偷抓牠們小狗的人。

（十二） 從此人們就開始養狗，去打獵時，狗就幫忙捕抓獵物。

七、賽德克族狗的飼養史

資料來源 內政部委託台灣大學人類學系研究
《台灣山胞各族傳統神話故事與傳說文獻編纂研究》

古時候的狗都住在山上，見人就咬，很可怕。有一次，有兩個青年在樹下休息，母狗不知，離開了小狗去覓食。青年們趁此機會，各抓一隻小狗回家，這便是養狗之始。註7

本則故事敘述：

（一）　古時候的狗不是家畜，牠們都住在山上。

（二）　狗見人就咬，很可怕。

（三）　有兩個青年在樹下休息，母狗並不知道，就離開了小狗去覓食。

（四）　兩個青年各抓一隻小狗回家，這就是人類養狗的嚆矢。

　　以上都在談論土狗的事情，但是，其實這也是他們生活規範的表現。原住民族對土狗一向有很深厚的感情，會把狗當作自己家人一樣看待，所以也有很多規則在裡面。例如絕對不能在狗不注意時隨便打牠，否則牠的魂會被鬼神帶走，以後就不叫做真土狗，完全沒有用了。所以知道土狗和人、獵場之間的重要性，就能瞭解 Gaya。而獵場和老人的 Gaya 之間又有密切的關係，因為打獵一定要根據 Gaya 去做；而且絕對是男人之間的事情，如果在女人面前談論獵場的事情，是會破壞老人的 Gaya，不是打不到獵物、就是自己會受傷，因為有 Utux 在旁邊看著。現在看起來，或許有人覺得似乎有點不合理，其實這就是一種在自然界之中，人與土地、人與獵物、人與鬼神之間合作的概念。從另外一個角度來說，就是每個人都有他要盡的職責，當然不能隨便。註8

　　Gaya 是指「規範」，「Utux」是指鬼神。

八、台灣犬

資料來源 Watan Diro《KAR 豐盛的話語：德克達雅教會宣教 70 週年紀念輯》

編譯　田天助牧師

　　在賽德克族的起源神話裡，台灣犬是最忠心的朋友！台灣犬見證了原住民的歷史，我們要對台灣犬有崇敬的心。台灣犬總是牽引出無數原住民的往日情懷，無論是在田園裡的工作，或家裡的竹籬笆，台灣犬兇猛的短毛，總是點綴著原住民的風味。已經忘了曾幾何時，那隨時警戒著家園安全的守衛犬——台灣獵犬！談到台灣犬的歷史，其實是一段悲壯的故事，牠們必須經過物競天擇的考驗，適者生存，不適者淘汰。只有勇猛無懼的，才能被當作工作犬飼養。根據族人描述，台灣犬是位於中央山脈地區原住民所飼養的狩獵工作犬。古代原住民在母犬生了幼犬之後，到了四、五十天，獵人便會唆使小獵犬去咬綁在樹頭的山羊。只有凶狠勇猛的小獵犬才會被留下飼養，並於打獵時幫助族人狩獵。其他體型較嬌弱的，以及不夠凶狠

的小獵犬，會被用藤草綁在後山裡，讓牠們自生自滅。某些小獵犬就此活活餓死，甚至被深山裡的野獸當作食物。而某些較機警以及野性較強的小獵犬，會咬斷藤草（wahar/wahig），並循著軌跡回到部落。獵戶便會將自行回家的小獵犬，留下做為看門犬。台灣犬個性忠誠，擁有凶惡的外表，是大家對牠們的第一印象。身軀十分結實細長，是構造勻稱的中型犬。三角形的頭部，以及杏仁狀的眼睛，耳朵薄且機警的豎立著，嘴部略尖而下顎略縮。口吻雖較尖，但不至於像狐狸那般。頸部厚實而有力，有助於牠們咀咬獵物的兇猛力道。多數牙齒的基底根部為黑色，或具有黑色的斑紋。多數有黑色舌斑，重要的是牠們的牙齒相當潔白、硬利，門牙呈現剪刀狀，光是看牠的外表，就會讓人不寒而慄，完全被牠們的氣勢給懾服了。而鐮刀狀的尾巴更是牠的重要特徵之一，披毛一般分為黃色、黑色、褐色、虎斑色。毛質相當粗硬，正好呼應牠的性格一樣，雖具有凶惡的野性，但牠十分順從主人。到現在也是許多台灣人家的好夥伴，在原住民的部落裡，總能看到牠的蹤跡——台灣犬。

註9

本則故事敘述：傳統原住民飼養台灣犬的故事，也敘述了台灣犬的特徵與形貌，台灣犬是自古以來原住民族的最愛，是生活狩獵的好夥伴。

九、賽德克族德路固群豬的故事

資料來源 沈明仁總編輯《仁愛鄉志》（下）

口述者 Waji Bawan ｜ 族群 賽德克族德路固群

在猴子還是人類的時候，想要煮小米時，水會自然湧出；想要燒火，柴薪會自動來到生火之處。想要吃肉時，山豬也會自己走過來，只要拔下其毛，就可以變成肉。有一日，有人對豬威脅說：「我要殺你來吃！」豬也不甘示弱的回答說：「好！你要殺我來吃，我就會破壞你的田地。」說完就跑到山裡去了。註10

本則故事敘述：

（一）以前猴子也是人類。

（二）那時候他們要煮小米，水就會自然湧出。

（三）　要燒火，柴薪會自動前來。

（四）　要吃肉時，山豬會自己走來，拔下其毛，就可以變成肉。

（五）　有一天，有人對豬說想吃牠。

（六）　山豬害怕了，就跑到山裡去了。

（七）　自此，山豬開始破壞人類的耕地。

十、賽德克族豬糞誕生

資料來源 Watan Diro《KARI 賽德克豐盛的話語》

太魯閣族的祖先依據日本學者小川尚義等收集的《台灣高砂族傳說集》提到太魯閣族的祖先來自「豬糞」（Quti Babuy）。賽德克族都達（Sediq Toda）的後裔依據日本學者小川尚義等收集的《台灣高砂族傳說集》，祖先來自「豬糞」。人類起源由糞便中誕生，依據賽德克族起源傳說訪錄者 Tanah Nawi 口述。註11

本則故事敘述：太魯閣族與賽德克族都有豬糞便誕生人類的傳說。

十一、靈界的山豬

資料來源 Watan Diro《KAR 豐盛的話語：德克達雅教會宣教 70 週年紀念輯》

編譯 Watan Diro 牧師

有一個人名叫作彼迪，部落族人個個都非常鄙視他。因為他既不會狩獵也十分老實，因此，大家都嘲笑他並且欺負他。有一天，當彼迪跟大家一起在烤火的時候；突然間彼迪消失在他們眼前，在場的人都十分驚慌錯愕。原來彼迪是被鬼魅抓走了。他來到靈異世界之後，牠們帶他一起去狩獵，當鬼魅們正在埋伏山豬時，他在一旁觀望著。雖然鬼魅眾多並且耗盡所有力氣，而時間也一分一秒的過去，不過牠們連一隻都沒有獵到。此時，只見彼迪一隻一隻的徒手獵捕山豬，很快地；他的背袋都裝滿了。為什麼他不怕呢？原來所謂的靈界山豬，是癩蛤蟆啊！從那時刻

　　　　　　　　　　　　　　賽德克族動物傳說故事

起，鬼魅們都非常敬畏彼迪，並且送他回自己的家鄉。部落族人很高興迎接彼迪回家，從此以後，大家都很尊重他，並珍惜彼此的相處。註12：本則故事敘述：

(一) 有一個人名叫彼迪，部落族人都非常鄙視他，因為他不會狩獵。

(二) 有一天，彼迪與大家在一起烤火時，被鬼魅抓走突然消失了，在場的人都十分驚慌錯愕。

(三) 彼迪被鬼魅抓到了靈異世界。

(四) 彼迪被鬼魅帶去狩獵。鬼魅們埋伏山豬時，他在一旁觀望著。

(五) 眾多鬼魅耗盡所有力氣，卻連一隻都沒有獵到。

(六) 只見彼迪一隻一隻的徒手獵捕山豬，很快地背袋都裝滿了。

(七) 彼迪一點也不怕，原來所謂的靈界山豬，是癩蛤蟆啊！

(八) 鬼魅們都非常敬畏彼迪，並且送他回家鄉。

(九) 從此以後，部落族人都很尊重彼迪。

十二、賽德克族熊與豹的故事

資料來源 內政部委託台灣大學人類學系研究
《台灣山胞各族傳統神話故事與傳說文獻編纂研究》

古時候，熊和豹是一對好朋友，有一天，熊向豹提出一個建議，說：「我們身體都是純白的，應該彼此染色，將身體裝飾起來」，於是先由熊替豹彩色，彩成美麗的黑白相間，豹很高興，接著豹替熊彩色，結果豹抓起煙煤，把熊彩成一整面的黑色，熊發現後，很生氣，大罵豹不夠朋友，並向豹撲過去，豹很怕，調頭就逃，所以到現在，豹還是怕熊，只要看到熊，一定會躲進草叢中。註13

這是台灣熊和雲豹的故事，由於互相彩繪身體，反目成仇，直到如今：

(一) 古時候，台灣熊和雲豹是一對好朋友。

(二) 有一天，彼此染繪身體，裝飾美化身體。

(三) 熊先替豹染繪，染成美麗的黑白相間，豹很高興。

(四) 再由豹替熊彩染，結果豹用煙煤把熊染成全身黑色。

（五）　熊發現自己被豹亂塗成黑色，很是生氣，向豹撲了過去，豹很害怕，調頭就逃。

（六）　一直到現在，豹還是怕熊，只要看到熊，一定會躲進草叢中。

十三、賽德克族都達群熊與豹的故事

資料來源 沈明仁總編輯《仁愛鄉志》（下）

口述者 Teimu Chilai、Wadan Wassau ｜ 族群 賽德克族都達群

在距今很久以前，世界仍然屬於神的時代之時，一粒小米尚可供數人的家族吃飽，一年的糧食也只要種植三棵小米就足夠了。要吃肉時，也只要拔下山豬身上的一根毛就足夠了。有一天，一個白痴不但拔了山豬的毛，還割傷牠的肉，山豬感到恐怖，就逃到山中去了。熊和豹看見這種情形，就也逃走了。然而逃走途中，兩隻動物互相爭論誰比較漂亮，於是互相咬對方而打了起來，卻是不分勝負。所以後來豹看到鹿、豬等動物就會咬死，以求爭出優劣之分，一直到現在都是如此。註14

本則敘述兩段故事，先是屬於「神時代」時期享福的生活情景；後是熊和豹互相爭論美醜：

（一）　很久以前，世界是屬於「神」的時代。

（二）　「神」的時代，煮一粒小米即可供數人的家族吃飽。

（三）　「神」的時代，一年只要種植三棵小米就足夠了。

（四）　「神」的時代，要吃肉，只要拔下山豬身上的一根毛就足夠了。

（五）　有一天，一個智障者拔了山豬的毛，還割傷了牠，山豬感到恐怖，就逃到山中去了。自此結束了「神」的時代。

（六）　熊和豹兩隻動物互相爭論誰比較美麗，打了起來互相撕咬，卻是不分勝負。

（七）　後來豹看到鹿、豬等動物就會咬死牠們，以求爭出優劣之分，一直到現在都是如此。

十四、賽德克族熊吃少女

資料來源 內政部委託台灣大學人類學系研究

《台灣山胞各族傳統神話故事與傳說文獻編纂研究》

　　古時候，某家的少女下田工作時，被一隻熊抓到樹上去，熊咬喫她的雙乳，和兩個耳朵，而後，當牠想吃「pipi」，而把頭靠過去時，覺得臭氣難聞，就停止下來。那時父親發現女兒沒回去，擔心之餘便上田去查看，結果發現這個情形，大吃一驚，便拿石頭扔，熊生氣了，從樹上下來，父親遂用斧頭砍斷熊的兩趾，其次砍熊的頭，殺死了熊，然後父親趕緊把女兒抬回家去，但沒幾天，女兒便死了。註15

　　本則故事敘述：被熊抓到樹上的少女是到田裡工作，結果被熊吃了雙乳和雙耳，當熊要吃少女的「pipi」（性器官）時，因為臭而暫停下來。此時被少女的父親發現，就用石頭丟樹上的熊，阻止牠咬吃女兒，熊很生氣下了樹來殺死父親，結果，被父親用斧頭砍死了。女兒被救之後，最後還是死了。這是一則悲劇故事，但是表現出父親大無畏的精神與毅力，顯露出誓死搶救女兒的決心，終於制服了眼前的惡獸，女兒因為傷勢嚴重，終於不治，但是父親也斬除了一個為禍人類的惡毒。這是一則不願束手屈服惡劣環境，企圖改變環境，使之更美好的傳說故事。

註釋

註1   註1：沈明仁〈豐美的賽德克族文化〉，2006 年 1 月 11 日。

註2   同註1。

註3   同註1。

註4   沈明仁總編輯《仁愛鄉志》（下），頁 1289。

註5   《蕃族調查報告書》紗績族後篇，佐山融吉著（大正 6 年），余萬居譯。引自內政部委託台灣大學人類學系研究《台灣山胞各族傳統神話故事與傳說文獻編纂研究》，1994 年 4 月 30 日。

註6   劉育玲《台灣賽德克族口傳故事研究》碩士論文，2001 年 6 月，頁 184-185。

註7   佐山融吉、大吉西壽著《生番傳說集》。引自內政部委託台灣大學人類學系研究《台灣山胞各族傳統神話故事與傳說文獻編纂研究》，1994 年 4 月 30 日。

註8   同註1。

註9   Watan Diro《KAR 豐盛的話語：德克達雅教會宣教 70 週年紀念輯》，Watan Diro 出版，2019 年 3 月 31 日，頁 91。

註10   同註4，頁 1288-1289。

註11   陳雅丹〈賽德克族的 Utux 信仰〉，《KARI 賽德克豐盛的話語》，2019 年 3 月，頁 67。

註12   同註9，頁 78。

註13   同註5。

註14   同註4，頁 1288。

註15   同註5。

第十八章
賽德克族變異傳說故事

賽德克族有關動物的故事很多，有趣的是，人變動物或植物變動物的故事也很多，由此可知，族人與動物的情感是那麼密切。

山鹿／田哲益提供

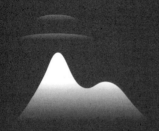

一、賽德克族德固達雅群懶人變成猴子

口述者 Iyon Bawan、Bawan Bohoku、Walis Labai｜族群 賽德克族德固達雅群

昔日部落中住著一個懶惰的人，每天都不工作而到處遊蕩，頭目大怒，就用手鍬打他的屁股，這個人感到非常恐怖，逃入山中變成了猴子。註1

本則故事敘述：
（一） 一個懶惰的人不工作而到處遊蕩。
（二） 頭目用手鍬打懶惰人的屁股。
（三） 懶惰人逃入山中變成了猴子。

二、賽德克族都達群懶惰的人變成猴子

資料來源 沈明仁總編輯《仁愛鄉志》（下）

口述者 Teimu Chilai、Wadan Wassau｜族群 賽德克族都達群

從前有一個地方，一對母子住在一起。有一天，兒子白天偷懶而在睡覺，母親生氣的用手鍬打他的屁股，兒子發怒跑入山中，遂變成猴子。註2

本則故事敘述：有一天兒子偷懶而在睡覺，母親用手鍬打他的屁股，兒子跑入山中，變成了猴子。

三、賽德克族懶人變成猴子

資料來源 內政部委託台灣大學人類學系研究

《台灣山胞各族傳統神話故事與傳說文獻編纂研究》

古時候某家有個懶惰蟲，雖然也像別人一樣到田裡去，但卻不工作，有一天，他拿起鋤柄打自己的臀部，結果柄把他彈到樹上去，從此他吱吱叫，變成猴子。註3

本則故事敘述：懶惰的人自己用鋤柄打臀部，木柄把他彈到樹上去，他就在樹上吱吱的叫來叫去，最後變成了猴子。

四、鋤頭刺傷懶惰人屁股變成猴子

資料來源 內政部委託台灣大學人類學系研究
《台灣山胞各族傳統神話故事與傳說文獻編纂研究》

古時候，連鋤頭也是活的，會像人一樣站著走路，如果社裡有人偷懶，鋤頭就會自動走過去，刺傷他的屁股，今天的猴子，都是被鋤頭刺傷臀部的懶惰蟲後裔。註4

本則故事比較特殊，敘述鋤頭也如人般站著走路，對於偷懶的人，鋤頭就會刺傷他的屁股，如今的猴子，都是當年被鋤頭刺傷臀部的人的後裔。

五、女子變成猴子的祖先

資料來源 內政部委託台灣大學人類學系研究
《台灣山胞各族傳統神話故事與傳說文獻編纂研究》

古時候，有一對母女到田裡工作，女兒突然說，哎呀，好睏！結果站著就打起盹來，因此一個不小心，鋤柄便刺入她的臀部，這時，女兒的樣子突然改變，鋤頭變成尾巴，她則變成一隻野獸，這便是今日猴子的祖先。註5

本故事敘述：有一女子站著打盹，一個不小心，鋤柄刺入其臀部變成尾巴，她則變成了猴子，是今日猴子的祖先。

猴子 / 田哲益提供

六、妹妹變成 pugao 鳥

資料來源 內政部委託台灣大學人類學系研究
《台灣山胞各族傳統神話故事與傳說文獻編纂研究》

　　從前，某家有一對兄妹，某日，哥哥出草取得首級，回到社中時，突然大聲吶喊，妹妹聽到那個聲音，頓時身體一抖，結果隨著火焰升上了天，變成 pugao 鳥。
註6

　　本故事敘述：哥哥出草馘首返社突然大聲吶喊，妹妹頓身一抖，隨火焰升天變成 pugao 鳥。這是一則變異故事。

賽德克族變異傳說故事

七、賽德克都達群懶惰的女孩子變成 pugayo 鳥

資料來源 沈明仁總編輯《仁愛鄉志》（下）

口述者 Teimu Chilai、Wadan Wassau ｜ 族群 賽德克族都達群

　　從前，有一個地方有一個懶惰的女孩子。一天，她的母親生氣而痛罵她，這個女孩子就跑到外面，把草收集在一堆之後放火燒起來，並站在上面，隨著火燄蓬蓬的聲音，以及冒出很多的濃煙，發出「pugayo、pugayo」的聲音叫著，昇到天空變成了鳥。註7

本則故事敘述：

（一）一位懶惰的女孩子被母親痛罵。她跑到外面把草收集成一堆，放火燒了，冒出很多濃煙。

（二）女孩站在火堆上面，烈燄燃燒，她發出「pugayo、pugayo」的聲音叫著，昇到天空變成了鳥。

八、懶惰的兒子變成 pukago 鳥

　　古時候，某家有個懶惰蟲，有一天說要去挖落花生，可是到了田裡以後，卻不工作，而割了些花生莖，然後躲在莖堆中呼呼大睡。母親不知道，見到一堆花生莖，便點上火準備燒掉，這時，母親聽到砰的一聲，好像有什麼東西彈出來，仔細一看，發現飛上天的正是自己的兒子，從此以後，這個懶惰的兒子就變成 pukago 鳥。

　　本則故事敘述：懶惰的兒子躲在花生莖堆中睡覺，其母不知情，就點火燒花生莖堆，砰的一聲兒子飛上天變成 pukago 鳥。

九、賽德克族德路固群懶惰的人變成 pugayo 鳥

資料來源 沈明仁總編輯《仁愛鄉志》（下）

口述者 Waji Bawan｜族群 賽德克族德路固群

　　很久以前，某一個地方，有一個很喜歡吹笛子的男人，每天一早起來就吹笛子，卻很少參加馘首，也從未獵得任何一個首級。他的母親每次都譴責或訓戒他，也都沒有任何結果。有一天，母子二人一起到旱田裡工作，兒子將拔除的草收集在一處，就躺在中間開始吹笛子。此時兒子想到在家每天都被母親叱責，寧願變成鳥，就可以飛翔四方，自由自在。就放火燒草堆，並隨著燒草發出的聲音昇上天空，一面發出「pugayo、pugayo、pugayo」的叫聲向空中飛去。註8

本則故事敘述：

（一）　有一個很喜歡吹笛子的男人，每天一早起來就吹笛子。

（二）　這位男人很少參加部落性的出草馘首，也從未獵得任何一個敵人首級。

（三）　他的母親經常譴責訓戒他，也都沒有任何改善。

（四）　有一天，母子二人在旱田裡工作。

（五）　兒子將拔除的草收集在一處，就躺在中間開始吹笛子。

（六）　他想到每天都被母親叱責，寧願變成鳥，可以飛翔四方，自由自在。

（七）　他放火燒草堆，隨著燒草發出的聲音昇上天空，一面發出「pugayo、pugayo、pugayo」的叫聲向空中飛去，變成了 pugayo 鳥。

十、小米變成 polutsu 鳥

資料來源 內政部委託台灣大學人類學系研究

《台灣山胞各族傳統神話故事與傳說文獻編纂研究》

　　古人不需像今人一樣種許多粟，只要種一棵，長到兩、三寸時，用繩子綁住粟莖，然後抓住繩子搖動粟莖，粟就會長得強壯，成長後，只要一穗就能養活一家

　　　　　　　　賽德克族變異傳說故事

數口，可以吃上一年。長途旅行時，只要將數粒粟裝在耳環的管中就不怕餓死。可是，社裡有個白痴，把許多粟同時放入鍋裡煮，粟湯沸騰時，粟都往上衝，變成了 polutsu 鳥飛上天去，鳥兒臨走時，說：「從今以後，你們必須辛苦勞動，否則不能獲得足夠吃飽的粟。」所以現在我們每天都要辛苦下田耕作，而且，自此以後，polotsu 鳥還常到田裡吃粟，搶奪我們的糧食。註9

本則故事敘述：

（一）古人種植粟，只要種一棵即可。

（二）粟長到兩、三寸時，用繩子綁住粟莖，然後抓住繩子搖動粟莖，粟就會長得強壯。

（三）粟米成熟了，一穗就能養活一家數口，可以吃上一年。

（四）長途遠行時，只要將數粒粟裝在耳環的管（插在耳朵的竹管）中就不怕餓死。

（五）一位智障者，把許多粟同時放入鍋裡煮，粟湯沸騰時，粟都往上衝，變成了 polutsu 鳥飛上天去。

（六）人類由於違犯了祖先的 Gaya，鳥兒臨走時還詛咒人類說「從今以後，你們必須辛苦勞動，否則不能獲得足夠吃飽的粟。」

（七）自此以後，polutsu 鳥為了要懲罰人類，常到田裡吃粟，搶奪人們所種植的糧食。

用繩子綁住粟莖，抓住繩子搖動粟莖，粟就會長得強壯，這是一種巫術行為。把許多粟一起放入鍋裡煮，違反了倫理、規矩與秩序，就因此毀壞了人類安樂的生活。

十一、賽德克族德固達雅群小米變成 polutsu 鳥

資料來源 沈明仁總編輯《仁愛鄉志》（下）

口述者 Iyon Bawan、Bawan Bohoku、Walis Labai｜族群 賽德克族德固達雅群

昔日，某部落中有人用鍋子煮小米，沸騰後小米都昇上天空，變成稱為 polutsu 的小鳥。從此之後，這種鳥都會到田裡吃小米為害，社人遂乞求神明傳授，獲得厭

本則故事敘述：

（一） 某部落有人煮小米，沸騰後小米都昇上天空，變成稱為 polutsu 的小鳥。

（二） polutsu 小鳥都會到田裡吃小米，為害族人的農作物。

（三） 於是，部落的人乞求神明，傳授厭勝之法，以巫術減少 polutsu 鳥啄食粟米。

此為粟變成 polutsu 鳥的變異故事，兼敘述以巫術厭勝之法減少 polutsu 鳥啄食粟米。

十二、賽德克族德路固群小米變成鳥

資料來源 沈明仁總編輯《仁愛鄉志》（下）

口述者 Waji Bawan ｜ 族群 賽德克族德路固群

從前，有幾個人聚在一個地方煮小米來吃，小米沸騰時發出 pi-pi- 的聲音，此時有人認為入鍋中的小米已經煮熟了，應該把鍋拿下來，有人認為還未煮熟，於是開始互相爭論，這時還有一個人拿著飯匙，到鍋裡攪拌裡面的小米，這時小米全都變形為鳥，或三隻、或四隻、或五隻的成群飛去，並說：「你們煮飯的時候還要吵架，像你們這樣的傻瓜，以後一定要你們辛苦趕鳥趕到骨折，否則一定不會把小米和黍子給你們的。」註 11

本則傳說故事敘述：

（一） 煮小米時，小米沸騰時發出 pi-pi- 的聲音。

（二） 有人認為小米已經煮熟了，應該把鍋從火爐上拿下來。

（三） 有人認為小米還沒有煮熟。

（四） 認為煮熟了和還未煮熟的人互相爭論不休。

（五） 有一個人拿著飯匙攪拌鍋裡面的小米飯。

（六） 頓時小米全都變形為鳥，成群飛去。

（七）　變形為鳥的小米說：「你們煮飯的時候還要吵架，像你們這樣的傻瓜，以後一定要你們辛苦趕鳥趕到骨折，否則一定不會把小米和黍子給你們的。」

賽德克族人煮食小米是很慎重的，必須保持安靜，不可以大聲喧嘩，更不可以吵架。故事中族人犯了 Gaya 禁忌，小米全都變形為鳥，並且會到小米田中啄食。

十三、小米變小鳥

資料來源 Watan Diro《KAR 豐盛的話語：德克達雅教會宣教 70 週年紀念輯》
編譯 Watan Diro 牧師

古時候，人們上山打獵或工作，只要拿一粒小米來煮，量自然的就會增加，並且足夠許多人吃。直到有一天，有一位貪心的人，用雙手盛滿了小米來煮，小米立刻滿出鍋外並溢出地面，而這些溢出地面的小米突然間都變成了小鳥飛走了。這些小鳥留下一句話：「從今以後，你們人類必須努力殷勤的工作才能夠有飯吃」。從此以後，人們必須努力工作才有得吃了！這則神話故事的啟示：是在教導我們不可傲慢，也不可貪心。註12

本則故事敘述：

（一）　古時候的人只要拿一粒小米來煮，就足夠許多人吃。

（二）　直到有一天，有一位貪心的人，用雙手盛滿了小米來煮，就改變了人類的生活。

（三）　由於不按傳統秩序煮食小米，小米立刻滿出鍋外並溢出地面。

（四）　溢出地面的小米突然間都變成小鳥飛走了。

（五）　小鳥飛走之前還留下一句話：「從今以後，你們人類必須努力殷勤的工作才能夠有飯吃。」

（六）　從此以後，人們必須很努力辛勤的工作才有得吃了！

本則故事在教導我們，凡事不可以傲慢，也不可以貪心，否則將失去一切所有。

十四、老人變成小鳥

資料來源　內政部委託台灣大學人類學系研究
《台灣山胞各族傳統神話故事與傳說文獻編纂研究》

　　古人煮粟的時候，都是將一粒粟切成兩半，而僅煮其中一半，可是，有個老人一次把整粒粟都下鍋煮，結果粟膨脹而擠破鍋子，爆得粉碎，變成小鳥飛上天。從此，小米就不再自動增加，人們必須整日辛勞，付出全力去耕耘，但是還不足以吃飽。註13

　　本則故事敘述：

（一）　古人煮粟，只要半粒即可，粟米會膨脹，就能讓全家人吃飽。

（二）　有一個老人煮了整粒粟米，結果粟膨脹把鍋子擠破了，爆得粉碎。

（三）　整鍋膨脹爆碎的小米，變成小鳥飛上天。

（四）　這件事情發生之後，從此，煮小米就不再膨脹了，要煮很多小米才能讓一家人吃飽。

（五）　人們必須整年辛勞耕耘種植很多小米田，但還不足以充足飽食。

　　本故事說明，破壞社會慣習，不遵守常則，以致讓整個社會蒙受損傷者是一位老人。

　　　　　　　　　　　　　　　　　　賽德克族變異傳說故事

註釋

註 1　沈明仁總編輯《仁愛鄉志》（下），頁 1286。

註 2　同註 1，頁 1287。

註 3　《蕃族調查報告書》紗績族後篇，佐山融吉著（大正 6 年），余萬居譯。引自內政部委託台灣大學人類學系研究《台灣山胞各族傳統神話故事與傳說文獻編纂研究》，1994 年 4 月 30 日。

註 4　同註 3。

註 5　同註 3。

註 6　同註 3。

註 7　同註 2。

註 8　同註 1，頁 1290。

註 9　同註 3。

註 10　同註 1。

註 11　同註 8。

註 12　Watan Diro《KAR 豐盛的話語：德克達雅教會宣教 70 週年紀念輯》，Watan Diro 出版，2019 年 3 月 31 日，頁 81。

註 13　同註 3

第十九章
賽德克族樂園傳說故事

賽德克族人認為，太古時候是「神的時代」，人們的生活安居清閒，過著伊甸園般幸福樂園的日子，衣食無虞，真是令人嚮往羨慕的時代。可是好景無常，一位傻子和貪心的人類破壞了美滿的生活，不遵守 Gaya（規範、秩序、禁忌），自食惡果。

一、貪心的人類自食惡果

採錄者 田哲益、余秀娥｜口述者 田天助牧師（60歲），德路固群

採錄時間 2019 年 11 月 17 日｜採錄地點 南投縣仁愛鄉都達部落

從前，野獸動物可以和人溝通，互相通話。有一天，因為人類的貪心，破壞了規矩，因此老天爺降下了旱災懲罰人類。後來，人類還是不按大自然的規律行事，又破壞了自己美滿的生活。以前的人的生活是很幸福的，想要吃山豬肉，就叫山豬來，拔牠身上的一根毛放進鍋裡煮，就可以煮成一大鍋美味的山豬肉了。想要吃山羊，也是如法炮製。可是有一天，有人破壞了規矩，硬是把整隻山羊給煮了。所有的野生動物都嚇壞了，全部都遠離人類的附近，逃到深山裡去了。

本則故事敘述：

（一）從前，野獸動物可以和人溝通，互相通話。

（二）有一天，人類的貪心，破壞了規矩（Gaya），因此老天爺降下了旱災懲罰人類。

（三）人類的生活本來是很美滿的，後來，人類不按大自然的規律行事，破壞了美滿的生活。

（四）古人想要吃山豬肉，就叫山豬來，拔一根毛放鍋裡煮，即可以煮成一大鍋山豬肉了。

（五）想要吃山羊，也是如是做。

（六）有一天，有人破壞了 Gaya（規矩），把整隻山羊給煮了。

（七）從此，所有的野生動物都嚇壞了，全部都遠離人類，逃到深山裡去了。自此人類想吃肉就沒有那麼方便了。

這是一則人類因為貪心無度，造成如今天災頻繁，例如旱災、洪水、地震等。在飲食方面，野獸原來都是居住在人類附近的，由於人類不守規約（Gaya），野獸逃到了深山叢林裡，人類想吃山獸肉，就必須到深山裡辛苦的獵取，這都是人類「自食惡果」。傳說從前野獸動物可以和人類溝通，互相通話，人類把動物擬人化。

二、神的時代之幸福生活

資料來源 內政部委託台灣大學人類學系研究
《台灣山胞各族傳統神話故事與傳說文獻編纂研究》

從前在中央山脈叫 bunohou 的地方，長著一棵大樹，其半邊為木質，半邊為岩石；一日竟從樹中走出男女二神，祂們同衾，生了很多子女，子女又再繼續繁衍。那是神的時代，只要吞風即能果腹；只把一粒米丟下去就可煮滿滿一鍋，所以只要耕一小部分的田即可；想吃肉，只要拔根豬毛，投入鍋中即有滿鍋香噴噴的肉。註1

中央山脈叫 bunohou 的地方，長著一棵大樹，一日竟從樹中走出男女二神，他們開始繁衍人類。這個時期，賽德克族人稱為「神的時代」。

本則傳說即謂「神的時代」生活幸福的豐盛景象，「神」無須辛苦耕耘或狩獵即能獲致飽餐。神只要吞風即能果腹，煮一粒米即能滿鍋，拔豬毛煮即得滿鍋的肉。

〈紗績族前篇〉於「歷史傳說──霧社群」中說道：想吃肉的時候也很簡單，只要把野豬叫來，拔其一毛，切成幾段，將其一段投入鍋裡，便能煮成滿鍋子香噴噴的野豬肉。

三、遠古時代的美滿生活

資料來源 內政部委託台灣大學人類學系研究
《台灣山胞各族傳統神話故事與傳說文獻編纂研究》

很久很久的古時，也就是猴子還是人的那個時代，人們的生活非常寫意。要煮粟的時候，就自然有水湧出來；要燒火時，就自然地柴薪走來自動燃燒；要吃肉的時候，就自然地有山豬走過來留下一根毛，把那一根毛煮一煮，就是一滿鍋香噴噴的肉。可是突然有一個人想屠宰山豬，山豬大怒，說：「你們人，全是恩將仇報的壞蛋！從今以後，你們就是喊啞了喉嚨，也休想我會出來，我還要把你們辛苦耕耘的農作物弄得一塌糊塗！」說完就走進山中深處去。其後山豬不接近村子，其他野

　賽德克族樂園傳說故事

獸也都躲進山中去了，非得去打獵就吃不到獸肉。註2

本則故事敘述：

（一）很久很久的古時（猴子還是人的時代），人們的生活非常寫意。

（二）煮粟時自然有水湧出來。

（三）要燒火煮食時，柴薪自己走來自動燃燒。

（四）要吃肉，山豬會自己走過來留下一根毛，將之煮了就是香噴噴的肉。

（五）有一天，有一個人想屠宰山豬，山豬非常憤怒。

（六）山豬對無情無義的人類下了咒語：「你們人，全是恩將仇報的壞蛋！從今以後，你們就是喊啞了喉嚨，也休想我會出來，我還要把你們辛苦耕耘的農作物弄得一塌糊塗。」

（七）山豬走進山中深處，其他野獸也都躲進山中去了。

（八）從此，人類想吃野獸肉，非得去深山處打獵才有獸肉吃。

本則故事涉及到猴子的進化史，賽德克族人認為，猴子是人變成的。

四、賽德克族拔獸毛得獸肉

資料來源 范純甫《原住民傳說（下）》

很早以前，鳥獸都和人共棲在一塊。人如果要肉，只要喊叫鳥獸們來，拔下來三支毛，將它放在箕下，立即就會變成了所要吃的肉。可是有一次，有個貪心的人，想要一次取得多量的肉，便斬殺了牠們。從此以後，鳥獸都怨怒，避入山中不再近人。註3

本則故事敘述：

（一）很早以前，鳥獸都和人共棲在一塊。

（二）人如果想要吃肉，只要喊叫鳥獸們來，鳥獸就會前來。

（三）拔下三支毛，將之放在簸箕下，立即就會變成了所要吃的肉。

（四）好景不常，有一次，有個貪心的人，想要一次取得多量的肉，便斬殺了牠們。

（五） 從此，鳥獸認為人類很恐怖，都避入山中，不再接近人。人類的幸福
生活也為之破滅。

五、賽德克族伊甸園幸福樂園

資料來源 范純甫《原住民傳說（下）》

很早以前，猴子還是人的時候，事事都很方便。如果要炊粟，水會自然而然地
湧出。如果要生火，柴薪也會自然而然地不知從何處而來，燃起火。如想吃肉，山
豬也會走過來，把牠的毛拔了幾根，這樣就不怕沒有肉吃，因為幾根毛就可以煮成
滿鍋的美肉。但是後來有人起了貪慾，想把山豬整隻屠殺。山豬生氣地說：「你們
竟敢這樣以仇報恩，此後，我絕不為你們做事。不但如此，還要把你們苦心種作的
園地毀壞殆盡。」話說完，便藏到深山裡去。自那時候起，就很少看見山豬，就連
其他獸類也深藏山中，除非狩獵就不能獲食獸肉了。註4

本則故事敘述：古代人的生活非常快樂，生活所需不虞匱乏。唯這種神仙
的生活，被人類的慾望與貪婪，自己破壞殆盡了。

六、傻瓜破壞了人類美滿的生活

資料來源 內政部委託台灣大學人類學系研究
《台灣山胞各族傳統神話故事與傳說文獻編纂研究》

從前，人們出獵時，只要把少量的小米裝在耳環的竹管內，就夠吃了，因為那
時，只要一粒粟的一半下鍋去煮，就能煮成一滿鍋的粟飯，結果，有個大傻瓜，一
次把很多粟放入鍋裡煮，結果鍋內的粟都彈出，變成 polotsu 鳥。另外，當時的人只
要拔起兩、三根獸毛煮，就能煮成一鍋肉，可是同樣的，有個大傻瓜，拔獸毛時，
傷了野獸的身體，結果獸類都害怕起來，紛紛躲入山中，再也不出來。註5

賽德克族樂園傳說故事

本傳說故事述說了傻瓜破壞了人類美滿的生活。「傻瓜」、「憨愚」也許是先天受制於其智慧與能力，因此，我們不必太嚴厲的指責。

我們要指責的是，為什麼明知他是「傻瓜」、「憨愚」，而卻讓他去做他不可能做好的事情，結果造成了嚴重的傷害與無法彌補的損失。

本故事涉及到，一件事情該誰去做的問題，凡事「適才」、「適性」、「適人」，違背此原則，必不達也。

七、取一粒或半粒小米下鍋即可煮成滿鍋

資料來源 郭明正

〈由日治文獻及當今部落耆老的口述歷史初構賽德克族的口傳歷史〉

〈紗績族前篇〉於「歷史傳說——霧社群」說道：……那是神的時代，所以無需現代人這麼麻煩，只要吞風便能果腹。有時，他們想要享受一下美味的時候，只要把一粒粟切成幾份，把其中一份放下去煮，就能煮成三尺直徑大鍋滿鍋子的粟飯。因為是這種情形，所以無需開闢耕種大片粟田，只要耕耘兩寸見方的地，得粟一穗，即能夠養活全社的人。註6

本則故事敘述：

(一) 遠古時候是屬於神的時代，他們的飲食只要吞風便能果腹。

(二) 想要享受美味，只要把一粒粟切成幾份，把其中一份去煮，就能煮成三尺直徑大鍋滿鍋子的粟飯。

(三) 古代的人無需開闢耕種大片粟田，只要耕耘兩寸見方的地，得粟一穗，即能夠養活全社的人。

八、賽德克族樂園與失樂園

資料來源 鐵米拿葳依《賽德克族口述傳統文化故事（第一集）》

採錄者 鐵米拿葳依

太古時，傳說：原來人類的生活是很幸福的，人播種小米，只准播種一粒，而且人將它播種在家門旁，人的工作就是坐在那一株小米旁細心照料，不允許蒼蠅飛近，人要不斷地搖擺小米殼，收成時人只可取一粒小米放進大鍋內，之後，鍋內突然奇蹟式地充滿了小米飯。古人也傳說：如果想吃野味肉、野獸會突然站在人前，人就向前取出一根野獸的毛，放進屋中之圓形竹藤製成米篩（Btuku）內，然後又用另一個 Btuku 蓋上，過一會兒，人打開蓋子，Btuku 內裝滿了野味肉。至今，人對古時之傳統習俗失落感到惋惜。從前有一位糊塗的女人，煮飯時，她一下子把一袋小米放進鍋內煮，當她打開鍋蓋時，一聲「嗶」，小米飯都變成了吃稻穀的小鳥（puruc）。同樣的情形，有一個糊塗的女人，破壞了習俗，她一下子在野獸身上切了一塊肉，從此以後，人呼喊，野獸再也不出現，野獸對人說：人必身經叢林刺痛上山獵物，始能有野味肉吃。註7

本則故事敘述：

（一） 太古時，人只播種小米一粒在家門旁。

（二） 人坐在那一株小米旁細心照料，不允許蒼蠅飛近，人要不斷地搖擺小米殼。

（三） 煮飯時只取一粒小米煮，煮熟後，鍋內突然奇蹟式地充滿了小米飯。

（四） 想吃野肉，野獸會突然站在人的面前。

（五） 拔一根野獸的毛，放進圓形竹藤製成米篩（Btuku）內，然後又用另一個米篩蓋上，過一會兒，打開蓋子，米篩內就裝滿了野獸肉。

（六） 有一位糊塗的女人，煮飯時，一次把一袋小米放進鍋內煮了，打開鍋蓋時，一聲「嗶」，小米飯都變成了吃稻穀的小鳥（puruc）。

（七） 又有一個糊塗的女人，她一下子在野獸身上切了一塊肉，野獸被刀傷，逃走到深山了。

（八） 野獸對人下咒語說：以後人必身經叢林刺痛上山獵物，始能有野味肉吃。

從故事中知道，賽德克族人認為，遠古生活是享福的，不過這種生活也是被人類自己破壞了。

註釋

註1   《蕃族調查報告書》紗績族前篇，佐山融吉著（大正6年），余萬居譯。引自內
      政部委託台灣大學人類學系研究《台灣山胞各族傳統神話故事與傳說文獻編纂研
      究》，1994年4月30日。

註2   佐山融吉、大吉西壽著《生番傳說集》。引自內政部委託台灣大學人類學系研究
      《台灣山胞各族傳統神話故事與傳說文獻編纂研究》，1994年4月30日。

註3   范純甫《原住民傳說（下）》，台北，華嚴出版社，1998年4月，頁298。

註4   同註3，頁298-299。

註5   同註1。

註6   郭明正〈由日治文獻及當今部落耆老的口述歷史初構賽德克族的口傳歷史〉，
      《2008年水沙連區域研究學術研討會：劉枝萬先生與水沙連區域研究》，2008年
      10月18-19日，頁6。

註7   鐵米拿葳依《賽德克族口述傳統文化故事（第一集）》，2009年4月，頁140。

第二十章

賽德克族飲食的故事

一、賽德克族食物之儲存

採錄者 田哲益、余秀娥｜口述者 瓦旦・吉洛牧師（50 歲），都達群
採錄時間 2020 年 2 月 15 日｜採錄地點 南投縣仁愛鄉春陽部落

　　賽德克族住屋附近會設置穀倉，這是儲藏穀糧小米、稻米等農作物的地方，地瓜、芋頭、樹豆、花生等曬乾之也儲藏於穀倉中。穀倉是干欄式建物，離地很高，還有木梯可以攀上。並設有防鼠板，以防止鼠輩入穀倉內盜取糧食。山上獵獲的獸肉則煙燻烘烤之，可以保存長久。梅子、李子等水果可以醃漬。竹筍、蘿蔔、芥菜（年菜）等也可以醃漬。苦花魚也可以醃漬。醃漬過的東西可以保持一段時間。

　　本則敘述賽德克族人儲存食物的方法，可以使食物保存一段時日。

二、賽德克族小米糯米糕

資料來源 鐵米娜葳依（曾瑞琳）《泰雅賽德克族人食物及其典故（一）》

　　賽德克族有一種「糯米小米」，喜慶宴餐時，親戚們拿來蒸，糯米小米飯蒸熟之後，搗成「小米糯米糕」。然後收集所有親朋好友做好的小米糯米糕，切成塊分給所有來參加婚宴的客人們。註1

　　本則故事敘述婚宴的美食「小米糯米糕」：
（一）部落有喜慶宴餐時，親戚們會幫忙蒸「小米糯米糕」。
（二）收集所有親朋好友做好的小米糯米糕，切成塊分給所有來參加婚宴的客人們。
　　古代部落有喜慶宴餐，親友們都會幫忙蒸小米，製作「小米糯米糕」，呈現互助合作的景象，令人羨慕的歡樂場景。

三、賽德克族醃肉醃魚

賽德克族人為了讓肉類與魚類保存得更久，會以小米或糯米及鹽來醃漬，經過發酵後產生酸味，就成了口味特殊的「酸醃肉」及「酸醃魚」。在沒有冷藏設備的年代，醃漬就成為保存食物最好的方法。也會以鹽醃漬白蘿蔔、長年菜、大白菜等蔬菜。

醃肉、醃魚是對親朋好友最上等的佳饌。醃肉、醃魚是以生肉、生魚為主，用白米飯或小米與鹽巴和在一起。先將肉類、魚類，以鹽醃一個晚上，以石頭壓緊，讓其脫水。次日將煮成半熟的白米或小米、糯米晾乾，與大量的鹽巴，和生肉、生魚一起醃製。整齊的一層一層放置肉類、魚類，最上一層則要緊密的封閉。

過去是用梧桐木製作碗公裝醃肉，木質的碗公很輕巧。陶甕則已是現代用品了。現在，也有放在塑膠容器裡醃製。傳統的醃漬法，也有加上馬告（山胡椒）醃漬者，或以米酒、蒜、薑等增添風味。

四、賽德克族燻肉

古代賽德克族英勇善獵，為了方便背負下山，減輕重量，會把獵獲的野獸肉燻烤成燻肉（runburban）。獵肉在煙燻脫水後，體積減小，重量也減輕了，在搬運上更加便利。而且燻乾後的肉不容易腐敗，可以延長食物的保存期限。燻肉是台灣各民族主要的飲食文化之一。

五、白野芋柄的故事

資料來源 鐵米娜葳依《泰雅族賽德克人食物及其典故（一）》

很久很久以前，曾經有一段關於白野芋柄的故事：多年未下雨，造成旱災，老百姓沒有得吃，人找到了白野芋柄。據說，旱災時人就是靠它維生。當時人們分配吃白野芋柄時，先分給孩子們多一支芋柄，因為恐怕孩子們容易餓。當時，如果不

賽德克族飲食的故事

是白野芋柄維繫人的生命，人們早已餓死了。註2

本則故事敘述：

（一）從前曾有多年旱災，老百姓都沒有得吃了。

（二）人們找到可以食用的「白野芋柄」。旱災時人就是靠它維生。

（三）當時人們採集到的白野芋柄，是採取分配制的。

（四）先分給孩子們白野芋柄，並且多給一支，因為恐怕孩子們容易餓。

（五）當時白野芋柄維繫了人們的生命，否則人們早已餓死了。

「白野芋柄」（tarux munan）是賽德克族的食物，野生長於山中溪谷，其可食的部分為芋柄。

這種芋是野生的，不是人種植，多生在山中溪谷邊。老人說可以吃它的芋柄。它和一般的芋一樣，人只吃它的柄，不吃它的肉。

芋柄有二種：一種是綠色，另一種是深紅褐色。當煮菜餚時，先在鍋內放半鍋的水煮沸，然後將芋柄放進鍋內煮約半小時即可。煮芋柄時有一件值得注意的事，就是不許別人碰準備煮的芋柄，如果被別人碰過了，煮來吃身體會癢癢的，不能吃。註3

六、鋸菇的故事

資料來源　見同上

菌菇類煮湯味道鮮美好吃，菌菇為上山工作採集回來當菜餚。鐵米娜葳依《泰雅族賽德克人食物及其典故》有一則有關「鋸菇」的故事：

據說有一個人在山上工寮內煮「鋸菇」，煮好就拿起小刀咬煮好的「鋸菇」切鋸來吃。正好那時候有一位遺失一隻牛頭的人經過，他誤以為正在吃「鋸菇」的人就是偷了他的牛的人，他就用箭射死了正在鋸切「鋸菇」吃的人，據說，也許就從那時候開始，這種菌菇就稱為「鋸菇」。註4

本則故事敘述：一位遺失一隻牛頭的人，誤以為是正在鋸切菌菇吃的人偷竊了自己的牛，就一箭射死了他，這種菌菇就稱為「鋸菇」了。

「鋸菇」會生長在一年前砍下的乾木頭上，它的足柄很細，它的葉片漸漸地在木頭上擴展，而且「鋸菇」硬的像牛筋一樣堅韌。但是，煮了之後，它的葉片會軟，而且湯非常鮮美好喝。一到夏天下過雨之後，就開始長出來，長得非常快，大約十天就可以採來煮，吃起來好吃。註5

七、都達群粟酒的故事

資料來源 沈明仁總編輯《仁愛鄉志》（下）

口述者 Teimu Chilai、Wadan Wassau｜族群 賽德克族都達群

　　以前有三個村子，糯粟之村、pogo 之村與山羊糞之村，有一天三個村子的人見面，彼此問對方喝何種酒，山羊糞之村的人說是用山羊糞造的酒，pogo 村的人也說喝的是 pogo 酒，最後糯粟村的人說：「我們喝的是用糯粟造的酒，不但美味，而且喝起來很舒服。」於是其他二村的人試飲之，覺得其味甚佳，從此都開始用粟造酒。註6

　　本則故事敘述賽德克族用粟造酒的傳說：
（一）以前有三個村子：糯粟之村、pogo 之村與山羊糞之村。
（二）三個村子各自喝自己所造之酒：山羊糞酒、pogo 酒、糯粟酒。
（三）三個村子互相比較所造之酒。
（四）pogo 之村與山羊糞之村覺得糯粟酒其味甚佳。
（五）從此賽德克族就用粟造酒，傳承至今。

八、遠古賽德克族人種植橘子

資料來源 仁愛鄉公所全球資訊網

　　以前在天上有兩個太陽，這兩個太陽輪流照亮地上，一個太陽下山接著另一個太陽上升，這樣每天只有白天沒有晚上，因此人們的農作物都枯死了，使人沒有

食物可吃。因而死人增加了，故有二位青年人商談，要去射日。出發時帶了小米和橘子，一路上將種子丟在路旁，走過很遠的路。經過幾年之後，終於到達了太陽升起的地方，開始準備射日，當太陽升起時，他們射了箭結果沒有射中。當太陽下山時，他們守候另一個太陽正升起。立刻射出他們的箭，結果射中了太陽的中心，並流出很多血，其中一位年青人被血淹沒，落到海中死亡，而被射中的這個太陽從此沒有發光而變成現在的月亮。剩下的另一位青年人高興地回家。沿路回家途中，看見在路旁當初來時隨手撒的種子已經長大成橘子樹，而他自己也老得牙齒脫落及頭全都白了。註7

賽德克族人古早古早以前就已經種植橘子了，在〈射日傳說〉裡就已經談到了：

（一）天上有兩個太陽，農作物都枯死了，人們沒有食物可吃。

（二）有二位青年勇士出發去射太陽。他們帶了小米和橘子，沿路將種子丟在路旁。

（三）最後兩位勇士射中了太陽的中心，但是其中一位勇士被太陽的血淹沒，落到海中死亡。

（四）只剩一位勇士回到了家鄉，已經是牙齒脫落、滿頭白髮了。

（五）這位勇士靠著當年沿路撒下的小米和橘子已經長大成橘子樹為其食物。

註釋

註1　鐵米娜葳依（曾瑞琳）《泰雅賽德克族人食物及其典故（一）》，台北，唐山出版社，1997 年 12 月，頁 9。

註2　同註 1，頁 45。

註3　黃智慧主編台灣總督府臨時台灣舊慣調查會《番族慣習調查報告書第一卷泰雅族》，中央研究院民族學研究所，1996 年 6 月。

註4　同註 1，頁 97。

註5　同註 4。

註6　沈明仁總編輯《仁愛鄉志》（下），頁 1288。

註7　仁愛鄉公所全球資訊網。

賽德克族飲食的故事

第二十一章
賽德克族遷徙史與部落史

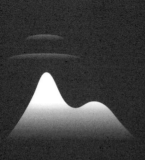

一、賽德克族遷徙花蓮

採錄者 田哲益、余秀娥｜口述者 田英蘭（88歲），德路固群

採錄時間 2019年10月27日｜採錄地點 南投縣仁愛鄉合作村靜觀部落

　　傳說古代有三兄弟，人口增加後，分支成三個社群：德固達雅群、都達群、德路固群，各自有自己的生活領域。其後又自南投縣境遷徙花蓮縣境。其中以德路固群的遷徙人口佔大宗。德固達雅群、都達群則相對較少。目前，居住在南投地區的族人稱為「賽德克族」，住在花蓮地區者稱為「太魯閣族」。

本則故事敘述：

（一）　傳說古代有三兄弟，人口增加後，分支成三個社群。

（二）　三個社群各自有自己的生活領域。

（三）　賽德克族人又增加後，祖居地無法容納，於是自南投遷徙花蓮。

（四）　三個社群中，德路固群遷徙花蓮的人口佔大宗。

（五）　現在居住在南投地區的族人稱為「賽德克族」，住在花蓮地區者稱為「太魯閣族」。

二、賽德克族東遷花蓮

資料來源 劉育玲《台灣賽德克族口傳故事研究》

採錄者 劉育玲｜口述者 鍾春因（50歲），太魯閣群

採錄時間 2000年5月14日｜採錄地點 花蓮縣秀林鄉秀林村

　　以前還住在南投時，有三兄弟去打獵，他們看到一隻很白、很漂亮的羊就追了過去，一直追過好幾座山到達了今天的Tpuqo（托博閣）。其中三兄弟之一就說：「這個地方很漂亮，我就待在這裡不要回去了。」其他兩兄弟也陸續看上了其他地方，便決定帶著妻子在此生活。他們為自己居住的地方取名字，並且種下了許多地瓜和小米。註1

賽德克族遷徙史與部落史

本則敘述南投賽德克族東遷花蓮的故事：

（一）　三兄弟去打獵，看到一隻很白、很漂亮的羊。

（二）　他們追逐白羊，翻越了好幾座山。

（三）　追到 Tpuqo（托博閣）時，有一人決定住在這裡。

（四）　其他兩兄弟也陸續物色到了他們要居住的地方。

（五）　三兄弟決定帶著妻子東遷花蓮生活。

Tpuqo（托博閣）即「陶樸閣」部落，位於花蓮縣秀林鄉秀林村民有部落。

三、賽德克族遷徙史

資料來源　內政部委託台灣大學人類學系研究
《台灣山胞各族傳統神話故事與傳說文獻編纂研究》

　　太古時，有一隻蒼蠅，不知從何處飛來，牠所下的蛋，孵出了一男一女，一男一女長大後，彼此觀察，發現兩人都有類似的東西，如鼻子，耳朵、但在肚臍下方，卻有不同的東西，一個是凸的一個是凹的，於是兩人相擁，將凸出之物伸進了凹處，至此，兩人始知這正是「ottohu」恩賜之物，其後女子懷了孕，生下兒女，長成後，又互相燕好，共生十個子女，這時父母規定同胞男女不可結婚了，於是他們就和台灣人通婚，子孫眾多後，就分成兩隊，各謀發展，先是雙雙遷往 talowan（南投廳境），後有一隊遷往七腳川，另一隊遷居 wahelu，遷居 wahelu 的，輾轉遷徙，經由 ibo 及 shi lagan 等地之後來此居住，組織目前各社。註2

本則故事敘述：

（一）　一隻蒼蠅孵出了一男一女，這就是人類的始祖。

（二）　一男一女長大後，生下兒女。

（三）　兒女長成後，又互相燕好，共生十個子女。

（四）　其後規定同胞男女不可結婚，於是他們就和漢人通婚。

（五）　「子孫眾多後，就分成兩隊，各謀發展，先是雙雙遷往 talowan（南投廳境），後有一隊遷往七腳川，另一隊遷居 wahelu，遷居 wahelu 的，輾轉遷徙，經由 ibo 及 shi lagan 等地之後來此居住，

組織目前各社」。

此外，本傳說敘述遷徙的歷史分成兩個系統：

（一）　原始祖居地→ talowan →七腳川

（二）　原始祖居地→ talowan → wahelu → ibo → shi lagan

四、賽德克族德固達雅群遷徙故事

資料來源 內政部委託台灣大學人類學系研究
《台灣山胞各族傳統神話故事與傳說文獻編纂研究》

　　從前在中央山脈叫 Bunohon 的地方，長著一棵大樹，其半邊為木質，半邊為岩石；一日竟從樹中走出男女二神，祂們同衾，生了很多子女，子女又再繼續繁衍。那是神的時代，只要吞風即能果腹；只把一粒米丟下去就可煮滿滿一鍋，所以只要耕一小部分的田即可；想吃肉，只要拔根豬毛，投入鍋中即有滿鍋香噴噴的肉。可是好景不常，當人漸多時，就沒那麼好命了，而祖先也開始分散，有些到 shibanawan，有些西進成為熟蕃，還有一部分人來到 talowan 社定居。現在霧社群除了 budasan 和 boalun 是從 tauda 遷來的，其餘均是四十五、六年前從 talowan 之地分離而出。註3

　　本則故事敘述：

（一）　在 Bunohon 地方，有男女二神從樹中走出（誕生）。

（二）　男女二神生了很多子女，子女又再繼續繁衍。

（三）　那是屬於神的時代，吞風即能果腹，一粒米可煮滿滿一鍋，拔根豬毛投入鍋中，即有滿鍋香噴噴的肉。

（四）　人口漸多時，也結束了神的時代的幸福生活。

（五）　人多了，祖先也開始分散了，有些到 shiba-nawan，有些西進成為平埔族，還有一部分人來到 talowan 社定居。

（六）　現在的德固達雅群，除了 budasan 和 boalun 是從都達群遷來的，其餘均是從 talowan 之地分離而出。

　　本則故事敘述：當賽德克族始祖於中央山脈叫 Bunohon 的地方創生後，人

口漸漸增多時，祖先也就開始遷徙分散。

　　在賽德克族的觀念裡，認為所謂的熟蕃（指平埔族）也是從賽德克族裡分出的。從故事中可以看出，賽德克族的遷移史是漸進性的，也有的是追隨而成為新加入者。

　　德固達雅群又名「霧社群」，乃因居地常見雲霧，故稱「致霧群」，後慣稱「霧社群」；之後遷移至東部花蓮縣境木瓜溪一帶，因此又稱「木瓜群」，東部太魯閣人則稱其為「巴雷巴奧」（Pribaw）。德固達雅群原聚居於 Tokedaya Tarawan（即今廬山西南山腹），後來逐漸向西發展。相傳，曾自都達群手中得巴卡散一帶山腹，亦將泰雅族萬大群驅離佔據霧社台地。清末已擴張至濁水溪上游和眉溪一帶，是當時賽德克族中勢力最強的一支。霧社事件後，所謂抗日六部落：馬赫坡、波亞倫、塔洛灣、荷歌、羅多夫、斯克等六社，被日人強制遷移至川中島（今互助村清流部落）；原住高峰之巴蘭與後來之卡茲庫、塔卡南因興建萬大水庫之故，遷移至今互助村中原部落；而東眼（Togan）與西寶（Shibao）則遷至今南豐村。其中西進同時或稍後，部分族人為尋找耕地及更遼闊的獵區乃向東發展，溯巴卡散溪，越過中央山脈至花蓮縣境木瓜溪流域。初居今瀧澗與文蘭間山區，佔有木瓜溪上游，當時因居地不同又有內、外木瓜群之別。此群移往花蓮後，與鄰近的阿美族過往甚密，曾一度成為台灣東、西部的貿易中間商。這種與阿美族貿易的互利行為，直至因爭奪獵區，不堪受到立霧溪上源太魯閣群侵擾，而被迫放棄木瓜溪上游領地，而沿著木瓜溪東移至銅蘭。後又因斯米亞灣社發生內訌，使勢力較弱的一群向南移動至萬榮西方的明利，勢力較強的一族仍住斯米亞灣社，但住不久即與原住於銅蘭者遷至重光，之後又更南遷至溪口稍西之陀裡伏（Talivo）。日本時代初期，因七腳川事件與五年理原計畫的討伐，使德固達雅人口因而驟減，勢力日趨衰微。今大多居住於萬榮鄉明利村、萬榮村及壽豐鄉溪口村等地。註4

五、賽德克族都達群遷徙故事

　　三百多年以前，賽德克族各群的族人，因當時族人人口眾多便另尋土地。但西北方的山林土地為泰雅族所佔據，南方為布農族所盤踞，因此唯有往東遷徙，翻越中央山脈，到達花蓮境內之山麓地帶，並且慢慢的向南遷移，而居住

在花蓮。據都達社的耆老達袞‧鐵木（Taqun teimu）回憶說：到底花蓮縣的賽德克族何時遷移過去，無法得知。但在日本時代（大約 1930 年代），都達群的獵人到黑蘇（Heisu）打獵，就是中央山脈南投與花蓮縣界處，會遇到花蓮那邊的獵人，他們的語言竟然跟都達群的賽德克族持相同口音，打聽出來，原來他們是住在花蓮縣的山里（Yamasao）部落。而他們也自稱是都達社的賽德克人，但是無法得知，他們在都達部落的宗親是屬何姓？何氏？註 5

有關日本時代的強制遷徙，據尚在母親懷裡的 Tapas‧cumeiq 回憶，日本人從花蓮越過中央山脈到達合歡山，便開始從松崗處用砲擊打部落，我跟著部落的人躲到巴頓溪山溝內。當時日本人並非真的砲擊部落，而是為了要與部落談判，用砲聲威脅，希望族人與他們談判，後來 1903 年，日本人佔領整個賽德克族的部落，並設置警察教育所，都達社的 Takung teimu 也回憶說，日本的警察亦身兼推行日語的老師，他們非常跋扈，時常強迫族人工作，當時的族人敢怒不敢言。當 1930 年由德固達雅群的賽德克人在巴蘭舉行運動會時，趁機抵抗日本人，把參加典禮的日本人全部殺光，也就是巴蘭（霧社）事件。日本人把抗日的德固達雅群，集中遷移到清流，即川中島。日本人為怕賽德克族人再次反抗，把大部落或建在深山的部落，強迫做大規模的遷移。Takung teimu 回憶說：「我家族一半的親戚遷移到 Hogo 櫻社」，這是都達社的賽德克族人因巴蘭抗日事件的大遷移。註 6

傳說都達群可能是自德路固或德固達雅群分出的一支。早期該群分布於今盧山東邊之巴卡散溪沿岸，約在二、三百年前，因受德固達雅群的威脅與族群內訌，發生大遷移，一支沿濁水溪北上，以今平靜台地為據點；另一支則向東遷徙，翻越中央山脈，抵達立霧溪支流陶賽溪中游一帶定居，最初與德路固群（太魯閣群）雜居，共耕共獵，後因獵區引發糾紛衝突，甚至釀成慘烈戰爭，迫使太魯閣群遷離，但不久，太魯閣群憑恃勢眾常集眾襲擊，都達群不堪其擾於是北徙陶賽溪上游，有的更越過西基南山與陶賽山之間鞍部進入和平溪流域與泰雅族南澳群混居。都達群和太魯閣群的衝突，直到 1914 年太魯閣事件後，經日人居中調停才告一段落。留居花蓮縣境內的都達群於 1928 年以後，在日人的移住政策下，陸續遷居至今秀林鄉富世村及卓溪鄉的立山、崙山村。台灣光復後，崙山村一部分移居玉里鎮東豐里。至於南投縣境內的都達群，則主要分布於仁愛鄉的精英村、春陽村。註 7

六、賽德克族德路固群遷徙故事

　　德路固群又名「托魯閣群」，昔時有「倒咯國」、「哆囉嘓」、「卓犖」之稱。相傳德路固群系乃自德固達雅群分出，原結社於濁水溪上源，即今南投縣靜觀一帶。因土地貧瘠，氣候嚴寒，導致農作歉收、生活貧困，又因人口增加，糧食不足，因此在三百年前左右，部分族人越過奇萊山、合歡山進入立霧溪流域。而後因姻親招親，或與同族人共同遷居一地，或向其他部落購得土地，甚至同一流域或同一地區的部落為抵禦強敵而組成攻守聯盟，如砂卡礑流域各部落和克尼玻部落聯合抵抗南澳群，又如西寶地區各部落共同對抗都達群等，促使德路固群逐漸向四周擴張，立霧溪、木瓜溪流域皆是德路固群的勢力範圍。註8

　　由於德路固群的居地區域遼闊，清末時依其分布地區可分為外太魯閣群（Mksiyaw）、內太魯閣群（Mkdaya）與巴托蘭群（Btulan）。所謂外太魯閣群是指住在立霧溪下游、三棧溪及和平溪下游淺山地區者，內太魯閣群則指住在立霧溪中、上游深山地區者；而居住於木瓜溪流域者則稱為巴托蘭群。也許是人類求生存的本能使然，太魯閣族十分強悍，為爭奪耕地、獵場等生存空間，親友反目成仇，部落之間衝突紛起，迫使同源的都達群、德固達雅群與鄰近的阿美族退避他遷，亦與相鄰的泰雅族諸群因爭奪獵場，大動干戈，不相往來。更讓清末及日本時代的征伐者感到棘手，認為只要降服太魯閣群，其他原住民族便會一一順服。日本時代初期更連續出兵六次攻伐，其中以1914年的「太魯閣征伐軍事行動」為最。1918年，日人實施集團移住政策，內太魯閣群遷往今秀林鄉及萬榮鄉、卓溪鄉立山村；外太魯閣群、巴托蘭群則移至大濁水溪（今和平溪）、知亞干溪（今壽豐溪）山麓地帶。台灣戰後，有五戶原移住秀林鄉崇德村的外太魯閣群北遷至南澳鄉澳花村的下村。而分布南投縣境內的德路固群，目前聚居於仁愛鄉松林（今親愛村）、廬山（今精英村）、靜觀（今合作村）等地。註9

七、賽德克族合作村簡史

採錄者 田哲益、余秀娥｜口述者 田天助牧師（60歲），德路固群
採錄時間 2019年11月17日｜採錄地點 南投縣仁愛鄉都達部落

「合作村」：位於南投縣仁愛鄉濁水溪上游，為仁愛鄉位置最東的部落，有靜觀（含玻西卡部落、莎都Sadu部落與平生Truwan）三個聚落。清時，本村建有德魯灣、莎都（索多）、玻希卡、魯固達雅與玻拉瑤五社，因屬德路固群，被稱德路固五社。德魯灣（今稱平生）社上方斜地，係德路固群德魯灣（Truku Truwan）舊址，此地不但是賽德克族最早的部落，也被認為是花蓮縣境太魯閣群人的發祥地。日警於民國19年（按：1930年）起，迫令五社逐漸遷徙，一部分遷於盧山，一部分遷於松林。光復之初自春陽至合作村同為一村，民國39年因範圍遼闊，分出合作村，轄今精英、合作兩村。

本則故事敘述：

（一）靜觀含玻西卡部落、莎都（Sadu）部落與平生（Truwan）部落三個聚落。

（二）清時，合作村建有德魯灣、莎都、玻希卡、魯固達雅與玻拉瑤五社，因屬德路固群，被稱德路固五社。

（三）德魯灣不但是賽德克族最早的部落，也被認為是花蓮縣境太魯閣群人的發祥地。

（四）1930年起，德路固五社被迫遷徙，一部分遷於盧山，一部分遷於松林。

合作村與靜觀部落是台灣戰後所取的名字。合作村的居民早期是從Brawya（波拉瑤）舊社遷徙來的。目前合作村包括四個聚落：Busitaya（上部落）、Busi（靜觀）、Truwan（平生部落）、Satu（下部落）。

賽德克族遷徙史與部落史

八、賽德克族都達部落簡史

採錄者 田哲益、余秀娥｜口述者 田天助牧師（60 歲），德路固群
採錄時間 2019 年 11 月 17 日｜採錄地點 南投縣仁愛鄉都達部落

　　都達部落位於平靜北方 1.6 公里處，濁水溪左岸，尾上山西北方山腹。本社原居巴卡散溪下游，後因人口增加而遷徙，先住於奧克魯（Okolu），後再往北定居於平和一帶山腹。清朝末年建立數個部落，為魯固達雅（Lukudaya）部落分為喀拉胞（Kalapao）、侯米里西（Homelesik）、畢黑拉（Pexela）、魯固達雅（Lukudaya）四個集團。至日人統治後，將鄰近幾社併入魯固達雅，並稱為魯固達雅。為都達社（Toda），為鹿沼社（Rucaw）、巴拉赫社（Tnpalax）、愛油社（Aiyu）、本布恩社（PngPung）。1930 年霧社事件後，都達群的八個部落，有超過半數被日人強迫遷徙至德克達雅群的荷歌社（Hogo，現在即仁愛鄉春陽村）。而魯固達雅遷徙至較平坦之魯固達雅社。都達社四個部落未遷徙的族人仍居住在原來社址，即今仁愛鄉都達村平靜部落。

本則故事敘述：

（一）　都達部落族人原居巴卡散溪下游，後因人口增加而遷徙，先住於奧克魯（Okolu），後再往北定居於平和一帶山腹。

（二）　清朝末年建立魯固達雅（Lukudaya）部落分為喀拉胞（Kalapao）、侯米里西（Homelesik）、畢黑拉（Pexela）、魯固達雅（Lukudaya）四個部落集團。

（三）　日本時代，將鄰近幾社併入魯固達雅社，並稱為魯固達雅。為都達社（Toda）、鹿沼社（Rucaw）、巴拉赫社（Tnpalax）、愛油社（Aiyu）、本布恩社（PngPung）等。

（四）　霧社事件後，都達群的八個部落，超過半數被強迫遷徙至德克達雅群的荷歌社。而魯固達雅遷徙至較平坦的魯固達雅社。都達社四個部落未遷徙的族人仍居住在原來社址，即今平靜部落。

九、賽德克族盧山部落簡史

採錄者 田哲益、余秀娥｜口述者 田天助牧師（60 歲），德路固群
採錄時間 2019 年 11 月 17 日｜採錄地點 南投縣仁愛鄉都達部落

著名的盧山部落，古代原來是賽德克 Tkdaya（德固達雅）群的居住地，1930 年（昭和 5 年）10 月 27 日至 12 月 1 日，發生 Tkdaya 群霧社武裝抗日事件，戰事慘烈悽慘。戰後集中俘虜營，遺屬隨後被強迫遷徙清流（川中島）和中原兩個部落。盧山部落隨後由 Truku（德路固）群人移入至今。

本則口述指出：盧山部落原來是發起霧社武裝抗日戰爭的德固達雅群人的居住地，後德路固群人移住本部落。

霧社戰役後，德固達雅群人的人口遽然減少，他們被集中於俘虜營時，又慘遭「以夷制夷」屠殺事件（史稱第二次霧社事件），人口又減少了。最後被強迫遷徙的命運，離鄉背井，經埔里播遷到人生地不熟的清流（川中島）和中原兩個部落至今。清流部落是霧社事件抗日六社英雄的遺屬流放地，在清流部落尚有「餘生紀念碑」留念。中原部落也是德固達雅群人的居住地。

盧山部落是著名的高山茶產區。從霧社抵達盧山，短短的 8 公里路段，不僅僅是條著名的櫻花廊道，還是條文史走廊，沿途寫著賽德克族人的悲歡歲月，也串起一首首美麗的詩篇。

要進入盧山部落前，會經過一座鮮紅色橫跨塔羅灣溪的「雲龍橋」，橋長 134 公尺，橋面與河床落差 97 公尺之深，素以橋高溪深聞名。賽德克勇士的石像取代石獅，鎮守橋頭，一旁並輔以霧社事件的解說，為大橋憑添幾許悲壯蒼涼。

賽德克族遷徙史與部落史

雲龍橋／田哲益提供

「雲龍橋」旁僅餘兩端的「雲龍吊橋」，現在已經是古蹟了，它曾經是盧山、春陽、合作村五個部落賽德克族人的交通要道，無論是學生到外求學、族人就醫、農產品運輸等，都要經過這座吊橋，是族人共同的記憶與回味。

「雲龍吊橋」賽德克族語是「斯克橋」，日本時代是當時斯克社和馬海濮溪對岸波亞倫社（位在能高越嶺古道上，其西側三角型山峰曾被稱作波亞倫富士山。當時，能高越嶺古道即經斯庫吊橋至斯庫社，再繞過波亞倫富士山南北兩麓抵達波亞倫社。霧社事件後，波亞倫社族人被迫遷至川中島定居，當地改由賽德克族德路固群移居，並被改稱富士社）的連絡孔道，取名「斯克鐵線橋」。1930年霧社事件爆發，莫那‧魯道率領的起義軍，為阻止日軍越河，砍斷古吊橋，唯斯克社和波亞倫社仍為日軍所滅。日人憚於兩岸賽德克族再度串連抗日，斯克鐵線橋一直未見修復，直到戰後才由國民政府重建為公路吊橋，並以當時的雲南抗日英雄龍雲將軍為名，取名「龍雲橋」，不過後來龍雲投共，國民政府索性就把龍雲名字反過來寫，「龍雲橋」就成了「雲龍橋」，並且沿用至今。

「雲龍橋」經改建，現在是一座鋼骨拱橋，橋型優美，橋身漆為豔紅色，映襯在青山綠水間，有如一道長虹，是霧社往盧山間最顯眼的地標。但「雲龍橋」名，和當地文化格格不入，不再有任何意義，反觀斯克社有輝煌的抗日歷史，代表先人對這塊土地的熱愛，因此當地人士正爭取雲龍橋還名「斯克橋」。

「斯克鐵橋」為吊橋型，是日本時代建造的。因鐵橋連接西邊賽德克族的Suku部落（斯庫社今已無人居住）及東邊Bwaarung部落（波亞倫社，現今盧山部落），當時兩部落均參與抗日行動。震驚島內外的霧社事件發生，當莫

那‧魯道和族人節節敗退時，為了維護 Bwaarung 部落族人的安全，毅然將該橋砍斷以阻斷日軍追擊。因該吊橋為橫跨濁水溪上游兩岸支流，是埔里前往霧社、盧山的唯一通路橋樑，至今橋墩基礎仍留在原址，可說是重要史蹟。註10

國民政府遷台後，公路局第二區工程處為了方便族人與外界交通聯繫乃另建吊橋，興建之初，為了紀念抗日將軍龍雲，乃取名為「龍雲橋」，後來因該將軍「投共」，主政者乃下令將橋名倒著寫，而成了「雲龍」。但「雲龍」僅能供小車通行，至於大型車（包括遊覽車）則須在橋頭讓遊客下車，實施人車分離方式通過該座橋，大型車未載客時得始通行。不論名稱為抗日的「龍雲」或「雲龍」，長年以來，統治者為了進出霧社，它一直默默扮演著「橋樑」的角色。1985 年（民國 74 年）7 月，交通部公路局第二區工程處埔里工務招養護之工務所王慶一工程師設計、監造完成當今的新橋，總長 134 公尺、淨寬 7.5 公尺、跨徑 134 公尺。它是公路第二區工程處早期精心設計的鋼構拱型橋樑的代表作之一。註11

前身名叫 Suku（斯克橋）的雲龍橋，埔里文史工作者黃炫星先生曾數次建請將雲龍橋改回「斯克橋」原名，以符合當地部落尋本探源的潮流，並還原歷史真義。最重要的是，「雲龍橋」正名 Hakaw Suku（斯克橋），不但可銜接莫那‧魯道為了保護族人安全，毅然砍斷斯克鐵橋的歷史，更為該橋兩岸的 Suku 及 Bwaarung 部落族人尋回名字所代表的尊嚴和正義。在當地原住民積極鼓吹下，公路局也以當地民族風情設計並布置橋的週邊景觀，如以 Sejiq 勇士的雕塑像取代一般石獅，並於橋頭鑲刻霧社事件緣由等。註12

日本時代，日人在霧社地區掠奪山地資源，進行武力鎮壓，賽德克族人死傷無數。1930 年，盧山溫泉區附近馬赫坡社頭目莫那‧魯道，聯合霧社地區六大部落，發起驚天地、泣鬼神，可歌可泣的霧社事件，先行攻擊日人駐在所，奪取武器彈藥，再赴霧社公學校（今仁愛國小）運動會場，殺死日本人 134 人。日本調動南北軍警數千人，在精銳武器支援下進攻霧社，莫那‧魯道所率領的賽德克族人負隅頑抗，日人死傷慘重。在多次陸空攻擊都無法壓制起義志士的情況下，日人採用毒瓦斯攻擊莫那‧魯道陣地，抗日志士死傷慘重，莫那‧魯道見大勢已去，自殺身亡。

至今，霧社事件的英勇抗日事蹟，仍為後人歌頌，莫那‧魯道圖像躍上 20 元國幣；在霧社地區目前有「碧血英風」牌樓及莫那‧魯道雕像供後人景仰，在盧山溫泉區後方的山坡上，馬赫坡社舊址，則有一處馬赫坡古戰場紀念坡，

立有莫那‧魯道塑像紀錄這段史實，是霧社抗日事件的重要遺跡。

「莫那魯道紀念碑」：藉以憑弔抗日英雄的碧血英風。

「馬赫坡最後戰場紀念塑像」：此處為賽德克族勇士與日軍的決戰地點，為紀念英勇的賽德克族對抗日軍的史蹟，設置紀念碑及塑像供人瞻仰。

「馬赫坡古戰場登山步道」：全長約 4 公里，步道途中居高臨下，可一覽盧山溫泉區全貌。

盧山部落為「能高越嶺古道」入口，這條古道原先是賽德克族狩獵時的獵徑。「能高越嶺古道」西段正是霧社事件主要發生地，當時這條路沿線的日本駐在所幾乎被摧毀殆盡，歷史上，這條古道可謂是鐵與血的道路。

從盧山部落一帶的屯原登山口（海拔 2050 公尺）走至天池山莊（海拔 2860 公尺），共 14 公里的路程，海拔約上升 800 公尺，基本上，這曾經是一條警備道路，日本人透過這道路將軍事物資往山裡運送。古道穿越中央山脈至花蓮的銅門，曾經是台灣東西部間重要貿易、軍事要道，最早是由賽德克族所走，目的是貿易與遷徙，後來在日本時代，為了軍事上需要，修成更完整的道路，到了戰後，台電則沿著這路線完成了東西輸電線路。

盧山有著名的盧山溫泉（舊名富士溫泉），溫泉源頭位於塔羅灣溪與馬海濮溪交會的溪谷中。據說，古時候賽德克族人在獵鹿時，常發現生病或受傷的野生動物在這兒的水塘洗浴，沒多久便得以痊癒，遠近族人紛紛仿效，果然屢試不爽，溫泉的名聲因而傳開。

日本時代（1942 年），盧山溫泉始被開發，能高郡警察課長豐福安到盧山一帶巡視，對此溫泉極有興趣，決定加以開發，便請埔里鎮上的士紳及霧社電力工程人員前往探測，次年建警察招待所，專供警員使用。

戰後，盧山溫泉才對外開放，今警光山莊便是昔日警察招待所所在。1950 年（民國 39 年），蔣中正總統至此巡視，見四周山容極似中國的盧山，便將其改名為「盧山溫泉」（原稱富士溫泉）。將近八十年下來，溫泉旅館林立，已是台灣中部地區著名的泡湯勝地。最近在盧山部落的下方，又發現有兩處溫泉，一是熱泉，一是冷泉。

十、賽德克族春陽部落簡史

採錄者 田哲益、余秀娥｜口述者 田天助牧師（60 歲），德路固群

採錄時間 2019 年 11 月 17 日｜採錄地點 南投縣仁愛鄉都達部落

　　春陽部落舊名「荷歌社」，因為櫻樹遍布又稱「櫻社」（Sakula）。此地原為德固達雅群人的傳統居地，也是發起霧社事件的主要部落之一。霧社戰役後，沒有戰死的遺民，被強迫遷徙至川中島（今互助村清流部落）。整個春陽部落的範圍大致分為春陽部落區、仁愛國中區、春陽溫泉區等三大生活區域，目前居民為 1930 年霧社事件後被日本人強制遷移而來，主要族人為都達群人。

　　春陽部落舊名「荷歌社」，位於霧社東北方，清幽的山村，和平靜謐。春陽分為下春陽、頂春陽、中春陽，統稱為「春陽」，隸屬南投縣仁愛鄉春陽村，為霧社地區六大部落之一。春陽（alang snuwil，史努櫻部落）此地的櫻花與霧社齊名，有「櫻社」（Sakula）之稱。村內櫻樹遍布，有「櫻花村」的雅稱。

　　位在下春陽的山谷中，有處天然溫泉穴，名為春陽溫泉，又稱「櫻溫泉」，日本時代便已開發。櫻溫泉環境清幽、空氣清新，源頭位於春陽吊橋右側。春陽瀑布的泉質屬鹼性碳酸泉，清澈透明，而春陽溫泉泉源相連有三處，兩處較低，均從山麓中石縫流出，一處較高，在山腰石洞中，三處水量均不太大，泉水自山麓流下，在下方匯聚成溫泉池水。

　　春陽部落裡有不少紡織工作室，目前有十二個編織工作室，婦女們保有賽德克族人精湛的編織技巧，並賦予傳統編織現代化機能，編織品已擺脫了傳統的限制，紋色更加豐富活潑，從手機袋到現在各式造型新穎的帽子、手提包、領帶、面紙盒、名片夾、錢包、眼鏡袋、筆袋、桌墊、杯墊、窗簾等都有，開創賽德克族傳統編織新的市場價值。

　　春陽部落村民們種植的高山茶和高冷蔬菜都相當聞名。

賽德克族遷徙史與部落史

十一、賽德克族巴蘭部落簡史

採錄者 田哲益、余秀娥 ｜ 口述者 田天助牧師（60 歲），德路固群
採錄時間 2019 年 11 月 17 日 ｜ 採錄地點 南投縣仁愛鄉都達部落

　　霧社古稱巴蘭部落，是仁愛鄉鄉治所在地，經常為雲霧所盤繞，故名霧社。每逢冬去春來，梅、李、櫻、桃爭相綻放，而有「櫻都」的美譽。Parlan 社又分為四個部落，分別為 Tentana、Iutsau、cheka、funnatsu 等。人止關是從埔里到霧社必經之處，人止關在日治時期稱做「人止の關」，戰後改「人止關」。日本人領台後，欲將山地納入管轄，1902 年日本人與霧社賽德克族達克達雅群發生「人止關之役」，參戰的部落是人止關附近的多岸（Tongan）社、西寶（Sipo）社和巴蘭（Paran）社。此役之後，日人勢力逐漸深入霧社地區。民國 19 年（按：1930 年）霧社賽德克德固達雅群六社原住民對抗日軍的抗暴起義，壯烈犧牲勇士眾多，建立紀念碑以示表彰，供後人瞻仰。每年 10 月 27 日是霧社事件紀念日，仁愛鄉各界均在霧社抗日紀念碑舉辦紀念儀式，追悼當年賽德克族領袖莫那・魯道率領族人反抗日本暴政，最後壯烈犧牲英勇事蹟。

　　「賽德克族抗日紀念碑」位於霧社街道南方，是紀念霧社事件中抗日成仁的賽德克族英魂。牌樓後方是鑴刻烈士義蹟的抗日紀念碑，碑的四周，植滿了紅白櫻樹，松柏長青，織成了一片燦爛的景色。再後面是大理石築造的抗日首領莫那・魯道之墓，墓壁上的青綠色浮雕是描繪莫那・魯道領導英勇抗日起義的賽德克族人。「碧血英風」牌樓，訴說著賽德克族抗日的壯烈史跡。莫那・魯道雕像，為霧社抗日事件留下血淚交織的慘烈史蹟。

　　莫那・魯道以微薄的人力對抗日方的優勢兵力，事後自殺成仁，為台灣的武裝抗日寫下轟轟烈烈的絕筆。墓前植滿翠綠松柏、紅白櫻樹，氣氛幽靜而肅穆。

　　在霧社的「人止關」，兩側奇岩怪石，斷崖峭壁，是原住民與漢人分野之處，取其漢人止步之意，故名人止關。此處地形險要，通行困難，在霧社賽德克族莫那・魯道抗日事件中，為族人死守抗敵之所，歷史意義非凡。人止關短短數百公尺間，危崖聳立，形勢險絕，深具自然造化之美。1902 年，賽德克族曾以此為天險，發動人止關之役，抵抗日本人入侵。1930 年的霧社事件，賽德

克族頭目莫那‧魯道也率眾封鎖人止關。

1902 年的人止關之役，賽德克族雖成功的憑恃天險，擊退了來犯的日軍，不過，後來日本人仍藉由威逼利誘及鹽鐵管制等手段，一步步將各部落征服；然而，在日本人高壓統治下，賽德克族人並未真正屈服，終於在 1930 年爆發了轟轟烈烈的抗日事件霧社事件。該年 10 月 27 日，馬赫坡社頭目莫那‧魯道，聯合六部落 356 名族人舉事，一舉殺死 134 名日本人，並據守馬赫坡附近山區。日方出動大砲、飛機等精銳武器，並以行賞方式誘使其他部落殘殺抗日族人。由於彈盡援絕與飢寒交迫，最後一批賽德克勇士在馬赫坡岩窟自縊身亡，寧死不屈，為原住民族抗日史寫下最悲壯的一頁。

而座落於南投縣仁愛鄉與國姓鄉交界的「泰雅渡假村」，位於北港溪旁，後倚關刀山，佔地 56 甲地。村內豎立一座有 30 公尺高的巨人莫那‧魯道塑像，巍峨壯觀。底部隧道陳列霧社英勇抗日事件的史蹟，保留了賽德克族珍貴的文化遺產。莫那‧魯道巨人像巍峨聳立在渡假村的最高點，形成渡假村一大地標，也象徵族人緬懷先烈英勇抗日的具體呈現。

十二、賽德克族松林部落簡史

採錄者 田哲益、余秀娥 | 口述者 田天助牧師（60 歲），德路固群
採錄時間 2019 年 11 月 17 日 | 採錄地點 南投縣仁愛鄉都達部落

松林部落，族人稱「布蘭」（Pulan），日據時稱「Inago」（伊娜谷），光復後始改稱松林。Pulan 地名由來與此地的特產香糯米有關，香糯米係日本時代開始種植，是既好吃又香甜的米。松林部落為德路固群「玻拉瑤」社人居住的部落，最初成立於 1930 年（昭和 5 年）8 月 5 日，原因為隔開萬大群與布農族卓社群。

本則故事敘述：
（一）松林部落由德路固群人居住。
（二）本部落最初成立於 1930 年 8 月 5 日，是由「玻拉瑤」舊社遷徙而來。
（三）據說，日人強制遷徙「玻拉瑤」社人至此，是為了要隔開長期為世仇的布農族卓社群和泰雅族萬大群。

（四）松林部落，族人稱「布蘭」（Pulan），日本時代稱「Inago」（伊娜谷），戰後始改稱松林。

（五）「Pulan」地名與此地的特產香糯米有關。香糯米為松林部落最具代表性農特產品之一，獨步全台。

「伊娜谷香糯米」為南投縣仁愛鄉松林部落特有的水稻品種，相傳其來源是日本人為避免部落糾紛，將賽德克族人遷居松林、曲冰間，所授予賽德克族人的稻種，而其栽培已成為松林部落文化的一部分，並可用來製作部落原住民的傳統米食。由於部落缺乏良種繁殖的概念，且不具備去偽去雜的能力，以致品種日漸混雜、退化，導致生育不齊、香氣淡化及產量下降等狀況發生。

台中區農業改良場於民國89年至91年曾針對該品種進行純化及品種改進，改善品種混雜狀況，使品種純度得以維持。現行部落農友栽培伊娜谷香糯米的方式，多在5月中旬進行粗整地，6月中旬進行細整地，並於6月下旬至7月上旬進行插秧作業。由於伊娜谷香糯米之抽穗期具有光敏感特性，其生育日數較台灣現行栽培品種長，約在11月中下旬收穫，稻米收穫後，多種植綠肥或休耕，並於隔年5月開始下一期香糯米栽種，有別於中部地區常見水稻兩期作的栽培模式，伊娜谷香糯米為每年單期作的栽培制度。而現行農友的栽培管理，多依據部落長者經驗傳授或農友自身經驗，並無採行統一栽培模式，故台中區農業改良場針對農友栽培及病蟲害發生狀況進行輔導，期能提升農友栽培技術並穩定香糯米生產的產量與品質。註13

十三、賽德克族眉溪部落簡史

採錄者 田哲益、余秀娥 ｜ 口述者 田天助牧師（60歲），德路固群
採錄時間 2019年11月17日 ｜ 採錄地點 南投縣仁愛鄉都達部落

南豐村「眉溪部落」（Alang Tongan）原屬大同村，民國52年10月1日，自立成村。南豐村現轄有楓樹林、楓林口、南山溪（Iyug）、天主堂（Bheygey）等四聚落，其中天主堂與南山溪兩聚落為賽德克族居多，餘為平埔族噶哈巫族群所住。眉溪溪中盛產珍稀的黑膽石，南山溪上游為頗負盛名的蝴蝶產地，蝴蝶種類繁多。南山瀑布又名夢谷瀑布，位在南山溪谷中。楓林社區尚有日軍攻擊霧社舊戰壕。

十四、賽德克族川中島清流部落簡史

採錄者 田哲益、余秀娥 | 口述者 田天助牧師（60 歲），德路固群
採錄時間 2019 年 11 月 17 日 | 採錄地點 南投縣仁愛鄉都達部落

清流部落是霧社抗暴起義六社烈士遺民的居住地，是一處充滿悲情的部落。經過了八十年的慘澹經營，如今已經成為一個豐美富麗的部落。我們祝願天神特別眷顧此地的族民，永遠幸福快樂，受到神的恩典。

清流部落位在眉原溪與北港溪交會處，1930 年 10 月 27 日，以莫那・魯道為首的德固達雅群人，趁霧社公學校運動會之際，襲擊日本警察及其眷屬，史稱「霧社事件」。歷經四十多天的戰役，被日人以強烈的砲彈攻擊與挑起各部落間仇恨的方式剿平，最後不但造成嚴重死傷，也使其被迫遠離家園。1931 年，霧社事件生還者遭強制移居「川中島」，也就是如今南投縣仁愛鄉的清流部落。

位在部落最上方的「遷村紀念碑」和「餘生紀念館」，裡面陳列了「霧社事件」資料文物，可深入認識清流部落的各種面貌。

十五、賽德克族中原部落簡史

採錄者 田哲益、余秀娥 | 口述者 田天助牧師（60 歲），德路固群
採錄時間 2019 年 11 月 17 日 | 採錄地點 南投縣仁愛鄉都達部落

中原部落的居民是原霧社地區巴蘭、塔卡南、卡奇克等三社的族人，日治由於興建萬大水庫，耕地遭到掩沒，所以被強制遷徙到中原部落。與清流部落同屬互助村，也是德固達雅群人。

互助村將村莊劃分成南北兩部，北為清流，南為中原，有清流、中原、梅子林等三個聚落。

1939 年 6 月 11 日，日人興建萬大水庫，巴蘭及塔卡南、卡奇克等三社 161戶，因耕地（水田 15 甲、旱田 60 甲）遭到淹沒，44 戶 661 人開始遷居，被遷

至今中原（nakahara），族人稱Meapung部落。1940年，中原部落遷社完成，舉行移住完了式。

1939年，日人興建萬大水壩，以引溪水至日月潭，萬大以北濁水溪沿溪一帶農地盡成澤國。因農地減少，日警於是藉此理由將巴蘭、塔卡南、卡奇克三社安置於他處。最後擇眉原聚落稍西台地強制遷往，德固達雅群部落除了東眼、西寶部落族人外，都被日人驅離原居地。因位於清流與眉原之間而被稱為「中原」（Nakahara）。

中原部落木雕藝術／田哲益提供

中原部落木雕藝術／田哲益提供

十六、賽德克族斯克舊社的故事

採錄者 田哲益、余秀娥 ｜ 口述者 程士毅老師
採錄時間 2020 年 2 月 15 日 ｜ 採錄地點 南投縣埔里鎮

「斯克社」是德固達雅群人的舊社，位於今雲龍橋附近，本社也是霧社抗日起義六社之一，霧社戰役後慘遭滅社，其遺民被迫遷徙川中島。這個舊社也很神祕，流傳著一些奇異的傳說。傳說過去的靜觀、平生、莎都、都達（平靜）、盧山等部落，經過這裡都會閃避而繞道而行，因為這裡的人會搶東西、調戲婦女，而且這裡有許多巫師，他們會用黑巫術施法，愚弄人。也有說這裡有把不良分子集中居住的

地方，以致使人害怕。亦有云這裡有很多人罹患痛風病，會被傳染，所以不要經過這裡。

本則傳說故事非常神祕有趣，尤其是「這裡有很多人罹患痛風病，會被傳染」，事實上痛風病是不會傳染的。「斯克社」之滅社以至於消失，比較可靠的講法是本社發生了痢疾、天花、瘟疫等傳染病，部落族人紛紛離開了這個部落。

十七、Pucahu（不查服）——水源毒害事件

吐嚕灣水源毒害事件的歷史典故，在德克達雅的社會裡是非常普遍的故事，對今 80 歲上下的族中長者們而言，可說是無人不知無人不曉的歷史事件，亦常被當作德克達雅群由吐嚕灣擴散的原因之一。據云：當時，吐嚕灣地區的人口已愈來愈多，多到其住屋之間的屋簷幾乎相連著（asilux so muquqayu dunamux daha sapah）。某一天，不知何故，突然之間，部落有孩童死於不知名的病症，其症狀會發高燒、嘔吐不止，終至身體腫脹且臉色發青而亡，屍體的狀態有異於一般病故者。起初約隔 4～5 天即有小孩因而身故，之後亦有成年人因同樣的症狀相繼身亡，並且是時隔 2～3 日甚或 1～2 日，部落中即有身亡者。在本族巫醫各個束手無策之下，吐嚕灣地區的族人陷入空前浩劫恐慌中，於是，部落的族人們陸續舉家遷居於各自耕地住屋以避禍。值得慶幸的是，移出吐嚕灣後疫情並未隨之蔓延開來，本族始得以續延族命。經此巨變，吐嚕灣部落曾一度形同廢墟無人居住。直到有一天，族人們於吐嚕灣飲用水的水源頭內，赫然發現被人埋以各類不知名的金屬製品（hiluy），因金屬銹蝕所造成水質變化，被族人一致認定是該疫情的禍源。但究竟是何人所為，迄今眾說紛紜，莫衷一是。以這般鄙劣、陰狠的手段去毒害他人，我們稱之為 pucahu（不查服）。於族人們拔除了水源頭金屬製品的數年後，部分的遷出者又重回吐嚕灣部落居住，與遷居各耕作地者發展成日人所謂的「霧社群十二社」。本賽德克族之所以分別定居於 Truku、Toda、Tgdaya 等三個地區，而形成後來賽德克族三語群並立的現況，是否與德克達雅吐嚕灣時期的歷史典故有關，是賽德克族裔們值得探討的議題。註 14

十八、賽德克族山里部落簡史

山里部落位於花蓮縣卓溪鄉立山村，以賽德克族都達群為主，為花蓮縣唯一的賽德克族部落。日本時代原居於今秀林鄉境內立霧溪支流陶賽溪中游處的鄰近部落。在日本集團移住政策下，於 1940 年遷移至「山里」居住。

每年 11 月會舉辦「苧麻節系列活動」，展現賽德克族織布的十四道工法，將這些工法程序編成織布舞，在載歌載舞中薪傳苧麻技藝，同時也將祖先的智慧傳承給部落年輕人。此外，部落胡正昌先生保存著傳統藤編技藝，利用傳統工法製作各式生活用具，展現出傳統藤編樸實自然之美。註 15

山里部落婦女織布／田哲益提供

山里部落婦女／田哲益提供

山里社區／田哲益提供

十九、賽德克族之東遷

約 400 年前，賽德克族掀起東遷大風潮，本族大舉東遷是學者專家的推論，但筆者可以斷定的是，本族東遷是在「吐嚕灣時代」之後，因移居花蓮此地的族人都說「他們的祖居地是南投縣境內的『吐嚕灣』之地」，雖然 Toda 群的族人並不能明確指出屬於他們的「吐嚕灣」。賽德克族三群的族人，於相近的年代，不同的時段，翻越中央山脈，逐次向今花蓮以及宜蘭地區擴散，其遷徙的路線不同、遷住的地區也不相同，這足以說明，賽德克族東遷之前已「三群鼎立」的態勢。賽德克族大舉東遷的歷史與發展，應

山里部落婦女／田哲益提供

由移居地的族人來敘述，筆者無從置喙，於此謹誠摯地呼籲，移居地與祖居地的族人能夠攜手建構 ——「賽德克族」的文字歷史版本。註16

註釋

註1　劉育玲《台灣賽德克族口傳故事研究》碩士論文，2001 年 6 月，頁 117。

註2　《蕃族調查報告書》紗績族後篇，佐山融吉著（大正 6 年），余萬居譯。引自內政部委託台灣大學人類學系研究《台灣山胞各族傳統神話故事與傳說文獻編纂研究》，1994 年 4 月 30 日。

註3　同註2。

註4　同註1，頁 34-36。

註5　沈明仁總編輯《仁愛鄉志》（上），頁 737。

註6　同註5，頁 737-738。

註7　同註1，頁 36。

註8　同註1，頁 36-37。

註9　同註1，頁 37。

註10　沈明仁總編輯《仁愛鄉志》（下），頁 1908。

註11　同註10。

註12　同註10，頁 1908-1909。

註13　鄧執庸〈仁愛鄉松林部落「伊娜谷香糯米」的栽培現況〉，《台中區農情月刊》246 期 2020 年 2 月。

註14　郭明正〈由日治文獻及當今部落耆老的口述歷史初構賽德克族的口傳歷史〉，《2008 年水沙連區域研究學術研討會：劉枝萬先生與水沙連區域研究》，2008 年 10 月 18-19 日，頁 14。

註15　花蓮縣卓溪鄉公所網站。

註16　郭明正〈由日治文獻及當今部落耆老的口述歷史初構賽德克族的口傳歷史〉，《2008 年水沙連區域研究學術研討會：劉枝萬先生與水沙連區域研究》，2008 年 10 月 18-19 日，頁 15。

第二十二章
赛德克族自然天象的故事

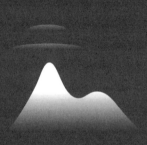

一、賽德克族彩虹的信仰

採錄者 田哲益、余秀娥｜口述者 田天助牧師（60 歲），德路固群
採錄時間 2019 年 11 月 17 日｜採錄地點 南投縣仁愛鄉都達部落

賽德克人非常尊崇彩虹，他們認為彩虹是神之物，不能用手直指，否則手指頭會斷掉。「虹」（hakaw utux）是指示「神的橋」（神靈之橋），亦稱「祖靈之橋」、「彩虹橋」。「utux」其中的意思包含著「靈」、「魂」、「神」或「鬼」。

彩虹，又稱天弓、天虹、絳等，簡稱虹，是氣象中的一種光學現象。當大氣中的水滴經日光照射後，光線被折射及反射，在天空上形成拱形（弧形）的七彩光譜。出現在太陽的相對方向，由外圈至內圈呈現紅、橙、黃、綠、藍、靛、紫七種顏色。事實上，彩虹有無數種顏色，比如，在紅色和橙色之間還有許多種細微差別的顏色，但為了簡便起見，只用七種顏色作為區別。

賽德克族人稱「彩虹」為 hakaw utux，「hakaw」是「橋」；「utux」則是指「靈」、「魂」、「神」或「鬼」、「祖靈」等。「hakaw utux」意即「靈魂橋」、「神靈橋」、「祖靈橋」，俗稱「彩虹橋」。hakaw utux 是人死後必須經過到達祖靈居所的橋樑。

二、賽德克族星星的故事

採錄者 田哲益、余秀娥｜口述者 田天助牧師（60 歲），德路固群
採錄時間 2019 年 11 月 17 日｜採錄地點 南投縣仁愛鄉都達部落

從前宇宙上只有一個太陽，後來變成兩個太陽了。兩個太陽輪流升起，不停地照射大地，不像現在有白晝與黑夜之分。氣候非常乾旱炎熱，農作物都無法生長。溪流一滴水都沒有，在沒有食物可以吃的情景之下，餓死了很多人。人們對兩個太陽非常憤恨，於是決定派出勇士去射殺太陽。有三位勇士前往太陽日落升起的地方，路途非常遙遠，最後他們終於到達了，三人合力射殺了一個太陽。準備射殺第二個太陽時，有一人說不要全部射殺，留下一個做為照明之用，就是現在這個太

陽。當一個太陽被射中時，破裂散開，變成現在天空中的繁星點點。

本則故事敘述：

（一） 宇宙中原本只有一個太陽，後來變成兩個太陽。

（二） 兩個太陽輪流升起，不停地照射大地。

（三） 人們的生活受到嚴重影響，甚至無法繼續生存下去。

（四） 他們決心派遣三位勇士去射殺太陽。

（五） 原本要一起射殺兩個太陽，其中一人認為要留下一個，做為照明之用，就是現在的太陽。

（六） 被射中的太陽支解破裂，飛散到天空中，變成了星星。

（七） 射下一個太陽後，宇宙又多了密密麻麻的星星。

三、賽德克族颱風的信仰

採錄者 田哲益、余秀娥 ｜ 口述者 葉清德（58 歲），德路固群

採錄地點 南投縣仁愛鄉松林部落

在過去的時代裡，我們賽德克族人在颱風的時候，不可以到田裡耕作，也不可以上山狩獵，這是禁忌。打雷也是一樣，不可以在外面遊蕩亂跑，否則會被雷擊。這是先人的禁忌信仰。

本故事敘述：賽德克族人禁止在颱風天、打雷天出外活動，這是一種 Gaya（信仰、禁忌），也就是禁止在颱風、打雷等惡劣的氣候出門，否則會遭到不測。唯有遵守 Gaya（規範），遵循祖先的教導，待在家裡，才能夠平安。

四、賽德克族颱風的禁忌

資料來源 鐵米拿葳依《賽德克族口述傳統文化故事（第一集）》

採錄者 鐵米拿葳依 ｜ 採錄時間 1997 年 10 月 11 日 ｜ 採錄地點 清流部落

颱風來襲時，不可說「颱風」。我母親說：「如果說颱風」，風會更大，所以我們要說「miyuk」（吹氣）。註1

從本則故事，可知族人對於「颱風」是懼怕的，颱風來襲時，不可以直說「颱風」來了，否則颱風會更加強大。要用比較溫和的語氣來形容，例如說「miyuk」（吹氣），則颱風就會趨於緩和穩定。

五、賽德克族雷的傳說

資料來源 見同上 ｜ 採錄者 鐵米拿葳依 ｜ 口述者 溫克成

採錄時間 1997 年 10 月 11 日 ｜ 採錄地點 清流部落

「雷是由人來的意思是什麼？」溫先生說：「我不知道什麼意義，只說是由我們來的。只要打雷就會下雨，就是好事；不打雷就是阻擋不會下雨。」「到底由人來的意義是什麼？」溫先生說：「我不知道，那是說天上的主啊！」註2

本則故事敘述：

（一）打雷就會下雨，這是好事。

（二）不打雷就是阻擋下雨。

（三）產生打雷的是天上的主。

註釋

註1 鐵米拿葳依《賽德克族口述傳統文化故事（第一集）》，2009 年 4 月，頁 73。

註2 同註 1，頁 70。

賽德克族自然天象的故事

第二十三章

賽德克族女人社與
男人社故事

一、賽德克族女人社

資料來源 內政部委託台灣大學人類學系研究
《台灣山胞各族傳統神話故事與傳說文獻編纂研究》

從前，人們去打獵，都要佩上腰帶，才能平安無事回社，因為深山內有個只住女人的部社，她們飼養熊蜂，一旦發現男人來了，就放出熊蜂，把男人引誘到他們的社裡。有一次，有兩個男人，不佩腰帶便出去打獵，結果真有熊蜂來，把他們引到部社，他們走入社中，一看，每戶人家的門口都站著女人，看到他倆就跑過來，抓住他們，將他們推倒在地，便行「timesokku」，結果兩人都瘦成皮包骨，一命嗚呼，後來女人們生下孩子，可是所有男孩都被咬死，只把女兒養大，此外，她們從未吃過硬的東西，僅吸食物冒出的水蒸氣過活。註1

本則故事敘述：

（一） 上山打獵，要佩上腰帶，才能平安無事回社。

（二） 有兩個男人不佩腰帶去打獵，女人社飼養的熊蜂把他們引誘到女人社來。

（三） 女人們強暴他們，兩人最後瘦成皮包骨，一命嗚呼。

（四） 女人生下的男孩都被咬死，只把女兒養大。

（五） 女人社的女人僅吸食物冒出的水蒸氣過活。

本故事的兩個男人「不聽老人言，吃虧在眼前」，這就是不遵循常規的下場。凡是依循常則，才能保證順遂與安全。

中國也有「女人國」的故事，宋·陳元靚《事林廣記·女人國》：「居東北海角，與奚部小如者部抵界。其國無男，母視井即生也。」

無獨有偶，還有「男人島」者，愛琴海的北部有一座聖山半島，島上有幾十座修道院，有的高高矗立在山頂上，有的立在靠海的懸崖邊，有的則有松柏的環抱，風景秀麗，寧靜幽美。不過，這個島可不是人人都能去的，因為這是座「男人島」。這裡隱居著一萬多個修道士，他們不看電視、不用電器、不和現代社會接觸、也不和女性見面，過著與世隔絕的生活。聖山半島上嚴禁女性出入，即使只是雌性動物也會被趕出去。來這裡旅遊的人，要事先受嚴格的檢查，如果有船要在附近經過，而船上有女性的話，船也必須要繞道行駛。幾百

年以來，聖山半島一直保留著這個習俗，真可稱得上是一個奇特的男人國。註2

二、賽德克族清流部落女人社故事

資料來源 鐵米拿葳依《賽德克族口述傳統文化故事（第一集）》

採錄者 鐵米拿葳依｜口述者 王文則

採錄時間 1997 年 10 月 10 日｜採錄地點 清流部落

　　我現在要談關於一個從前的村落，那個村落全是矮小的女人 Pyuma，誰見過，這只是由老人傳說下來的故事。有個全是女人，沒有男人的村落。裡面的女人全是矮小的。她們看見男人就抓。男人知道了，他們就男扮女裝，穿上女人衣服上山工作，長久以後男人經過那條路時，那些女人社的女人就說：「為什麼都是女人，怎麼沒有男人了？」那些女人社的女人就派出她們的狗，狗出來打開他們的衣服，發現他們是男人，就抓了那些男人。男人們要逃跑，逃到水中，並且游水避免被抓，那些女人就派所飼養的土蜂來追那些男人。她們將那些男人抓回去關起來和她們交媾。那些被女人強行性交的男人都變瘦了。她們餵食給他們，她們煮地瓜，男人知道了之後，就把圍欄撕裂，利用半夜時分逃跑了。那些男人都餓壞了，而且生氣了，他們就把那些女人社的女人燒死了，就再也沒有女人社了。當她們的孩子生下來時，她們把男嬰吃掉，……她們是半夜被燒毀的。我的話到此，這些話是我以前從 Temi Nawi 的父親聽來的故事。他說女人社的原址是在吐羅夫 Drodux 村落區的，到底是那一方向我本人也不清楚，好像說是 Dakurasiq 高山頂上的，她們是從山崖上往下看人的，她們來強行抓走男人。註3

本則故事敘述：

（一）　從前有一個村落全是矮小的女人，沒有男人。

（二）　這個村落的矮小女人看見男人就抓。

（三）　女人從山崖上往下看人，她們強行抓走男人。

（四）　男人們就男扮女裝上山工作。

（五）　女人社的矮女人開始懷疑。

（六）　女人社的女人就派出狗打開他們的衣服，發現他們是男人，就抓了那

些男人。

（七）　男人們逃到水中避免被抓。

（八）　女人派出土蜂來追那些男人。

（九）　將男人抓回去關起來與之交媾。

（十）　女人社女人懷孕生下孩子，會把男嬰吃掉。

（十一）　男人把圍欄撕裂，利用半夜時分逃跑了。

（十二）　男人生氣，把女人社的女人燒死了，從此就再也沒有女人社了。

（十三）　女人社的原址可能是在德羅多夫（Drodux）Dakurasiq 高山頂上。

三、賽德克族中原部落女人社故事

資料來源 見同上｜採錄者 鐵米拿葳依｜口述者 錢成鏡

採錄時間 1997 年 9 月 27 日｜採錄地點 中原部落

　　從前有一種人，居住在一個村落，村落內的百姓全是女人，沒有男人；那些人就是被稱為沒有肛門的人，她們不吃飯，只吃煮東西的煙霧，先人們是這麼說的。有一次，有一個男人經過那兒，她們捉拿他，說只要他生下一個孩子，她們就放他走。如有人不願意留在那兒，她們就吃他的生殖器而且捉拿那些男人，而且據先人說，那個人好像也被吃了。而那些人住在霧社一帶的人，到底村落是那一方向，沒有人知道。據說，她們住在霧社一帶。男人經過那兒時會被捉走。所以人很害怕經過那兒。而且她們也會派遣她們的土蜂，如果有人逃走，她們就叫她們的土蜂去捉拿他們，那些男人如果被土蜂咬了，很快就會被追上。這是先人留下來的話，那群女人名叫 Pyuma。註 4

本則故事敘述：

（一）　從前有一個村落，居民全是女人，沒有男人。那群女人名叫 Pyuma。

（二）　據說這個女人村落位在霧社一帶。

（三）　那些女人是沒有肛門的人。

賽德克族女人社與男人社故事

（四） 她們不吃飯，只吃（吸）煮東西時的煙霧。

（五） 男人經過那兒時，會被女人捉走。所以很害怕經過那兒。

（六） 如果有人逃走，她們就叫她們的土蜂去捉拿他們。

（七） 有一個男人經過那兒，被她們捉住，說只要他生下一個孩子，她們就放他走。如有人不願意留在那兒，她們就吃他的生殖器。

四、賽德克族靜觀部落女人的故事

資料來源 劉育玲《台灣賽德克族口傳故事研究》

採錄者 劉育玲 ｜ 口述者 孫友朋（90 歲），德路固群

採錄時間 2000 年 9 月 14 日 ｜ 採錄地點 南投縣仁愛鄉合作村

有一個地方叫 Mhahui，從靜觀部落走一條上坡的小路上去，那邊有一塊平台。以前有四戶人家住在那裡，其中有一戶沒有男孩子，只有四個女孩子。很多男孩子經過那裡都會被她們抓走。男的被抓到裡面後，她們就搶來搶去想要跟那個男的一起睡。可是那個男的怕啊！他不願意跟她們在一起，就逃跑了。他走了以後，女孩子就哭了。註5

本則故事敘述：

（一） 有一個地方叫 Mhahui，有四戶人家住在那裡。

（二） 其中有一戶沒有男孩子，只有四個女孩子。

（三） 很多男孩子經過那裡都會被她們抓走。

（四） 四個女孩子搶來搶去想要跟男孩一起睡。

（五） 男孩子害怕就逃跑了。

（六） 女孩子很傷心就哭了。

五、賽德克族靜觀部落女人社故事

資料來源 見同上 ｜ 採錄者 劉育玲 ｜ 口述者 顏明麗（84 歲），德路固群

　　以前我們山上這邊有一個地方叫 Mhahui，Mhahui 那個地方都是女孩子，沒有男孩子。那邊的女人好像都沒有看過男人，只要有一個男的經過就會把他攔下。聽說那裡的女孩子都很漂亮。註6

本則故事敘述：

（一）　Mhahui 那個地方住的都是女孩子，沒有男孩子。

（二）　據說女孩子們長得都很漂亮。

（三）　女人好像都沒有看過男人，只要有男孩經過就會把他攔下。

六、賽德克族女人之地

資料來源 見同上 | 採錄者 劉育玲 | 口述者 呂高雙娥（84 歲），都達群

採錄時間 2000 年 9 月 4 日 | 採錄地點 南投縣仁愛鄉合作村

　　女人之地，位於今清靜農場之說以賽德克德固達雅人為眾，德固達雅人稱女人之地為 Puuma。據說那個地方的女人都會巫術，沒有男人敢娶她們，所以才會都是女人。可是有一次男人因尋找獵狗而誤入女人之地，結果很多女人都圍攻那個男孩子，後來有些女人就懷孕了，所以才有今天這些後代。註7

本則故事敘述：

（一）　德固達雅人稱女人之地為 Puuma。

（二）　女人之地，位於今清境農場。

（三）　女人之地的女人都會巫術，所以沒有男人敢娶她們。

（四）　有一回，有男人因尋找獵狗而誤入女人之地，結果很多女人都圍攻那個男孩子

（五）　後來有些女人就懷孕了，所以才有今天這些後代。

　　賽德克故事的最後，被抓的男人有的在其部落被折磨至死，有的則逃出部落求援，據說，今之所以會有女人之地的故事，就是當初逃出來的人所口耳相

傳的。此外，今賽德克的故事中，多有女人之地被消滅的情節。由於女人擅長養蜂，據說，她們養的蜂像麻雀一樣大，因為蜂翼怕火，因此，今人大部分都是說女人之地是被放火燒掉。如今，其中一則故事還言及，因為那邊的女人看到男的就抓，所以男人就穿起女人的衣服，打扮成女人的樣子混進其部落，裡應外合把它給燒了，所以現今已無女人之地的存在。（郭明正口述，2000 年 9 月 11 日）註 8

七、賽德克族男人社

資料來源 見同上｜採錄者 劉育玲｜口述者 何首先（66 歲），都達群
採錄時間 2000 年 9 月 15 日｜採錄地點 南投縣仁愛鄉精英村

今賽德克都達群人有一則頗似男人之地的故事，其言：以前有一個地方全部都是男人。有一次他們看到一個女孩子，就把女孩子抓進來。有人就說要跟女孩子傳宗接代，否則會沒有後代，可是他們不知道方法。於是很多男人就開始爭她身上有洞的地方，說：「那一個地方是我的！那一個地方是我的」！結果試了很多次都不成功。後來有一個人說，那像像斧頭砍過比較大的地方是我的」，才找到了方法，他們就很高興，以後子孫就愈來愈多。註 9

本則故事敘述：
（一）以前有一個地方全部都是男人。
（二）有一次他們看到一個女孩子，就把女孩子抓進來。
（三）他們想跟女孩子傳宗接代。
（四）男人不知道如何傳宗接代。
（五）男人開始爭她身上有洞的地方。
（六）試了很多次都不成功，最後才終於找到了方法，從此子孫就愈來愈多。

註釋

註1　《蕃族調查報告書》紗績族後篇，佐山融吉著（大正6年），余萬居譯。引自內
　　　政部委託台灣大學人類學系研究《台灣山胞各族傳統神話故事與傳說文獻編纂研
　　　究》，1994年4月30日。

註2　紀玉君《250個影響世界的大冒險》，台北，全美文化公司，2004年7月，頁
　　　165-166。

註3　鐵米拿葳依《賽德克族口述傳統文化故事（第一集）》，2009年4月，頁80。

註4　同註3，頁90。

註5　劉育玲《台灣賽德克族口傳故事研究》碩士論文，2001年6月，頁223。

註6　同註5。

註7　同註5，頁224。

註8　同註5，頁222。

註9　同註5，頁224-225。

第二十四章
賽德克族婚姻故事

婚姻是人一生中最重要的生命歷程，人類從「原始雜婚」發展至「近親不婚」，建立婚姻的制度與禮儀。由「部落內婚」（部落內自行婚配）到「部落外婚」（部落與部落之間婚配）；再從「族內婚」（同族相婚）發展至「族外婚」（異族通婚），這是需要相當長一段時間才發展至今的「現代婚儀」。

現代訂婚儀式／田哲益提供

現代結婚喜宴／田哲益提供

一、賽德克族原始雜婚

資料來源 內政部委託台灣大學人類學系研究
《台灣山胞各族傳統神話故事與傳說文獻編纂研究》

太古時代，地上出現了男女各一人，不久，又有兩個男人從地裡冒出來，後來，又從豬糞生出一個男人。一天，豬糞出生的人遇到地裡冒出的人，並向二男說：「你們應天天用豬糞清洗身體，才能如百日紅般永不衰老。但二男不信，於是豬糞誕生的人死去而成為神，這便是死神，族語 hamichiottohu。後來，兩個由地上冒出的男人之一，姦了另一個人，結果被姦者竟然懷孕了，但無法生下孩子，因而死了，活著的那個男人後來遇到一個女人，結為夫妻，生下男女各一個孩子，可是父親與兩個孩子，不久都去世了，只剩下妻子一個人，妻子感到孤單寂寞，後來遇到一條狗，便與狗結婚，生下一男兩女。小孩長大後，一天，狗父親出去打獵，母親與子女去尋找父親，看到遠處一隻狗在找鹿肉，母親指其狗為父親，子女大聲呼喊父親，可是狗並未回答，子女便將狗殺死，母親也無可奈何，後來母親和自己的兒子結為夫妻，生下一個男孩，男孩長大後，跟兩位姑姑結婚，從此子孫一直繁衍下去，有人說，最初出現的兩個男女是糞蠅所生，族語稱 mukuse lubogan。註1

本則故事是最典型的原始創世婚例子，其雜交婚如下：一、男姦男，二、男與女婚，三、女與狗婚，四、母與子婚，五、姪兒與姑姑婚。

二、賽德克族近親不婚

資料來源 內政部委託台灣大學人類學系研究
《台灣山胞各族傳統神話故事與傳說文獻編纂研究》

我們的祖先是起自一個女人，一天，這個女人跨坐在山頂上，伸長雙腿，剛好一陣風吹來，於是懷胎生下一男孩，男孩長大後，母親不知去哪裡為他找新娘，決定自己當兒子的妻子，於是她假裝出去為兒子找新娘，並和兒子約好地方。到了約定的日子，兒子看到約定的地點，有一個臉上刺紋的女人，以為就是母親為他找的

新娘，但是他們不知交合之道，這時兩隻蒼蠅飛來，並在地上相疊起來，於是他們瞭解了相合之術，從此子孫漸多。剛開始，他們不分父女兄妹，互相結合，所以生下的孩子都殘缺不全，直到一天晚上，某人做了一個夢，神告訴他，殘廢者之多，就是因為父女兄妹結婚所引起，自此便嚴禁近親結婚。註2

這則故事敍說人類的始祖爲女人，人類第一次懷孕的經驗是感風有孕而生子。這位女始祖爲繁衍後代，決定把自己當成兒子的妻子，於是在臉上刺紋讓兒子認不出。

起初不知如何交合，因見兩隻蒼蠅相疊，於是懂得繁殖之術，子孫漸多。人類初始，近親雜婚，因此，生下的孩子有許多殘缺不全或殘廢者。

某夜，神托夢告知：殘廢者之多，即父女兄妹近親婚所致，自此便嚴禁近親結婚。當然，人類從原始雜婚發展而至嚴禁近親結婚，歷經了相當長遠的一段時間。

人類的發展是從原始雜婚，逐漸演變為一夫一妻的婚姻生活，這是人類發展的必然現象。

人類經由無數交合的經驗，得知了近親交合生子多殘缺不全，後來也發展出近親禁婚的嚴格規定。這也是必然現象。

三、德路固群結婚實例

資料來源 沈明仁總編輯《仁愛鄉志》（下）｜口述者 Wani Bawan｜族群 賽德克族德路固群

曾經有別社的男子到莎都社來，看見一名女子，傾心於其容貌，立志非娶她不可。一回到家裡，他就告訴了父母親，要求無論如何都要促成其好事。雙親同意了，拜託一名友人，到女孩家去說親。女方也開出聘禮條件，因為男方太喜歡那個女孩，於是只好硬著頭皮答應，叫媒人再跑一趟去回話。女方大喜，立刻定下婚禮的日子，並著手釀酒。酒好了之後，日子也到了，女方便率人去點收聘禮，當晚接受男方的招待，並住了下來。可是第二天盤點聘禮時，卻發現數量不足。女方雙親大怒，當場宣布婚議破裂，以後免談。第二天，這名男子又到女家去，想取回從前送的東西。女方覺得被愚弄了，遂把這個青年痛打一頓，而且毀壞了他家的田園。

男方自以為求親心切才造成此結果，並非存心詐欺，如今女方既打人又毀田，實在太不顧情面，若不報復，難平心頭之氣。於是攜槍等在路旁，準備狙擊女方的親戚，幸虧子彈未中。女方的人更為忿怒，聲稱：「可恨的傢伙，欺人在先而開槍偷襲在後，若不報復怎麼可以。」從此雙方都放出風聲，等待機會向對方馘首。若這種事件起於同社之內，女家一定率眾破壞男家的耕作物、伐盡樹木，還要按照馘首的方式武裝起來，攻擊男方的家，毀屋傷人。註3

本則故事敘述：
（一） 有一男子到莎都社來，傾心於一名女子的容貌，立志非娶她不可。
（二） 回到家裡，就告訴父母親自己的意念。
（三） 雙親拜託一名友人到女孩家中說親。
（四） 女方開出了聘禮條件。
（五） 定下婚禮的日子，並著手釀酒。
（六） 女方率人去點收聘禮，當晚接受男方的招待，並住了下來。
（七） 第二天女方盤點聘禮，發現數量不足，當場宣布婚議破裂。
（八） 次日，男子到女家去，想取回從前送的東西。女方覺得被愚弄了，就把這個青年痛打一頓，而且毀壞了他家的田園。
（九） 男子難平心頭之氣，於是攜槍等在路旁，準備狙擊女方的親戚，幸虧子彈未中。
（十） 從此，雙方都等待機會向對方馘首。

四、德路固群結婚實例

資料來源 沈明仁總編輯《仁愛鄉志》（下） ｜ 口述者 Wani Bawan ｜ 族群 賽德克族德路固群

　　某個男孩愛慕另一個女孩，雖然因家貧無法湊足聘禮，也無法斷絕思慕之情。於是下定決心，一日親赴女家，把自己的「dogan」（網袋）和佩刀掛在屋裡的吊鉤上，當他正想轉身離去的時候，少女突然拿下他的 dogan 和佩刀往外丟。男孩深深怨恨她的無情，然而此事之困難也早在意料之中，本來就有一定要達到目的的決心，所以毫不氣餒，自此夜夜到女方家中，向女孩大獻慇勤，還常常去山上抓

　　　　　　　　　　　　　　賽德克族婚姻故事

一些老鼠來孝敬她的父母親，可說用盡心機，卻未能打動她的芳心。女孩始終不對他說話，對於送給她的老鼠也不屑一顧，一副木然無情的樣子。有一天，連女孩的父母親也看不過去了，規勸她說：「人家好意送妳東西，怎麼可以如此對待人家？」可是，女孩還是不聲不響把那些老鼠拿去丟掉了，回來便問：「老鼠在那裡？我沒有看到！」事情到這種地步，男孩也只好啞口無言、垂頭喪氣的把女孩丟掉的老鼠撿回家去。第二天再到女孩家中，溫柔的問：「到底妳要我送妳什麼東西，才肯嫁給我？」可是女孩依然不回答，猶如過耳東風。女孩的態度使她的母親也覺得男孩太可憐了，立刻答應了婚事。男孩大喜，從這天開始幫忙女家工作（稱為 shikinotan），每天辛苦的討好岳父母及其妻（稱為 lumimo）。但是妻子的心還是沒有軟化，給她任何山珍海味都不肯吃一口。有一天，新郎採薪完畢回家的路上，遠遠看到他的妻子，於是向她招手，要她走過來。妻子明明看到他，可是看了他很久，又跑去躲了起來。當天傍晚，新郎憋了一肚子氣回到家，他的妻子正在蒸番薯，看到丈夫就叫他吃番薯。新郎早已按捺不住長久以來的怨恨，遂同樣回答說：「不吃！」兩人隨即大吵一架，丈夫在盛怒之餘打了妻子，丈母娘看見後，罵他不該。他萬念俱灰，回到自己家裡去了，同時殺豬一頭向社人謝罪。女方也一樣為了婚姻破裂而殺豬謝罪，社人預知會有此事，紛紛前去等候分配豬肉，沒有到場者，則由謝罪者主動送過去。一旦離了婚，而且家裡有豬，第二天就要謝罪。如果沒有，當然也可以等待幾天之後。但是，此事絕對不能輕忽，社人也會不斷催促辦理。如果女方無資力買一條豬時，就要趕快和其他的男人結婚，借他的力量來辦理。註4

本則故事敘述：

（一）　一個男孩愛慕一個女孩，因家貧無法湊足聘禮，也無法斷絕思慕之情。

（二）　一日，下定決心親赴女家，把自己的「dogan」（網袋）和佩刀掛在屋裡吊鉤上，以示愛意。

（三）　但是少女把 dogan 和佩刀往外丟棄，表示不接受。

（四）　男子毫不氣餒，夜夜到女方家中，向女孩大獻殷勤。

（五）　男子也常去山上抓老鼠來孝敬她的父母親。

（六）　女孩始終不對他說話，對於送給她的老鼠也不屑一顧。

（七）　有一天，女孩的父母親也看不過去了，對男孩起了憐憫之心。

（八）　父母親答應了婚事。

（九）　男孩開始辛苦幫忙女家工作，討好岳父母及其妻，但是妻子對他始終沒有好臉色。

（十）　後來，夫妻大吵一架，丈夫在盛怒之下打了妻子。

（十一）　男孩萬念俱灰，回到自己家裡去了，殺一頭豬向社人謝罪。以表示要離異。

（十二）　女方也一樣為了婚姻破裂而殺豬謝罪。

（十三）　一旦離了婚，第二天就要殺豬謝罪。

五、德路固群結婚實例

資料來源 沈明仁總編輯《仁愛鄉志》（下）　|　口述者 Wani Bawan　|　族群 賽德克族德路固群

　　父子相偕上山打獵，發現了一隻大山羊，讓獵狗去追，可是追了又追，還是沒有捉到。父親懷疑媳婦紅杏出牆，一回家便加以盤問，媳婦卻堅決否認。後來又上山打獵，結果更糟，兒子身負重傷，不久就死了。媳婦就回到娘家去，外表上日子過得很孤單，婆家做夢也沒想到她有情夫，為了可憐她，把她的東西都送回了娘家。可是，她的娘家卻不領情，除了留下兩三樣之外，其餘的東西都送了回去。不久寡婦招一贅夫，卻在馘首時死亡。馬上又招了另一個丈夫，也被他社的人砍頭身亡。她的命運如此坎坷，就是因為不守婦道造成的，壞就壞在她又不肯承認，譬如她的第一個情夫，因為毫不隱瞞的向社人告了罪，所以娶妻後，過著平安無恙的日子。註5

本則故事敘述：

（一）　父子上山打獵，發現一隻大山羊，讓獵狗去追，可是沒有捉到。

（二）　父親懷疑媳婦紅杏出牆，媳婦堅決否認。

（三）　父子又上山打獵，兒子身負重傷，不久就死了。

（四）　媳婦回到娘家去，婆家把她的東西都送回娘家，可是娘家除了留下兩三樣之外，其餘的東西都送了回去。

（五）　不久媳婦招一贅夫，卻在馘首時死亡。

賽德克族婚姻故事

（六）　又招了另一個丈夫，也被他社的人砍頭身亡。

（七）　她的命運變得如此坎坷，是不守婦道而且又不肯承認造成的。

（八）　反之，她的第一個情夫，因為毫不隱瞞的向社人告了罪（承認），所以娶妻後，過著平安無恙的日子。

六、德路固群結婚實例

資料來源 沈明仁總編輯《仁愛鄉志》（下）｜口述者 Wani Bawan｜族群 賽德克族德路固群

　　某個女人在少女時期與人私通，但卻隱瞞此事嫁給了另外一個人，不久她便死了，情夫也在馘首時陣亡，被敵人砍了頭。又過了一些日子，她的父親也倒在床上，有一天母親到田裡工作，傍晚回家時，發現父親早已死了。依照習俗必須拋棄屋子，母親變成無家可歸的人，只好寄人籬下，到親戚家裡去。註6

　　本則故事敘述：

（一）　一少女與人私通，卻隱瞞此事嫁給了另外一個人。

（二）　少女不久後便死了，她的情夫也在馘首時陣亡，被敵人砍了頭。

（三）　又過了一些日子，她的父親也倒在床上死了。

（四）　依照習俗，必須拋棄屋子，母親無家可歸，只好寄人籬下。

　　這是賽德克族人嚴禁未婚少女與人私通的故事，否則禍及家人。本傳說亦兼及喪葬禮儀，如果有家人在家中意外死亡是屬於「惡死」，必須放棄該屋。有病重的家屬一定要有人在家照護，才能算是「善死」。

七、德路固群結婚實例

資料來源 沈明仁總編輯《仁愛鄉志》（下）｜口述者 Wani Bawan｜族群 賽德克族德路固群

　　一個男孩到一個女孩家裡去玩，告辭了好幾次，女孩子才勉強答應。第二天，女孩反而到他家來了，提著一籃栗子來贈送，說是回贈昨日之禮。男孩的母親到女

家去的時候，又受到熱誠招待。有一天，男孩打獵回來，獵物甚多，就分了一些給剛好來到的女方家人。男孩的兄姊也想分一些，卻遭到拒絕。不久，兩家的婚約成立，接著，到了交換禮物的日子，雖然男方準備的聘禮夠多，女方贈送的禮物卻太少。於是男孩的母親生氣了，到女方家裡去，索回部分聘禮，女孩的母親也把女兒帶回去了。新郎對於自己母親的行為非常氣憤，立刻把拿回來的東西送回去，單獨到女孩家中，接回新娘團圓。註7

這是一則婚姻聘禮的故事，由於男女雙方的禮聘不均衡，造成差點毀婚，所幸新郎識大體，挽回了他的婚姻。

八、德路固群結婚實例

資料來源 沈明仁總編輯《仁愛鄉志》（下）｜口述者 Wani Bawan｜族群 賽德克族德路固群

某人欲得一妻而苦於無其資力，許久都無可奈何。可是，機會終於來臨，有一個女孩不論是容貌、氣質都甚得其意，於是就守在路上，趁這個女孩外出時掠擄之，帶回家去監禁起來。男孩的雙親看到這種情形，就一起出外不回來睡，大約過了三、四天的某個夜晚，該男子終於用軟硬兼施的手段，脅迫女孩子就範，於是大喜。第二天早晨見到雙親，便告以開始釀酒也無妨。雙親也很高興，隨即著手釀酒，開始作種種婚事的準備；可是又過了一天，這個女孩竟然躲進山中不出，到了婚禮之日仍然沒有出現，男方也無可奈何。註8

本則故事涉及到傳統搶婚習俗，雖然已經白米煮成熟飯，但還是有不成功的例子。

九、賽德克族與布農族通婚

採錄者 田哲益、余秀娥｜口述者 葉清德（58歲），德路固群

採錄地點 南投縣仁愛鄉松林部落

賽德克族婚姻故事

我的名字叫 Watan Ibu，我的名字後面是連我的祖母的名字，我的祖母是隔壁村萬豐部落的人，萬豐部落是布農族的聚落，所以我的祖母是布農族人。以前我們賽德克族人與布農族是敵對的兩個族群，我們也與隔壁的泰雅族萬大群也是敵對的。以前我們不與外族通婚，還會互相砍人頭。後來漸漸地才能夠與異族通婚，所以我也是布農族的子孫。

　　本則故事敘述：賽德克族與布農族異族通婚的故事。過去賽德克族與布農族的婚姻制度，都是施行「族內婚」，禁止與異族通婚，通婚是最嚴重的禁忌，女子可能會被嚴重懲罰。在布農族女子會被理光頭，她的下體會被灌辣椒水，甚至把她放逐，不得住在部落裡。

　　國民政府時代，有學校的聯合運動會及教會的聯合禮拜，松林部落開始與萬豐村（布農族）接觸。過去通婚犯族群的忌，與外族通婚後，就不能回來部落。後來，因為部落大多都是親戚，為免近親繁衍，現在已經可以和外族（尤其布農族）通婚。註9

　　在布農族萬豐部落訪查時，曾任村長的廖金池先生說：部落裡有許多名字是賽德克族人或泰雅族人的名字，這就是異族通婚後新的名譜。

註釋

註1　《蕃族調查報告書》紗績族後篇，佐山融吉著（大正6年），余萬居譯。引自內政部委託台灣大學人類學系研究《台灣山胞各族傳統神話故事與傳說文獻編纂研究》，1994年4月30日。

註2　同註1。

註3　沈明仁總編輯《仁愛鄉志》（下），頁1264-1265。

註4　同註2，頁1265-1266。

註5　同註2，頁1266。

註6　同註5。

註7　同註2，頁1266-1267。

註8　同註2，頁1267。

註9　http://mmweb.rw/33014/（松林部落）。

第二十五章
賽德克族生育與愛情故事

賽德克族生育繁殖人類，最初是女子「感風而孕」，有了男女始祖，就發展
至「性交生育」。起初，人們不懂得「性交」，見到蒼蠅相互交疊，才感悟
了「陰陽相合」之道。賽德克族也有數則愛情故事，亦膾炙人口。

一、賽德克族女子感風而孕故事

資料來源 內政部委託台灣大學人類學系研究
《台灣山胞各族傳統神話故事與傳說文獻編纂研究》

　　我們的祖先是起自一個女人，一天，這個女人跨坐在山頂上，伸長雙腿，剛好一陣風吹來，於是懷胎生下一男孩，男孩長大後，母親不知去那裡為他找新娘，決定自己當兒子的妻子，於是她假裝去為兒子找新娘，並和兒子約好地方。到了約定的日子，兒子看到約定的地點，有一個臉上刺黥的女人，以為就是母親為他找的新娘，……從此子孫漸多。……初期的刺墨是整張臉都刺，但近來漸漸縮小，只刺在臉頰上而已。註1

　　傳說，賽德克族的始祖是一位女子，有一日，她跨坐於山頂上，伸長雙腿，有一陣風襲來吹入其陰部，於是懷孕，後生下一位男孩，賽德克族自此繁衍。

　　女始祖感風而孕生一男孩，從此，世界上的人類就有一男一女了，男孩子漸漸長大，母親決定當其妻子，臉上就刺紋化妝，讓兒子無法認出，於是結婚，子孫漸多。本故事提到了賽德克族人文面的發展歷史，起初女子是整張臉都刺墨（大概是有徹底易容的意思），後來漸漸縮小，只刺在臉頰上，而且形成了制度與型制（講究美觀與形式）。

二、賽德克族女子感風而孕故事

資料來源 內政部委託台灣大學人類學系研究
《台灣山胞各族傳統神話故事與傳說文獻編纂研究》

　　古時候，有個叫 temahahoi 的地方，住的全是女人，當她們想生孩子時，只要跨坐在岩石上，兩腿撐開，讓風吹入，即可懷孕，但生的全是女嬰。有一次，有五個社人，去打獵時，要尋找失蹤的獵犬，卻遇到 temahahoi 地方的女人，結果全被女人們抓住了，女人將男人的 uttashi 握住，硬塞進自己的 pippi，硬行 tamanmohu。

後來，有一個人終於逃走了，他回到社中將情形告訴眾人，眾人前往復仇，結果也被俘虜了，而且所有的人陽具都被砍斷，眾人怒瞪著眼，卻見到女人紛紛拿著他們的陽具插入股間，有人說，那些女人其實不是女人，而是一種叫做 bongoholu 的蟲的化身。註2

本則故事敘述：
（一）　女人村是在叫做 temahahoi 的地方。
（二）　女人想生孩子，只要讓風吹入陰部即孕，生下的孩子都是女嬰。
（三）　有五個賽德克獵人尋找失蹤的獵犬，被女人俘虜。
（四）　女人強暴了五個賽德克獵人。
（五）　有一位獵人逃走，返社搬救兵。
（六）　救兵全部都被俘虜，陽具都被砍斷。
（七）　女人紛紛拿著他們的陽具插入股間。
（八）　有人說那些女人，是一種叫做 bongoholu 的蟲的化身。

三、賽德克族性交生育故事

資料來源 內政部委託台灣大學人類學系研究
《台灣山胞各族傳統神話故事與傳說文獻編纂研究》

太古時，有一隻蒼蠅，不知從何處飛來，牠所下的蛋，孵出了一男一女，一男一女長大後，彼此觀察，發現兩人都有類似的東西，如鼻子，耳朵、但在肚臍下方，卻有不同的東西，一個是凸的一個是凹的，於是兩人相擁，將凸出之物伸進了凹處，至此，兩人始知這正是「ottohu」恩賜之物，其後女子懷了孕，生下兒女。註3

本則故事敘述：始祖一男一女創生後，漸漸長大成人，也開始對於男凸女凹的生殖器官產生興趣與探討，其後有孕生下子女。

四、賽德克族人類性交傳說

資料來源 內政部委託台灣大學人類學系研究

《台灣山胞各族傳統神話故事與傳說文獻編纂研究》

太古時，有一隻蒼蠅，不知從何處飛來，牠所下的蛋，孵出了一男一女，一男一女長大後，彼此觀察，發現兩人都有類似的東西，如鼻子、耳朵，但在肚臍下方，卻有不同的東西，一個是凸的一個是凹的，於是兩人相擁，將凸出之物伸進了凹處，至此，兩人始知這正是「ottohu」恩賜之物，其後女子懷了孕，生下兒女，長成後，又互相燕好，共生十個子女。註4

當一隻蒼蠅孵出的一男一女始祖學會繁殖之術，生下了子女，子女彼此又繼續燕好，生下十個子女，人類一直繁衍下去。

本則故事敘述：人類初祖一男一女創生後，逐漸長大，便開始注意觀察彼此相異之處，他們發現男人的下體是凸的，女人的下體是凹的，在驚異與好奇之下，兩人相擁，將凸出之物伸進了凹處，女人懷孕，生下了兒女。

從本則故事來看，賽德克族人認為，男人的下體是凸的，女人的下體是凹的，是天神「ottohu」恩賜人類之物，有性器官崇拜的傾向。

五、賽德克族蒼蠅啟示人類性交故事

資料來源 內政部委託台灣大學人類學系研究

《台灣山胞各族傳統神話故事與傳說文獻編纂研究》

巨石迸生一對男女後，其起初不明陰陽相合之道，後見兩隻蒼蠅相互交疊，始有所悟，繼而生下一對兄妹（或言姊弟）。兄妹長成後因憂慮從此無嗣，一日，妹妹告訴哥哥某地有一女子可以為妻，請哥哥至某地相等。妹隨即先到並在臉頰塗上煙煤自稱其妻，哥哥無法認出，兩人遂結婚，從此子孫綿延不絕。註5

本則故事敘述：

（一）　人類初祖從巨石迸生一對男女。

（二）　一對男女初祖最初不明陰陽相合之道。

（三）　男女初祖見兩隻蒼蠅相互交疊，始有所悟。

（四）　男女初祖生下一對兄妹（或言姊弟）。

（五）　兄妹長成憂慮從此無嗣。

（六）　一日，妹妹告訴哥哥某地有一女子可以為妻，請哥哥至某地相等。

（七）　妹隨即先到並在臉頰塗上煙煤。

（八）　哥哥來到了，妹妹自稱是其妻。

（九）　哥哥無法認出臉頰塗上煙煤的妹妹，於是兩人結婚，從此子孫綿延不絕。

六、賽德克族人類性交故事

資料來源 鐵米拿葳依《賽德克族口述傳統文化故事（第一集）》

採錄者 鐵米拿葳依｜口述者 許永發

採錄時間 1997 年 12 月 4 日｜採錄地點 眉溪部落

　　我要說一件先人的來源，是我從已逝世的老人那裡聽到的，還有你的父親（指曾瑞琳的父親）。我們最先活在人世間的人類是兩個男人。這兩個男人想了又想，覺得只有兩個男人沒有什麼意義。有一天不知道從那兒來了一個長髮的人，她進到樹根的山洞內，那兩個男人去窺視她，發現她原來是一個女人。因為從前的人沒有穿衣服赤身裸體的，他們建造了一棟可以住的房子，他們帶她去房子那兒，他們就想，她是女人，他們為她的「東西」澆水，就是人所稱的「傷口」，因為他們不知道那是女人。為她燒水，但那傷口癒合的慢。其中一個男人就命令另一個男人說：「去吧，你去挑水吧！」他用葫蘆去挑水。他們說：「我們來試試看她的傷口吧！」他們找一找，同她玩一玩，耳朵的洞、鼻子和腋下都試一試，他們試一試她的傷口，進去了，有意思了，那個人就大喊著說：「我們能生存了。」他說：「我們找到了生存的秘訣了。」後來，另一個男人正走來，他跑的時候因滑倒，把葫蘆碰撞而破裂，水都沒有了，前者對後者說：「我們會生存下去了」。不久之後，那女人懷孕了，從那時起，女人就生下孩子，從此，就知道增加人口的方法，人類就增多

了，他們讓子女結婚，然後人類就繁多了。註6

本則故事敘述人類繁衍源起於「性交說」：
（一） 世界上最早出現的人類是兩個男人。女人是後來才出現的。
（二） 他們三個人開始在一起。兩個男人不知道女人的下體為何物。
（三） 兩個男人很好奇，到處玩玩她的身體，例如耳洞、鼻子和腋下都試一試，終於找到了女人的私密。
（四） 女人懷孕生子後，才知道繁衍人類的方法。

七、德固達雅群與妹妹性交而死的哥哥

資料來源 沈明仁總編輯《仁愛鄉志》（下）
口述者 Iyon Bawan、Bawan Bohoku、Walis Labai｜族群 賽德克族德固達雅群

昔日，有兄妹二人登上 paga（櫓，瞭望台）休息，可是，不久突然春情發作，二人遂開始互相觸摸，進而交合。然而此時肌肉突然變得堅硬，黏著在一起無法分開。到了傍晚，底下傳來母親的叫聲，兩人心裡慌張，更加拚命掙扎，可是卻好像黏得更緊，完全拔不出來。母親爬上來之後，一看到這個樣子，當場就嚇呆了。於是想盡了辦法要使兩人分開，但是無論如何也無法將兩人分開，只好用佩刀把那個東西切掉，哥哥當場就死了。註7

本則傳說敘述：
（一） 昔日，有兄妹二人登上瞭望台，二人開始交合。
（二） 他們的肌肉突然變得堅硬，黏著在一起無法分開。
（三） 到了傍晚，母親爬上瞭望台，想盡辦法要使兩人分開。
（四） 但是，無論如何也無法將兩人分開，只好用佩刀把那個東西切掉，哥哥當場就死了。
這是一則譴責性與懲罰性的傳說故事。兄妹交合是嚴重違反賽德克族人的 Gaya。

八、賽德克族挖開姑娘陰門趣聞

資料來源 內政部委託台灣大學人類學系研究

《台灣山胞各族傳統神話故事與傳說文獻編纂研究》

　　古時候，有個姑娘，招了一位乘龍快婿，但姑娘的陰門太小，所以沒幾天，新郎便一走了之，姑娘的母親很煩惱，想來想去，不知如何是好，後來不得已，母親只好請一個青年來，用刀把它挖開，幸虧後來開闔自如，母親感念青年的功勞，便招他為婿。註8

　　本則故事說明了賽德克族古代婚姻制度，除了父系制度男娶女嫁的婚俗之外，一般亦存在著招贅婚的習俗。本則故事中的姑娘，因陰門太小，招贅的女婿不數天就一走了之了。後來，請來一位青年用刀把姑娘的陰門割開，為了感恩這位青年，招贅他為女婿。

　　世界上不管哪個民族，男女性的生殖器，總是被熱烈的討論著，也經常不時拿來調侃。

　　甚至，罵人的話亦有許多與生殖器有關。賽德克族亦不例外，自古以來也有許多有關生殖器的傳說故事。

九、賽德克族德路固群大陽具的故事

資料來源 沈明仁總編輯《仁愛鄉志》（下）　│口述者 Waji Bawan │族群 賽德克族德路固群

　　從前有一個長有大陽具的男人經常的住在山上，到了夜晚就到部落裡來，每家迴旋，見到家中只有婦女，就突然伸出他那如怒蛇的一物，自窗戶插入調戲婦女。有一家的女孩被這個男人侵犯後懷孕了，眾人則為她沒有丈夫而懷孕感到奇怪，認為必定是那個住在山上，卻夜夜到部落中來的男人的種子，這個女孩卻嘴硬而不肯承認，並說：「我是有一天不小心跨坐在男人坐過的地方，感受到體臭而懷孕的，絕不是山上那個男人的孩子。」生下孩子之後，她的母親就因深怕養育這個不知是那個男人的種的孩子，會招來社人的取笑，就要女兒把小孩丟棄。故至今在習慣

　　　　　　　　　　　　　　　　　　賽德克族生育與愛情故事

上，私生子都要丟在棄物場。註9

　　這是一則賽德克族有關私生子的傳說，顯然很殘忍，但是這就是賽德克族的傳統習俗，布農族也有類似風俗。

　　本則故事敘述：

（一）從前有一個有大陽具的男人住在山上。

（二）大陽具男人夜晚就會到部落裡每家迴旋。

（三）家中只有婦女一個人時，就會伸出他那陽具，自窗戶插入調戲婦女。

（四）有一家女孩懷孕了。

（五）部落人認為是山上大陽具男人的種子。

（六）女孩堅決否認，說是：跨坐在男人坐過的地方，感受到體臭而懷孕的。

（七）生下孩子之後，媽媽要女兒把小孩丟棄，以免被族人恥笑。

（八）自此，凡是生下私生子者，都要丟在棄物場裡。

　　傳統賽德克族部落都有一處「棄物場」。人死後，除了帶給死者的陪葬品之外（有的是死者交代的），其餘生前之物都要丟棄於「棄物場」。「棄物場」主要是丟棄亡者之物。

十、賽德克族 denamai 神的陰莖

資料來源 內政部委託台灣大學人類學系研究
《台灣山胞各族傳統神話故事與傳說文獻編纂研究》

　　古時候，有個神叫做 denamai，祂的陰莖很大，每當河水氾濫時，就把陰莖當作橋，讓社人渡河，如果有美女過橋，他就動也不動讓她們過去，如果是醜女走上橋，祂就抖一抖陰莖，讓醜女跌倒。社裡有個人惡作劇，拿刀砍 denamai 的陰莖，據說 denamai 或許是以為有蒼蠅叮祂。denamai 是好色之徒，一天晚上，祂強姦了一個正在織布的女人，令她當場死亡，女人的丈夫，舉起斧頭向 denamai 的東西砍過去，denamai 很生氣，遂升上天，變成風和水淹沒了族社，只剩山頂留在水面，denamai 對存活在山頂的人說，只要給祂美女美男，就讓水退下，祖先起先將打扮

美麗的醜男醜女投入海中，denamai 不為所瞞，祖先只好選出一對美男美女，搭上船，漂到海上去，denamai 遂讓水退下，但穀類已盡失，祖先只好靠留在地上的魚類暫時為生，現在，有許多老人看到日本人都長得很美，就說一定是當年的美男美女漂流到日本去，變成了日本人。註10

本則故事敘述：

(一) 巨人是一位神，名字叫 denamai，祂的陰莖很大，而且好色。

(二) 每當村裡河水氾濫時，巨人的陰莖就成了社人渡河的橋，但是醜女走上祂的陰莖當橋渡河，祂就抖動陰莖，讓醜女跌倒。

(三) 巨人神強姦了織布中的婦女，婦女當場死亡。

(四) 婦女的丈夫，舉起斧頭砍巨人神的陰莖，巨人神很生氣，遂升上天，變成風和水淹沒了族社，只剩山頂浮在水面，人們紛紛逃避山頂。

(五) 巨人神要求族人給祂美女美男，就會讓洪水退下。

(六) 族人打扮一對醜男醜女投入海中，結果洪水未退。

(七) 最後族人選出一對美男美女，搭上船，漂到海上去，於是巨人神讓洪水退下。

(八) 日本時代，族人看到日本人都長得很美，質疑他們就是當年搭上船，漂到海上去的美男美女，最後還漂流到日本去，變成了日本人。

本則故事涉及到「巨人」、「洪水」、「遷移」三個母題，本則之巨人是神，心腸不好，是一位壞神，還降下洪水讓族人生活陷於困頓。

本則被巨人強姦的婦女的丈夫，明知不可能對抗巨人，但是他還是對抗了，雖然沒有成功，但是他企圖對抗惡劣環境的態度是很明顯的。

壞神降下洪水，表達人類對宇宙自然惡劣現象的無可奈何感，族人企圖違逆神明旨意，結果沒有奏效，最後依約選出一對美男美女，搭上船，漂到海上去，送給巨人神，洪水才退。這說明了古代賽德克族人對待自然環境的態度，有企圖衝破難關的衝動，也有與神協調的行為。

日本人來了之後，族人回憶起遠古洪水時代，曾經選出一對美男美女，搭上船，漂到海上去，送給巨人神的故事。他們看到日本人都長得很美，因此質疑他們就是當年搭上船，漂到海上去的俊男美女，最後漂流到了日本去，變成了日本人。這段傳說涉及族人的遷徙事蹟。

十一、Awai 洞的愛情故事

採錄者 田哲益、余秀娥｜口述者 瓦旦・吉洛牧師（50 歲），都達群

採錄時間 2020 年 2 月 15 日｜採錄地點 南投縣仁愛鄉春陽部落

　　從前在賽德克族與泰雅族的交界地翠峰山上有一個「Awai 洞」。有一位靜觀部落的婦女名字叫「Awai」，她的丈夫被泰雅族人馘首了，她並不知情。等著等著，一直盼望著丈夫歸來，可是盼呀盼呀，還是等不到丈夫回家。於是 Awai 就親自上山尋找，還是找不著。她就在賽德克族與泰雅族的交界處蓋了一間草寮，在這裡等待丈夫。從靜觀部落仰頭看上去，Awai 的草寮好像是一個黑色的山洞，因此人們稱之為「Awai 洞」。最終，Awai 還是沒有與丈夫重聚，後來她如何了？沒有人知道。

　　這是一則深情女子的愛情故事，情節敘述：

（一）　靜觀部落有一位深愛丈夫的女子名叫 Awai。

（二）　有一天，她的丈夫被泰雅族人馘首了，她完全不知道。

（三）　她始終沒等到丈夫回家。

（四）　癡情的她按耐不住，出發前往尋夫去了。

（五）　她尋覓不到丈夫的形影蹤跡，就在賽德克族與泰雅族的交界處蓋了一間草寮，在這裡等待丈夫。

（六）　她搭蓋的草寮，從靜觀部落仰頭看上去，好像是一個黑色山洞，因此，人們稱之為「Awai 洞」。

（七）　等呀！盼呀！最終，Awai 還是沒有與丈夫重聚，後來她如何了？沒有人知道。只留給人們寄以無限的惆悵與哀思。

十二、能高山的愛情傳奇

資料來源 馬筱鳳〈能高山的傳奇〉

　　在花蓮縣和南投縣之間有一座山叫「能高山」，它有著一個淒美動人的傳說。在清水溪邊住著一個孤兒，他的頭髮硬如鋼絲，眼睛亮如星子，身體壯似水牛。他

很喜歡幫助族人，見義勇為的個性，深受族人喜愛。由於部落的山坡地沒有良田種小米，族人便問這位孤兒：「小兄弟，你能把山嶺鏟平，讓族人有田種嗎？」孤兒回答：「能！」族人又問：「你能把水引上山，灌溉田地嗎？」「能！」孤兒回答。族人再問「你能打死山中的毒蛇猛獸嗎？」「能！」孤兒語氣堅定的回答著。從此大家就叫他「能」。一天，湖邊颳起巨浪，掀倒了湖中的獨木舟，「能」聽到有人喊救命，便不加思索的跳入湖中，救起了一位少女。少女名叫塔林，因為身體太虛弱，只好暫時留在社裡休養。一段時間後，她對救命恩人「能」產生了感激和愛慕之心，於是塔林就表明想和「能」過一輩子的心意，「能」歡喜極了，便先行到山裡蓋屋闢地，準備與塔林長相廝守。有一天，當塔林走出部落，天空卻忽然變得陰暗，濃密的烏雲遮住了太陽長達半個月的時間，村人們叫苦連天，耕事都荒廢了。塔林一路摸黑走到山田。她看見房子蓋好了，可是卻不見心愛的「能」。塔林從樹林尋到山崗、從山頂走到溪谷，仍找不到「能」。天空的烏雲總是不散，塔林祈求：「希望世上出英雄，把這一大片烏雲撕個粉碎。」不一會兒，天空果然出現兩隻大手撥開烏雲，露出了陽光，族人們個個歡天喜地。但是，塔林還是找不到「能」，她不知道「能」已經變成了高山，撕破了烏雲以造福族人。塔林在山裡哭呀哭的尋尋覓覓，她的真情感動了天神，便將她化成石柱，淚水化成瀑布，緊緊依偎著「能高山」，永遠和心愛的人相守在一起。註11

這是一則「能高山」淒美動人的愛情故事，故事中的男女，男主角叫「能」，女主角叫「塔林」，他們在特殊的情況下結識，繼而相愛，但卻不能像一般人在人世間共享夫妻之情樂，只能化成一座山和水柱長相廝守，令人鼻酸也讓人感動。

本則故事敘述：

（一）「能」是一位孤兒，頭髮硬如鋼絲，眼睛亮如星子，身體壯似水牛。因為他什麼都能，所以族人叫他「能」。

（二）「能」喜歡幫助族人，見義勇為，深受族人喜愛。

（三）「能」曾經把山嶺鏟平，讓族人有良田種小米。

（四）「能」把水引上山，灌溉族人的田地。

（五）「能」打死山中的毒蛇猛獸，讓族人安心。

（六）有一天，湖邊颳起巨浪，掀倒了湖中的獨木舟，有人喊救命，「能」不加思索的跳入湖中，救起了一位少女。

（七）　「能」救起的少女名叫「塔林」。

（八）　塔林對救命恩人「能」，產生了感激和愛慕之心。

（九）　塔林表白想和「能」過一輩子的心意，「能」歡喜極了。

（十）　「能」先到山裡蓋屋闢地，準備與塔林長相廝守。

（十一）　有一天，天空卻忽然變得陰暗，濃密的烏雲遮住了太陽，長達半個月的時間。

（十二）　塔林一路摸黑走到了山田，看見心愛的「能」把房子蓋好了，可是卻不見「能」本人。

（十三）　塔林從樹林尋到山崗、從山頂走到溪谷，仍找不到「能」。

（十四）　塔林祈求：「希望世上出英雄，把這一大片烏雲撕個粉碎。」不一會兒，天空果然出現兩隻大手撥開烏雲，露出了陽光。族人們個個歡天喜地。

（十五）　塔林還是找不到「能」，因為「能」已經變成了高山（能高山），撕破了烏雲以造福族人。

（十六）　塔林在山裡哭呀哭的尋尋覓覓，真情感動了天神，便將她化成石柱，淚水化成瀑布，緊緊依偎著「能高山」，永遠和心愛的人相守在一起。

台灣有無數高山，過去先民為了遷徙、打獵、開墾、伐木及工作而穿梭在山林中，也因此在山上留下來無數的小路。能高安東稜線縱走，從海拔 2,800 公尺之天池保線所起，經海拔 3,000 公尺左右之卡賀爾山、能高山、能高山南峰、知亞干山、白石山至安東軍山，全程 20 餘公里路，幾乎都是矮箭竹林，遠看像是一片起伏漫長的大草原；特別是沿途有最美麗的高山湖泊群，白石池、萬里池及屯鹿池，串連成中央山脈最珍貴的藍寶石項鍊。註 12

早期的能高越嶺道，西起南投霧社，東抵花蓮銅門，全長計約 81.5 公里，是台灣橫貫越嶺道中最美麗的一條。處處是高山深谷、松檜成林，是動人的壯麗美景，動植物生態極為豐富。早期，這是一條太魯閣族進出霧社、銅門二地的連絡道。1917 年（大正 6 年），日人將其整修為「能高跨越道路」。1942 年（昭和 17 年），日人原計劃搭建一條東西走向的輸配電線，將東部銅門發電廠的電力輸送到西部，但不久後戰事爆發，計劃被迫中斷。1950 年，當時台灣電力公司的總工程師孫運璿先生領軍修築，共架設 127 座巨型鐵塔，工程艱鉅浩大，被譽為「電力的萬里長城」；每隔 10 公里並搭蓋一座保護電線人員的宿舍，稱

為「保線所」。越嶺道完成後，林務局又將其規劃為國家級登山步道，如今已成為攀登奇萊、能高山區、奇萊連峰回程、能高越嶺的重要步道，堪稱是世界級的壯麗越嶺步道。註13

十三、賽德克族男與母豬情

資料來源 內政部委託台灣大學人類學系研究
《台灣山胞各族傳統神話故事與傳說文獻編纂研究》

從前有個男子，找不到女人願意做他的老婆，結果，不得已與母豬一起，結果母豬懷孕，生下兩個兒子，其中一個完全是小豬，另一個雖有人的模樣，但嘴巴卻尖得像豬，而且手腳和指頭都很短，醜陋極了，社人們見了他總是捧腹大笑，問他是誰的孩子，可是他始終不敢回答，後來，這個人終於不堪社人們的侮辱，而殺了自己的孩子。註14

這是一則悲劇故事，找不到老婆的男子，不得已與母豬生下兩個兒子，但是社人們見了他總是捧腹大笑，侮辱他，他終於不堪受辱，把自己的孩子給殺了。

故事說「社人們見了他總是捧腹大笑」，這是一種社會公議的裁決與批判，具有很嚴厲的作用。

故事說「這個人終於不堪社人們的侮辱，而殺了自己的孩子」，這是創造故事的有心者，給予違反社會情性者嚴厲的懲罰。

十四、賽德克族姑娘與猴子

資料來源 內政部委託台灣大學人類學系研究
《台灣山胞各族傳統神話故事與傳說文獻編纂研究》

從前，有個姑娘某天到黍田裡去趕鳥，這時來了一隻猴子，靠在姑娘的身邊，

拉住她的手，一副愛戀著姑娘的模樣，姑娘大吃一驚，爬上樹去，可是猴子也跟著她的後面上樹，並且緊緊地把姑娘摟在懷中不放，姑娘瘋狂般哭起來，正好這時她的父親經過，聽到女兒的聲音，爬上樹去救女兒，猴子自認不敵，遂逃之夭夭。註15

　　這是一則機警應變的傳說故事，以姑娘微弱的力量，根本不能抵抗猴子，但是她看準了猴子對她的一副愛戀模樣，基於這一點，她便可以選擇放聲大哭，或許可以博得猴子的憐憫，最後救兵（父親）來到，終於得救。本則故事說明，姑娘善於觀察週遭的環境，而使之屈服。誠然，有時候面對不利的環境，「以柔克剛」，百試不爽。

十五、賽德克族女與狗情

資料來源　內政部委託台灣大學人類學系研究
《台灣山胞各族傳統神話故事與傳說文獻編纂研究》

　　有兩男自地裡冒出，……其中一男姦了另一個人，結果被姦者竟懷孕，但無法生下孩子而死亡。活著的男人後來遇到一女，結為夫妻，生下男女各一個孩子，但父親與兩個孩子不久即去世，只剩下妻子。妻子感到孤單寂寞時，遇到一條狗，便與狗結婚，生下一男兩女。小孩長大後，一天，狗父親出去打獵，母親與子女去尋找父親，看到一隻狗在找鹿肉，母親指其狗為父親。子女大聲呼喊父親，可是狗並未回答，子女便將狗殺死，母親也莫可奈何。後來母親和自己的兒子結為夫妻，生下一個男孩。男孩長大後，跟兩位姑姑結婚，從此子孫一直繁衍下去。註16

這是一則原始人類雜婚的傳說故事。本則傳說故事敘述：
（一）人類是自有兩男從地裡冒出地面上開始。
（二）一男姦了另一男，結果被姦者竟懷孕了，但是無法生下孩子而死亡了。
（三）活著的男人後來遇到一女，結為夫妻，生下男女各一個孩子。
（四）但父親與兩個孩子不久即去世，人類只剩下妻子一人。

（五）　妻子遇到一條狗，便與狗結婚，生下一男兩女。

（六）　有一天，父親出去打獵，母親與子女去尋找，看到一隻狗在找鹿肉，母親指著狗說，這就是你們的父親。子女大聲呼喊父親，可是狗並未回答，子女便將狗殺死，母親也莫可奈何。

（七）　後來，母親和自己的兒子結為夫妻，生下一個男孩。

（八）　男孩長大後，跟兩位姑姑結婚，從此子孫一直繁衍下去。

　　人類婚姻發展史，是從原始雜婚、搶奪婚等過程，逐漸演變成議婚、嫁娶婚等有制度與禮俗的婚姻形式。

註釋

註1　《蕃族調查報告書》紗績族後篇，佐山融吉著（大正6年），余萬居譯。引自內政部委託台灣大學人類學系研究《台灣山胞各族傳統神話故事與傳說文獻編纂研究》，1994年4月30日。

註2　同註1。

註3　同註1。

註4　同註1。

註5　同註1。

註6　鐵米拿葳依《賽德克族口述傳統文化故事（第一集）》，2009年4月，頁23。

註7　沈明仁總編輯《仁愛鄉志》（下），頁1286。

註8　同註1。

註9　同註7，頁1291。

註10　同註1。

註11　馬筱鳳〈能高山的傳奇〉，《國語週刊》，889期，1998年11月1-7日。

註12　蔡志堅〈社區如何參與國家步道經營管理——以霞喀羅國家步道為例〉，《台灣林業》，2007年2月，頁97。

註13　張賀融〈能高越嶺道的邊關守將——南投尾上山〉。

註14　同註1。

註15　同註1。

註16　同註1。

賽德克族生育與愛情故事

第二十六章

賽德克族小矮人與
巨人傳說故事

小矮人與巨人的傳說是世界各民族普遍的母題，
賽德克族亦多此類的傳說故事。

一、賽德克族小矮人的故事

資料來源 鐵米拿葳依《賽德克族口述傳統文化故事（第一集）》

採錄者 鐵米拿葳依｜口述者 姜仁和

採錄時間 1997 年 12 月 4 日｜採錄地點 眉溪部落

　　關於先人，我要敘說一件先人的故事，從前的故事，如帶獵犬上山追逐打獵，帶獵犬追逐往 Pyuma 的村莊去，往台東那兒去。追逐的獵犬常常進村裡追逐，或先人又一次進村莊裡追逐，有人跟著進去，不知跟著誰進去，他進村去就被那些吃煙的人抓走了。來自於 Pyuma 村的人，據說是矮小的人。而且，人去那兒就被抓，被圍起來。他們先將給他煮飯，他們吃煙；他們給他煮飯，他吃飯，那些人說他是個豬嗎？而且把他圍在柵欄裡，他也變瘦了。他因長久帶獵犬追逐，沒有吃過飯，又被圍起來，餵養他；他們用任何東西餵養他；有些人說：「我們殺掉他吧」！「不，我們先把他養胖一點吧！」小矮人去玩弄他的生殖器；他的生殖器官勃起，孩子們說：「他的生殖器是我們的。」他們的父親說：「不行，我們先把他養胖一點吧！他還瘦呢！」他們又飼養他們久一點，大約兩個月，胖了很多。或許那個被抓的人知道將會被殺，全村的人說：「明天我們把他殺了吧！」他知道了，他就從圍牆上逃走了。小矮人早晨起床要去抓他時，發現人已經不見了，他們說：「他去那兒了，不知道他是怎麼走的？」他越牆逃走了，而且圍牆是很高的。小矮人自己就開始打起架來了。孩子們說：「我們本來要殺他的，都是因為你們壞老人不准我們殺他。沒得到他的生殖器，好可惜啊！」當小矮人早上去找他時，人已經到高山上去了。他說：「我在這兒了，你們（指小矮人）要吃什麼了，我已經在高山上了。」小矮人怎麼會趕上他們，他已經在高山頂上了，小矮人就是去追他，也趕不上了。我的話到此。註1

本則傳說故事敘述：

（一）　這個故事是發生在台東 Pyuma 的村莊。

（二）　Pyuma 村的人，據說是矮小的人。

（三）　Pyuma 村的矮人，他們的飲食只吃煙（蒸氣）。

（四）　先人帶獵犬上山打獵，他們追逐到 Pyuma 的村莊去。

（五）　追逐的獵犬進村裡追逐，獵人跟著進去。

（六）　進村的獵人被村裡的矮人圍抓了起來。

（七）　矮人給獵人煮飯吃，矮人則只有吸蒸氣。

（八）　矮人把獵人圍在柵欄裡，把獵人當豬餵養。

（九）　有矮人說：「我們殺掉他吧！」有的說：「不，我們先把他養胖一點吧！」

（十）　小矮人玩弄他的生殖器，孩子們說：「獵人的生殖器是我們的。」

（十一）　大約餵養了兩個月，獵人已經胖了很多。

（十二）　獵人知道即將被殺，晚上就從很高的圍牆上逃走了。

（十三）　小矮人早上去找他時，獵人已經逃到高山上去了。

（十四）　小矮人已經追不到他了，獵人逃過了劫難。

二、賽德克族女小矮人故事

資料來源 見同上｜採錄者 鐵米拿葳依｜口述者 王文則

採錄時間 1997 年 10 月 10 日｜採錄地點 清流部落

　　據說那些人是居住在 Drodux 的高山上的，一日男人經過那路旁時，她們就用她們所飼養的土蜂去追他們，他們就逃到水中，她們的土蜂也追過來。結果男人知道此事之後，彼此商議，往後經過那路旁時不要穿男人的衣服，改穿女人的衣服。所以，去那兒的男人都穿女人的衣服了。她們就說怎麼都是女人了，她們就派遣她們的土蜂去，掀開他們的衣服，她們就捉那些男人，把他們關在籠子裡，飼養他們，用地瓜餵養他們。那些 Pyuma 女人們說：「怎麼是豬，吃固體的食物呢？」這些 Pyuma 女人也學著他們吃，她們都死了。原來她們不吃固體的食物，她們是吃煙霧。她們會煮東西，但她們只吸煙霧。而且她們是吃剩的固體食物，她們跟著男人吃固體食物，結果都死了，男人們因只吃地瓜又與她們交媾，變得好瘦好瘦。男士們知道了就撕破籠子逃走了。所以人們就非常生氣，將她們全部燒毀。她們居住在叢林，所以全都燒毀了。人把她們全燒毀了，因為人生氣她們強迫男人與她們交媾，使她們都變瘦。問：「怎樣，她們有孩子嗎？」她們有孩子，她們會吃孩子，她們吃男嬰。據說她們好像不吃女孩，她們只吃男孩，她們先給男嬰的媽媽吃。問：「據說，她們是小矮人？」人稱她們 Snsinguc 小矮人。她們就是爬到樹豆樹枝

上也不會跌倒。「她們到樹上做什麼？」她們到樹上搖擺。她們到底多高多大，我們是沒有見過的。她們到樹枝上玩玩，樹豆樹枝也不會折斷的。你們爸爸（採錄者的爸爸）說是小矮人。人把她們燒光了，她們的村落是森林，據說是像叢林一樣。「她們也砍伐工作嗎？」你的父親（採錄者的父親）說：「她們也有地瓜，她們是吸煙霧的，你的父親說：「她們沒有肛門。」註2

本故事是女小矮人的傳說，情節敘述：

（一） 據說，在 Drodux 的高山上，住著女的小矮人（Snsinguc）。

（二） 女矮人爬到樹豆樹枝上搖擺，樹枝也不會折斷。

（三） 男人經過時，女矮人會放出土蜂去追他們。

（四） 此後，男人經過那路時，改穿女人的衣服，就不會被抓了。

（五） 女矮人疑惑，怎麼很久都沒有男人經過了。

（六） 女矮人放出土蜂，掀開他們的衣服。

（七） 女矮人就捉住那些男人，把他們關在籠子裡。

（八） 女矮人用地瓜餵養男人。

（九） 女矮人看到男人吃固體食物，很好奇。

（十） 原來女矮人不吃固體食物，她們只吸蒸氣。

（十一） 女矮人學著男人吃固體食物，結果都死了，因為她們沒有肛門，無法排洩，所以只吸蒸氣。

（十二） 被俘虜的男人被迫與女矮人們交媾，體力透支，變得好瘦好瘦。

（十三） 男人們扯破籠子逃走了。

（十四） 男人很生氣，把她們居住的叢林全都燒毀了。

（十五） 女矮人懷孕了，生下男嬰會把他吃掉，不吃女孩，先給男嬰的媽媽吃（吸蒸氣）。

三、賽德克族侏儒的故事

資料來源 內政部委託台灣大學人類學系研究

《台灣山胞各族傳統神話故事與傳說文獻編纂研究》

從前，有個地方有一大群「mushingushikogotsu」（侏儒），有一次，社人出去打獵，在搭蓋的小屋睡覺，侏儒由樑上丟下刀來殺了社人；後來又一次，把屋樑桁下殺了社人。於是社人決心報復，又到那裡蓋了小屋，然後暫時離開。回去後發現屋樑被拆下，知道侏儒來過，於是個個頭蒙麻布，手持一棍，嚴陣以待，當侏儒再度進入屋內時，結果全被殺戮。後來又有一次，又有侏儒前來要破壞小屋，社人們出其不意把小屋弄倒，壓殺了他們，自此以後，就沒有人見過侏儒。註3

本故事敘述：侏儒由樑上丟下刀，殺了在狩獵小屋睡覺的賽德克族獵人；又有一次，侏儒把屋樑桁下殺了獵人。於是，賽德克族人乃決心報復。

他們就在那裡蓋屋引誘侏儒，族人頭蒙麻布，手持一棍，侏儒進入屋內時，全部被殺戮。

侏儒又前來破壞小屋，族人把小屋弄倒，壓殺侏儒，自此，侏儒就消失了，再也沒人見過小矮人侏儒了。

四、賽德克族小矮人傳說

資料來源 李壬癸《台灣南島民族的族群與遷徙》

那邊的山後下方，曾有侏儒族存在過。他們體小，只及常人胸部，但他們的刀很長。一日，我部族前去獵頭，他們在後追趕。入夜本族人進小屋睡，並在附近生火。那些小人砍小屋的柱子，屋倒壓住了本社人，而小人趁機割了他們的肚子，甚至連肝也吃了。本社人又前去獵頭，有了上次教訓，人們以木頭詐騙放在小屋裡。如出一轍，他們又來砍掉柱子，當他們正要入屋時，人們放箭，將他們全部殺死了。註4

本則傳說故事敘述：
（一）那邊的山後下方，曾經有侏儒族存在過。
（二）侏儒族的身體很小，只及常人胸部，但是他們的刀很長。
（三）有一日，社人前去獵頭，他們在後面追趕。
（四）入夜後，社人進小屋睡，並在附近生火。

（五）小矮人砍小屋的柱子，屋倒下壓住了社人，小矮人割了他們的肚子，甚至連肝也吃了。

（六）社人又前去獵頭，以木頭詐騙放在小屋裡。侏儒族又來砍掉柱子，當他們正要入屋時，人們放箭，將他們全部殺死了。

五、賽德克族巨人傳說故事

資料來源 鐵米拿葳依《賽德克族口述傳統文化故事（第一集）》

採錄者 鐵米拿葳依 ｜ 口述者 許永發

採錄時間 1997 年 12 月 4 日 ｜ 採錄地點 眉溪部落

我是 Awl Walis，來自 Mwanan 村落，我要說一個先人留下的故事。很早以前，曾有個巨人，據說是從嘉義來的。他的足跡從嘉義，經過草屯，到埔里就睡著了，因此，埔里鎮就是他睡覺的地方。所以，埔里的平原比較大一點。因為他長久住在這裡，所以人們就帶他上山追逐打獵。他會擋路，狗所追逐的動物如山鹿和野豬，都由他來抓，因為那個人很巨大，他不跟人分享他抓的獵物，他自己獨享，把整隻獵物吞下。有一位老人就說：「你給我記著！」人們就先到高山上拿了一塊好大的石頭，他們對巨人說：「你在這兒等著山鹿吧！」然後把大石頭推過去，那塊大石頭就滾到他的面前，他們對巨人說：「山鹿去你那兒了，去你那兒了。」他竟然在那裡等，把大石頭阻擋下來吞了，他們說是一塊大石頭卡在他的口中，後來，他生氣就走了，就從埔里這裡走了。據說，埔里就是他睡過的地方，霧社的湖就是他的腳印。另一腳印就是 Truku 高山上的湖。據說他是往花蓮去了。他不會回來了。後來他說：「你們為什麼對我如此」，這樣他就轉身走了，再也看不見那個巨人了。這就是一個巨人經過這裡的故事。我繼續說巨人經過埔里的故事。從前人帶狗到山上追逐野獸時，他們帶巨人去擋獵物。所以，人們追逐打獵時，只好繞道懸崖。巨人說：「不必繞道了」，巨人就站在對面的山，然後，他就拿出他的生殖器，做成橋樑，所有的狗和追逐的人都從上面走過到對岸。這是先人留下來的話。他們說：「這個巨人是個很好的打獵同伴，他用他的性器當作人們追逐打獵時的橋樑，人就不必繞道懸崖了，這一段是我剛才忘了說。」註5

本則傳說故事敘述：

（一）很早以前，曾經有一個巨人，據說他是從嘉義來的。

（二）巨人的足跡從嘉義經過草屯，到埔里就睡著了，埔里鎮就是他睡覺的地方。因為，埔里的平原比較大一點，他就住在這裡。

（三）人們就帶他上山追逐打獵。遇到山峰懸崖等，人們不必繞道了，巨人就站在對面的山，用他的生殖器做為橋樑，所有的狗和追逐野獸的獵人都從上面走到對岸。

（四）這個巨人的確是一個很好的打獵同伴，可以讓獵人方便許多。

（五）巨人會把狗追逐的野獸擋住去路，都由他來抓。不過，他不跟人分享他抓的獵物，他自己獨享，把整隻獵物吞下。

（六）有一位老人對巨人很生氣，就設計陷害他。老人叫巨人在山下等鹿。

（七）老人到高山上推了一塊大石頭，巨人在山下等著，把大石頭阻擋下來吞了。

（八）大石頭卡在巨人的口中，後來，巨人很生氣，就離開了。

（九）巨人從埔里離開了，霧社的湖就是他的腳印，另一腳印就是 Truku 高山上的湖。據說，他是往花蓮去了。他永遠也不會回來了，再也看不到他了。

六、賽德克族巨人與熊角力

資料來源 內政部委託台灣大學人類學系研究
《台灣山胞各族傳統神話故事與傳說文獻編纂研究》

　　從前，社裡有個巨人，叫 watanmahon，他的小指頭相當我們的手臂這麼粗，batolan 一帶有熊為害，社人和 watanmahon 去追殺，熊跑不掉，被 watanmahon 追到了，watanmahon 對熊說：「你想不想和我玩角力？」熊一聽，角力正是牠比吃東西更愛的一件事，於是便轉身抱住了 watanmahon，可是 watanmahon 順利地打倒了熊，熊很生氣，便用指甲猛抓，而且張開嘴拚命咬，社人們就用準備好的刀子綁在長木棍上，當作長矛，向熊擲過去，熊終於被刺倒在地，社人們遂高唱凱歌回社去，據說，現在社中還有 watanmahon 的後裔。註6

本故事中，巨人和一般人相處和睦，還與社人去追殺危害 batolan 一帶的熊，與社人合作殺死了熊。據說，現在社中還有這位巨人的後裔。

七、賽德克族巨人的妻子偷情

資料來源 劉育玲《台灣賽德克族口傳故事研究》

採錄者 劉育玲｜口述者 高玉蘭（86 歲）德路固群

採錄時間 2000 年 9 月 17 日｜採錄地點 南投縣埔里鎮

以前有一個巨人，長得很高，身上有很多毛，他的名字叫阿威。有一次他去打獵，正好他太太在家裡跟一個男人吃飯。結果他一回來，那個男的就跑去躲。阿威問她太太說：「妳跟誰一起吃飯？」她說：「我一個人啊！」他又問：「那你吃的碗為什麼有兩個？」結果他就拿肉出來並且叫他太太幫忙拿。要切肉的時候就把她的手切掉了，他故意的，生氣了！他知道有男人在那邊躲，才故意問她。那個男的用米篩蓋起來躲在下面，阿威看到他躲在那裡，就把那個男的打死了，連他太太也一起打死了。打死她之後，阿威就要女方家裡賠償。他去砍了一根很大的木頭把它立起來，要他們把賠償的東西放在上面，一直放到樹倒為止他才滿意。那麼大的樹要放到樹倒，女方因為沒有東西可以賠，於是就把他太太的妹妹賠給他。註7

本則傳說是一位巨人殺死妻子和其情夫的故事，故事敘述：
（一）以前有一個巨人名字叫阿威，長得很高，身上很多毛。
（二）有一次，巨人去打獵，他的太太在家裡跟情夫吃飯。
（三）巨人一回來，太太的情夫就跑去躲起來。
（四）巨人非常生氣。
（五）巨人叫他太太幫忙抓著獸肉，切肉時，故意把她的手切掉。
（六）巨人把躲在米篩蓋起來的情夫打死了。
（七）巨人也把太太一起打死了。
（八）巨人向娘家要求賠償。
（九）巨人砍了一根巨木，把巨木立起來，要娘家把賠償的東西放在上面，一直放到樹倒為止，他才滿意。

（十）　娘家因為沒有東西可以賠，於是就把巨人太太的妹妹賠給他。

註釋

註1　鐵米拿葳依《賽德克族口述傳統文化故事（第一集）》，2009 年 4 月，頁 94。

註2　同註 1，頁 85。

註3　《蕃族調查報告書》紗績族後篇，佐山融吉著（大正 6 年），余萬居譯。引自內政部委託台灣大學人類學系研究《台灣山胞各族傳統神話故事與傳說文獻編纂研究》，1994 年 4 月 30 日。

註4　小川尚義、淺井惠倫《原語台灣高砂族傳說集》。轉引自李壬癸〈台灣南島民族關於矮人的傳說〉，《台灣南島民族的族群與遷徙》，台北，常民文化，1997 年，頁 136。

註5　同註 1，頁 114。

註6　同註 3

註7　劉育玲《台灣賽德克族口傳故事研究》碩士論文，2001 年 6 月，頁 155-156。

第二十七章

賽德克族鬼魂與
神明傳說故事

賽德克人的祖靈信仰是本族唯一的超自然信仰，在一般賽德克人的認知中，所謂神、靈、鬼三者是不分的。雖然現今賽德克人稱善靈為 utux malu，稱惡靈為 utux naqih，但實際上，族人對善、惡之靈的分界並不明顯。因此，今所聞見賽德克族的鬼故事，是指流傳於民間與死去之靈有關的故事，而所謂「鬼故事」一詞，則為後起之詞。註1

一、賽德克族雲鬼

資料來源 鐵米拿葳依《賽德克族口述傳統文化故事（第一集）》

採錄者 鐵米拿葳依｜口述者 王萬全｜採錄時間 1997 年 12 月 4 日｜採錄地點 Tongan

　　我真的見過，也許是我唸國中一年級的時候看見過的。是在我們教會這兒，那個雲是白色的，早晨的白雲。我看見它在那個上面，怎麼突然就掉落在深處，我從教會往下走，看見一位吊死的人，不知是誰在山腳下自殺吊死，在那兒，在教會那兒，在樹的山腳下，白色的烏雲掉落在那兒，我經過那兒時，就有個人在那兒自殺身亡。就是那個雲，看見它，早上出現的是雲，雲跳越掉落在那兒，我經過那兒，有個人在那兒自殺，有許多人在那兒圍著看，這就是所謂「Utux Plabu」（雲鬼）。註2

　　這是一則「Utux Plabu」（雲鬼）的故事，口述者親眼看到天上白色的烏雲跳躍，就掉落在深處，就在山腳下，口述者繼續往下走時，有個人在那兒上吊自殺，有許多人在那兒圍著看。

二、賽德克族德路固群巨人鬼故事

資料來源 沈明仁總編輯《仁愛鄉志》（下）

　　一天晚上幾個人一起出去打獵，途中拿火把的人突然倒在地上，不可思議的是，在前方見到了身穿白衣，袖子上纏著紅線，身高約 8 尺的人站在前面，此時數人之中，真正看見其形者只有其中一人，但是因為樹木的震動，其他人也能知道有某種東西飛離該處。人能見到自己的保護神，但若見到時會夭死。註3

本則傳說故事敘述：

（一）　有一天晚上，幾個人一起出去打獵，途中拿火把的人突然倒在地上。

（二）　因為他看見了身穿白衣，袖子上纏著紅線，身高約 8 尺的巨人站在前面。

（三）　此種情景，真正能看見其形者只有其中一人。

（四）　但是，因為樹木的震動，其他人也能夠感知有某種東西飛離該處。

（五）　據說，人若能見到自己的保護神，則會夭死。

三、賽德克族德固達雅群白鬼

資料來源 鐵米拿葳依《賽德克族口述傳統文化故事（第一集）》

採錄者 鐵米拿葳依 | 口述者 王萬全 | 採錄時間 1997 年 12 月 4 日 | 採錄地點 眉溪部落

　　從前，我四年級的時候，我們居住在眉溪這兒，我四年級時，部隊以前在這裡駐防。我和我的哥哥常來教會，我們來看跳舞，我哥哥不怕，我也不怕，他騎腳踏車，我走路。他不讓我坐上他的腳踏車。我們去教會看跳舞，看完跳舞之後，他自個兒騎車回家，把我留下來，我獨自往上爬，當我到達 Kura 這個地方時，在 Kura 的上面，我看見一個非常高大又白色的人，那個人非常高大，約四層樓那麼高大，站在路中，是白色的。我有點兒害怕起來，我的頭髮也豎了起來。有人說 Utux（鬼）是黑色的，為什麼這是白色的，又很高大。老人說，如果你們看見靈火，因為我們是教友，我們也是剛剛在學教義的，我聽到老人在彌撒獻祭時說要劃十字聖號，我看見那個時，我就劃十字聖號，但是他一直在擋路，他的步伐非常大，而且那個白色的人很高大，我有點兒害怕，因為那個人很高大，所以我看不見。好像兩個白色叉開著的大腳，當我劃十字時，它慢慢地消失了，不見了。或許這就是人們說的鬼了，我也不知道，後來長大了就慢慢地回想起來，那就是我所見過的。註4

這是口述者小學四年級時，親身經歷的故事：

（一）　口述者在夜晚看見一個非常高大又白色的人，約有四層樓那麼高。

（二）　這個白色的鬼站在路中間。

（三）　有人說，Utux（鬼）是黑色的，口述者想，為什麼這是白色的？

（四）　白鬼很高大，而且步伐非常大。

（五）　口述者在胸前劃十字聖號，但是白鬼一直在擋路。

（六）　白鬼很巨大，所以看不清楚全貌，好像兩個白色叉開著的大腳。

（七）　當口述者在胸前劃十字聖號時，白鬼慢慢地消失，最後不見了。

四、賽德克族德固達雅群鬼抓孩子的故事

資料來源 見同上｜採錄者 鐵米拿葳依｜口述者 王盛彬

採錄時間 1997 年 10 月 10 日｜採錄地點 清流部落

　　從前，就是一村民一起喜慶、宴客時，鬼就來抓走小孩。把小孩抓到山崖瀑布的地方去。長輩們尋找那個小孩，人們大概知道是那個瀑布的山崖，鬼把孩子藏到那兒去了，也會有這種情形發生，人們到那兒救回那小孩。鬼也會把小孩子悶死，它把孩子的鼻孔、眼睛、嘴巴用蠟堵住。人去救那小孩時，有些人帶著槍去，槍射時，要把槍的上下面翻過來射的，這樣鬼就被嚇跑了。以前的人不直呼「鬼」而是用「風」稱呼「鬼」的。「風」是隱語，是比較難聽的字眼，是不直接稱「鬼」，用「風」字來代替，是隱語。所以在我們的語言裡，用「風」稱呼「鬼」。

註 5

本則傳說故事敘述：

（一）　村人一起喜慶、宴客時，鬼就會來抓走小孩。

（二）　鬼把小孩抓到山崖瀑布的地方去。

（三）　鬼也會把小孩子悶死，把孩子的鼻孔、眼睛、嘴巴用蠟堵住。

（四）　村人帶著槍去尋找，射擊時，要把槍的上下面翻過來射，這樣鬼就會被嚇跑。

（五）　以前的人不直呼「鬼」，而是用隱語「風」稱呼「鬼」。

五、賽德克族德固達雅群抓人的鬼

資料來源 見同上｜採錄者 鐵米拿葳依｜口述者 錢成鏡

採錄時間 1997 年 10 月 11 日｜採錄地點：中原部落

　　從前有一個人，他是霧社人，他的名字叫 Walis Nobing，中原 Takano 的父親，他被鬼帶走，或許是因為他酒醉，他不在那兒了，人們非常地害怕又驚嚇，人們找尋他，找不到。他當時在霧社，不是從山上工作回來的，他怎麼會被放在懸崖那兒

呢？有人經過那兒發現的，或許他喊叫著，非常不容易才把他救回來。註6

這是一則酒醉的人被鬼擄走到懸崖處的真實故事，最後終於獲救。

六、賽德克族德固達雅群惡鬼

資料來源 見同上｜採錄者 鐵米拿葳依｜口述者 王盛
採錄時間 1997 年 10 月 10 日｜採錄地點 清流部落

　　從前，約五十年前，有鬼來嚇人。人上山打獵時，也有鬼來嚇人，人說那是惡鬼。有些人見過鬼，如果是好心的人，鬼不會來嚇他，如果是壞心的人，鬼就會來嚇他。就是人上山打獵亦是。人在村裡也一樣，我們以前在路上也看見鬼在掃地。五十年前有鬼出沒，現在沒有鬼出現了，就是你單獨行走也沒有鬼出現，就是在村裡也沒有鬼來嚇人，約五十年前人上山打獵都會有鬼來嚇人的。經過森林中，連樹木都會搖撼，有些人不怕，怕的人就逃跑回家去了。現在，沒有鬼了，因為我們都信上主。所以沒有鬼嚇人了。就是去埔里的路上或在村裡，晚上十二點後也沒有嚇人的鬼了。這是因為我們信上主的緣故。五十年前，人也會被鬼抓走，鬼把他放在山崖裡，我親眼見過的。我的母親也這麼說。鬼會來偷偷地把壞心的人抓到山崖裡去。把他放在瀑布那兒，連他的眼睛和口用蠟封住。人去找他時，他們帶著槍去救他，如果他們帶著槍來到山崖，鬼怕槍，槍不能這樣射，要把槍翻過來射，這樣就可以救人。這是從前發生的事，然而，現在沒有鬼出沒了。註7

本則傳說故事敘述：
（一）　以前的時代，有很多惡鬼會出來嚇人。
（二）　獵人上山狩獵時，也有鬼來嚇人。在部落裡，惡鬼也會出來嚇人。以前在路上也看見鬼在掃地。
（三）　據說，如果是好心人，鬼不會來嚇他，如果是壞心人，鬼就會來嚇他。
（四）　現在沒有鬼出現了，因為信了上主，所以沒有鬼嚇人了。
（五）　以前鬼也會抓人，把人抓到山崖裡或瀑布那兒，把人的眼睛和口用蠟

封住。

（六）　族人帶著槍去搶救被鬼擄走的人，槍要翻過來射，才可以救人。

七、賽德克族德固達雅群人之鬼魂

資料來源 見同上 | 採錄者 鐵米拿葳依 | 口述者 姜仁和
採錄時間 1997 年 12 月 4 日 | 採錄地點 眉溪部落

　　我要講關於「Utux Seediq 人之鬼魂」的故事。那時候，我的母親病得很嚴重，在基督教醫院，住了三天，我也在那兒陪她。晚間約九時左右，她起床，「Iyung，蓋上棉被吧！你會感冒的。」我跟她說：「你病了不要說話了嘛。」我看見她又起床，她好像說：「Iyung，他們拿著什麼？他們的甲狀腺。」我母親笑了，我對母親說：「什麼甲狀腺？」我跟她說：「睡吧！」然後，她又睡了只一會兒，我看她又起床，說：「蓋棉被，Iyung，你會感冒的。」有一位和我們同住一病房的平地人說：「什麼 Iyung、Iyung，不要說話，睡吧！」後來又睡了，我的眼睛是睜開的，白色的東西像這樣很用力地從她的床上起來了，它真的經過我的旁邊直到門，但是，門也沒有作出「liq」的聲音，那個老人起床了，我問自己「是不是她的病已經好了。」我去看看她，她正睡的很熟呢！我嚇了一跳，我的感覺是另一種，那是什麼，我當時不知道是 Utux Seediq（人之鬼魂）。長得像這樣在走路。我好睏。我說：「閉眼睛吧，她睡了。」那個漢人說：「Iyung、Iyung」，「哦，哦」，「你母親怎麼了？」我說，「她在睡啊」！我去看她，她的身體僵直，同時發出「qoq、qoq、qoq」的聲音，奄奄一息快死了。我打電給護士，說：「快來，快來，我母親快死了」！那個護士很生氣地說：「那裡死不要亂說」。我去找 Sapu Pering，正好他母親也住院。我沒有找到他，我就回到母親的病房，我母親已經垂死了。於是我想了，原來我的 Awi 計劃要回來的，那時他正在屏東服務。他說他下午會回來，我告訴他先不要回來，等老母親病情嚴重時才回來，或許是她冥冥中叫他回來的呢！正好他也趕回來了。正好在她死的時候趕到的。直到半夜老母親就死了。取下了一切針管。我在想，或許那就是她的鬼魂了，那時發生的一切就是她的鬼魂，當時她起來時，我不相信她的 Utux（鬼魂）到此。註8

本則故事敘述：口述者在他的母親病逝時，陪伴母親鬼魂與對話的情景，令人感傷。

八、賽德克族德固達雅群鬼魂附身

資料來源 見同上 | 採錄者 鐵米拿葳依 | 口述者 王盛彬
採錄時間 1997 年 10 月 10 日 | 採錄地點 清流部落

問：「當我經過墓園時，我們怎麼會生病呢？」是的，當我們經過墓園時，我們說我們中邪了，那是死者的鬼魂附身。人通常很怕從墳墓邊經過。他們說有鬼魂附身，人會生病，是因為死者親人的鬼魂附在你身上了。經過墳墓時鬼魂會附身，人就會生病，所以，人怕經過墳墓。從前人不經過墳墓的中央，而從旁邊走過的，因為死者親人的鬼魂會附身。生病時，去找傳統治病者，治好後她會說你被某位鬼魂附身了，如果以傳統法治病，你就好了。這樣以祈禱方式治好你的病痛，這是從前常有的事。註9

本則故事敘述：
（一） 經過墓園時會生病，是因為中邪了，也就是鬼魂附身。
（二） 人會生病，是因為親人的鬼魂附身了。
（三） 從前的人不會經過墳墓中央，而是從旁邊走過，以避免鬼魂附身。
（四） 過去鬼魂附身會以傳統巫術治病，以祈禱方式治好病痛。

九、鬼魂也要飲食

資料來源 內政部委託台灣大學人類學系研究
《台灣山胞各族傳統神話故事與傳說文獻編纂研究》

古時候，某一家人做完農事回家，一進門就看到有個亡魂在爐邊燒火煮粟，人們驚慌失措大聲喊叫，亡魂隨即消失。註10

賽德克族鬼魂與神明傳說故事

本故事敘述：賽德克族人的觀念中，亡魂會以人的形象出現在人的眼前，人們大聲喊叫，亡魂隨即就會消失。本故事說「亡魂在爐邊燒火煮粟」，可見賽德克族人的觀念中，亡魂的生活起居也跟活著的人一樣，也需要三餐飲食。

十、鬼也怕生人

資料來源　內政部委託台灣大學人類學系研究
《台灣山胞各族傳統神話故事與傳說文獻編纂研究》

　　古時候，某男與某女私通，不久之後，女人死在小農屋裡，後來，男人又到那幢小屋去，看到一個很像已故情人，男人大吃一驚，轉身就跑，可是，對方卻一直追過來，他情急之餘，拔出刀砍過去，對方忽然消失了。註11

　　本故事敘述：一對男女私通，後來女死於小農屋裡，男有次來此，看到已故之女，她一直追過來，男拔刀砍去，女鬼忽然消失了。從本則故事來看，鬼也是怕人使用武力對付牠的。但是人也是很難對付鬼的，因為鬼具有現形與隱形消失的能力，而人類則無。

十一、死亡的故事

資料來源　內政部委託台灣大學人類學系研究
《台灣山胞各族傳統神話故事與傳說文獻編纂研究》

　　從前，神造人時，……那時，有個從豬糞中生下的人，此人向神造的人說：「如果你肯替我洗澡，以後即使生病了，只要脫掉一層皮，就能痊癒。」可是神造的人不肯替他洗澡，那個由豬糞中生下的人不得已，只好再度鑽入地裡去，現在的人都會死，就是因為不替誕生自豬糞的人洗澡。註12

　　本則故事敘述：因為神造的人不肯為從豬糞中生下的人洗澡，因此，人類

就有了死亡。本則故事提到，為什麼人類可以永生不死，從豬糞中生下的人說「如果你肯替我洗澡，以後即使生病了，只要脫掉一層皮，就能痊癒」，而可永駐青春，但是前提是，必須幫從豬糞中生下的人洗澡。

十二、豬糞人成神

資料來源 內政部委託台灣大學人類學系研究
《台灣山胞各族傳統神話故事與傳說文獻編纂研究》

太古時代，地上出現了男女各一人，不久，又有兩個男人從地裡冒出來，後來，又從豬糞生出一個男人。一天，豬糞出生的人遇到地裡冒出的人，並向二男說：「你們應天天用豬糞清洗身體，才能如百日紅般永不衰老。」但二男不信，於是豬糞誕生的人死去而成為神，這便是死神，族語 hamichiottohu。註13

本故事敘述：豬糞出生的人對從地裡冒出的人說：「你們應天天用豬糞清洗身體，才能如百日紅般永不衰老」，但是沒有人相信他，他可能非常生氣，於是，他死去後成為死神，以便控制人類的壽命。人類因為沒有聽信他的話，所以壽命就很短了。本故事提出了賽德克族人的「死神」（hamichiottohu），是從豬糞出生的人，因為沒有人相信他的話，於是，他死去成為死神。

十三、賽德克族德固達雅群真神

資料來源 鐵米拿葳依《賽德克族口述傳統文化故事（第一集）》
採錄者 鐵米拿葳依｜口述者 詹秋木｜採錄時間 1997 年 10 月 11 日｜採錄地點 中原部落

我們要談談關於 Utux 鬼的故事。事實上，國語是叫「神」，本族語是「Utux」。我從小就聽到這個「鬼」、「神」的字眼，但到了 30 歲時，我們才真正學習「神」的事，比如關於耶穌基督的事蹟，如祂拯救世人的事跡。從前，我們稱祂「Utux」（神），現代我們已經從福音教導中認識祂，我們根據閩南語和國語字音稱祂是神。

事實上，祂不是神，祂是人。祂有人的形像，祂由人聖母 Maria 懷胎而誕生，就像我們人類由母親懷胎而誕生。祂小時候學習掃地，祂怎麼是神？但是，天上神的肖像隱藏在祂的身體內，這就稱為神。現在我們已經認識祂，人們相信祂是主耶穌基督，祂是所有人類的兄長，祂是唯一的主，主耶穌基督，祂是主，創造人世間的一切。所以，現代我們喊祂為父。我小時候，我們尚未相信耶穌基督的事跡，從 60 年代開始，我現在已經六十多歲了，我從 10 歲開始會說一點兒母語，但是不會說日語。我們一家人仍在一起，包括父母、子女。從前的家庭的人口數很多，結婚之後丈夫和妻子，就有了孩子，不只是一個孩子，有的有二個，有的有七個甚至有八個孩子。孩子們漸漸長大，也慢慢學習母語，如我是 Seediq 賽德克族，這個 Seediq 族群村落亦各有不同的禮俗。小時候，孩子如果不聽父母的話，父母會打孩子，不然就說：「你不聽話，你就注意 Utux 鬼，祂會來恐嚇你的。」這樣的話，是我們從小時候最害怕聽到的話。因此，小時候我們就不敢不聽父母的話。我們相信有鬼，是什麼樣的鬼，我們小孩子不知道，但是，這是父母來嚇孩子，如果他們不聽父母的使喚。「小心夜晚來了，鬼會捉你們，祂會懲罰你們」等話，孩子懷疑鬼是什麼，所以孩子們最怕夜間時外出。這樣的教育意義，孩子都會很聽話。一家人的子女有男有女，有長有幼，子女的年紀也有間隔不是同齡的。她們也會彼此吵架不睦，他們大部分是由母親教育，因為父親常不在家，照顧管教孩子的是母親，所以孩子們都聽母親的話，我們這樣認識 Utux 鬼，雖然沒有親眼看見它。當我快 20 歲時，正是尚未娶妻的青年人「riso hlwaling」，我跟隨一些年長者去釣魚，有的年長者會說小心鬼哦，我們問是怎樣的鬼神，他們說，有的像黑色的形狀。孩子們再問祂的形狀像什麼，他們說像人的形狀。因為我們跟隨著大人所以我們很聽話，我們依靠他們，大人會照顧我們年輕人，我們跟隨大人，大人說什麼我們就聽。我去釣魚時，我是跟著年紀大一點的青年去的。就在這個水中見過，祂站在石頭上，它的衣服是白色的。我說：「看！看！」他們找著說：「那裡？那裡？」青年孩子們都喜歡看人形的。從前，我們的部落叫 Nakahara（日語）和 Gluban 部落的人是同語言的族人。是否開玩笑我不知道，他們都說，人死了，他們回家了。或說在他們心中說他們回家了，或說是他們鬼魂已經回家了。比如我們在這裡，我作夢是在霧社。所以我們這一帶的人都說，他們回家了。人死了，怕什麼，他們不會在那裡，不用怕，他們都已經回家了，他們是這麼說的。至於其他族人怎麼說，我不知道。我們去送葬，之後當我們經過這裡時，有些人害怕，所以，才說，怕什麼，他們不會在這兒了，雖然他們的身體在這兒，但已經腐爛了，他們已經回家，他們這樣說

的。註14

本則故事敘述：

（一） Utux 是指「鬼」和「神」。

（二） 小時候，孩子如果不聽父母的話，父母會打孩子，不然就說：「你不聽話，你就注意 Utux 鬼，祂會來恐嚇你的。」

（三） 鬼神的形影，有的像黑色的形狀，也有像人的形狀。

（四） 口述者在水中見過 Utux，站在石頭上，衣服是白色的。

（五） 人死了，是他們的魂已經回家了。

賽德克族人是持「靈魂不滅」說，所以才有死後審判，通過彩虹橋（神靈橋、祖靈橋）以達祖靈之居所與祖先們相聚。所以他們稱人死了，是靈魂已經回家了。

十四、賽德克族德固達雅群善靈傳說故事

資料來源 簡鴻模《祖靈與天主：眉溪天主堂傳教史初探》

「善靈」是指老人過世時有人陪伴，握著他的手，告訴他放心的走，若臨終的老人心中有所罣礙，則陪伴在旁的家人須承諾將負責照顧或幫忙解決，讓老人可以無牽掛的離去，經此陪伴儀式而逝者，屬「善靈」。善靈是部落族人日常生活遇困難時祈求呼喚的對象，如受訪長者 Bakan Nomin（巴干，烏明）說：「當我處在最痛苦、最難過的時候，像我的孩子生病、過逝了，我一直祈求我已過逝的父母及親戚來幫助我」，她相信已過世的老人在她急難時會來幫助她。另一受訪長者 Bakan Pihu 則說：「我已經83歲了，我不知道我在這世上還要做什麼，我一直拜託我已過逝的父母以及我的先生，來帶我回去，生病讓我活的很累呀！」Bakan Pihu 相信死後她會和她已過逝的父母及先生重聚，並祈求她們早日來帶她回去團聚。註15

本則故事敘述：

（一）「善靈」是指老人過世時，有人陪伴，心中無所罣礙的離去。否則即為「惡靈」。

賽德克族鬼魂與神明傳說故事

（二）「善靈」是族人日常生活祈求呼喚的對象，「惡靈」則否。

（三）族人相信死後會與祖靈重聚。

十五、賽德克族德固達雅群惡靈傳說故事

資料來源　簡鴻模《祖靈與天主：眉溪天主堂傳教史初探》

在部落傳統的觀念中，若一個人臨終時沒有經過家人或朋友的臨終陪伴過程，如意外死亡或自殺死亡者，謂之 Mukudunoq，即凶死之意，死後其靈將成為「惡靈」，這種死因的老人將不會成為部落族人呼喚祈求的對象。在傳統的治病巫術或驅蟲巫術中，即認為這個病或這些蟲就是惡靈附身，需要藉由特殊儀式予以驅離。一般賽德克的老人是不直接說惡靈的，常常會用其他的替代名詞來形容，受訪者 Rabe Walis 說：「以前對於常哭鬧的小孩子，我們都會給他做 Sumapoh（屬治病巫術的一種，即藉由某種儀式來安定人心，類似漢人的收驚儀式），小孩就會停止哭鬧，這是因為他是被 sucugan（被嚇）bugihun（風），意即被風（鬼靈）嚇到之意。另外有一種就是 sudoyan（被抓、被沾到）bugihun（風），意即被風（靈）抓到，有這樣情形的大人或小孩，都會顯得非常不舒服，好像生病一樣，這時候我們也要給他做 Sumapoh，要不然不會好。」註16

本則故事敘述：

（一）所謂「惡靈」是指「凶死」（意外死亡），沒有家人臨終陪伴，也是「凶死」。所以族人非常重視臨終陪伴。

（二）「惡靈」不會成為族人呼喚祈求的對象。

（三）族人認為，疾病或蟲害就是惡靈所為，必須執行 Sumapoh 儀式予以驅離。

十六、樹靈的故事

資料來源　內政部委託台灣大學人類學系研究

　　從前，一對夫妻從事長途旅行，一天傍晚，他們在一棵大樹下休息，將一種用麻絲紡好後捲起來，叫做「kukuilu」的東西，放在身邊。結果，到了半夜，「kukuilu」不見了，夫妻兩人到處尋找都找不到，他們想，一定是這棵樹的樹靈所玩的把戲，於是拔起刀便往樹幹砍下去，這時突然巨風突起，天地鳴動。以後，凡是走過此樹附近的人，都不敢發出聲音，據說，如果有點聲息，就會引來一場暴風雨。時至今日，我們走過該大樹下，也不敢說話。註17

　　凡物之精神亦曰「魂」，如花魂、樹魂等，本則是賽德克族「樹魂」的傳說故事。在賽德克族人的觀念裡，凡「物」皆「有靈」，例如本則故事敘述一對夫妻旅行，夜宿於一棵大樹下，他們的「kukuilu」莫名其妙就不見了，他們拔刀砍樹，結果巨風突起，天地鳴動。至今走過該大樹下，也不敢說話，否則據說會引來一場暴風雨。

註釋

註 1	劉育玲《台灣賽德克族口傳故事研究》碩士論文，2001 年 6 月，頁 226。
註 2	鐵米拿葳依《賽德克族口述傳統文化故事（第一集）》，2009 年 4 月，頁 152。
註 3	沈明仁總編輯《仁愛鄉志》（下），頁 1482。
註 4	同註 2，頁 156。
註 5	同註 2，頁 159。
註 6	同註 2，頁 162。
註 7	同註 2，頁 166。
註 8	同註 2，頁 170。
註 9	同註 2，頁 187。
註 10	《蕃族調查報告書》紗績族後篇，佐山融吉著（大正 6 年），余萬居譯。引自內政部委託台灣大學人類學系研究《台灣山胞各族傳統神話故事與傳說文獻編纂研究》，1994 年 4 月 30 日。
註 11	同註 10。
註 12	同註 10。
註 13	同註 10。
註 14	同註 2，頁 177-178。
註 15	簡鴻模《祖靈與天主：眉溪天主堂傳教史初探》，新莊，輔仁大學出版社，2002 年 3 月，頁 7。
註 16	同註 15，頁 7-8。
註 17	同註 10。

第二十八章

賽德克族器物傳說故事

山里部落民俗暨傳統技藝活動 / 田哲益提供

山里部落婦女舞蹈 / 田哲益提供

一、賽德克族的口簧琴與木琴

採錄者 田哲益、余秀娥│口述者 田英蘭（88 歲），德路固群

採錄時間 2019 年 10 月 27 日│採錄地點 南投縣仁愛鄉合作村靜觀部落

　　以前的人很喜歡吹奏口簧琴，男女都會吹奏，口簧琴是用竹子製作的，稱為 tubu 或 lubu。休閒的時候就會吹奏。男孩子會到女孩子家附近吹奏，女孩子就會知道他的心意了。女孩子如果也有心意，就會出來與男孩子一起吹奏，大家都覺得很歡樂。早期也有木琴（tatuq）的樂器。

　　過去傳統生活中，「口簧琴」與賽德克族人的日常生活密切，不但具有調劑身心的功能，也是傳遞情感的媒介，藉著口簧琴思念戀人，或向異性表達情意。口簧琴小巧玲瓏，攜帶方便，隨處都可以吹奏，男女之間也常在一起吹奏口簧琴，後來，還發展出配上舞蹈的「口簧琴舞」。「木琴」也是早期賽德克族人使用的樂器，是屬於打擊樂器的一種。

山里部落幼童跳舞 / 田哲益提供

山里部落幼兒跳舞 / 田哲益提供

二、賽德克族木杵飛向天空

資料來源 鐵米娜葳依（曾瑞琳）《泰雅賽德克族人食物及其典故（一）》

採錄者 鐵米拿葳依 ｜ 口述者 溫克成 ｜ 採錄時間 1997 年 10 月 11 日 ｜ 採錄地點 清流部落

關於「天上」我是不知道，前輩們是無所謂，他們是知道的。我們後代子女就不太懂了，我已經記不清楚了。先人是曾說過，我曾聽過先人說過。據說，有兩位小姐，他們倆正在搗小米，不知道木杵怎麼樣了，突然飛到天上去了，或互相碰觸就飛向天去了。我是聽過先人說過話，兩位小姐在搗米時，不知道怎樣，那個木杵或許是因為碰撞就飛到天上去了，他們是這樣述說的，我也沒有看過。註1

本則傳說故事敘述：搗米的木杵飛上天，可能是有兩位小姐在搗米時，木杵相互碰撞，就飛到天上去了。

三、賽德克族的穀倉

資料來源 見同上

從前先人儲存滿滿的小米穀，因為小米曾經是維繫先人生命的主食。先人閒談時不離小米的多寡為主題。傳說古時古人不種植很多小米，據說只種一株。……只取一粒小米放進大鍋內煮。……煮熟了變成一大鍋小米飯。據說，就是十個人吃也都會吃飽飽的。從前，因為男人上山打獵，上山時帶著小米粒，就是他們長期留在山上亦不怕挨餓，有些人留在上山一個月，有些人

賽德克族穀倉 / 田哲益提供

在山上留住十幾天的也有。因為小米輕便又煮起來會膨脹，就是到遙遠的地方也不欠糧。註2

　　本則故事敘述：古代族人有穀倉以存置米糧。又述說遠古時代的生活，只煮一粒小米，就可以煮成一大鍋米飯。

日治時期所攝的泰雅族穀倉。引自《臺灣の蕃族研究》／國立台灣圖書館藏

註釋

註1　鐵米拿葳依《賽德克族口述傳統文化故事（第一集）》，2009 年 4 月，頁 76。

註2　同註 1，頁 9。

賽德克族器物傳說故事

國家圖書館出版品預行編目資料

賽德克族神話與傳說/田哲益(達西烏拉
彎.畢馬), 余秀娥(Maruta Buyung)著. --
初版. -- 臺中市：晨星出版有限公司,
2021.01
　　面；　公分. -- (台灣原住民；68)
ISBN 978-986-5529-89-5(平裝)

1.賽德克族 2.神話 3.文化研究

536.3311　　　　　　　　109019572

線上讀者回函，
加入馬上有好康。

台灣民住民068
賽德克族神話與傳說

作者	田哲益（達西烏拉彎·畢馬）、余秀娥（Maruta Buyung）
主編	徐惠雅
執行主編	胡文青
校對	田哲益、余秀娥、王詠萱、胡文青
美術設計	陳正桓
封面設計	陳正桓

創辦人	陳銘民
發行所	晨星出版有限公司 台中市407工業區30路1號 TEL：04-23595820 FAX：04-23550581 E-mail：service@morningstar.com.tw http://www.morningstar.com.tw 行政院新聞局局版台業字第2500號
法律顧問	陳思成律師
初版	西元2021年1月05日
郵政劃撥	15060393（知己圖書股份有限公司）
讀者服務專線	(02)23672044、(02)23672047
印刷	上好印刷股份有限公司
總經銷	知己圖書股份有限公司 台北市106 辛亥路一段30 號9 樓 TEL： (02) 23672044／23672047 FAX： (02) 23635741 台中市407 工業30 路1 號 TEL： (04) 23595819 FAX： (04) 23595493 E-mail：service@morningstar.com.tw 網路書店 http://www.morningstar.com.tw

定價400元
　（如有缺頁或破損，請寄回更換）
ISBN：978-986-5529-89-5
Published by Morning Star Publishing Inc.
Printed in Taiwan